Le Grand Livre des Hypnoses

Luc Vacquié
Marco Paret

Le Grand Livre des Hypnoses

60 Approches à connaître, pratiquer et mettre en œuvre

interéditions

Couverture : Studio Dunod
Illustrations : Luc Vacquié

NOUS NOUS ENGAGEONS EN FAVEUR DE L'ENVIRONNEMENT :

Nos livres sont imprimés sur des papiers certifiés pour réduire notre impact sur l'environnement.

Le format de nos ouvrages est pensé afin d'optimiser l'utilisation du papier.

Depuis plus de 30 ans, nous imprimons 70 % de nos livres en France et 25 % en Europe et nous mettons tout en œuvre pour augmenter cet engagement auprès des imprimeurs français.

Nous limitons l'utilisation du plastique sur nos ouvrages (film sur les couvertures et les livres).

interéditions est une marque de Dunod Éditeur,
11 rue Paul Bert, 92240 Malakoff

ISBN : 978-2-7296-2328-9

Sommaire

L'hypnose est ce qui rend la vie plus intéressante que l'hypnose.

« Qui cherche la vérité doit être prêt à l'inattendu,
car elle est difficile à trouver et, quand on la rencontre, déconcertante. »
Héraclite

Introduction

QUAND VOUS DITES « hypnose » de quoi parlez-vous ? Parmi tous les mots vagues et mal définis de notre langue, c'est sans doute un de ceux n'ayant pas la même signification pour aucun d'entre nous !
Des siècles d'étude et de curiosité n'ont que peu éclairci cet état ou ce processus d'hypnose. Car il est à la fois commun à l'humanité et en même temps personnel, intime et profondément subjectif. Autour du mot, de nombreuses pratiques différentes de l'hypnose ont existé et existent encore aujourd'hui comme autant de planètes de cette galaxie.

Cet ouvrage vous propose une visite de la galaxie Hypnose qui utilise les panneaux de signalisation suivants :

Quand c'est possible, nous rattacherons cette hypnose à sa généalogie. Où se place-t-elle dans l'histoire de l'hypnose ? D'où vient-elle ? De qui est-elle la plus proche parente ?

Il y a transe et transe, bien sûr c'est une expérience personnelle toujours unique, mais l'on peut se risquer à qualifier les transes, à les décrire ou du moins tenter d'approcher leurs caractéristiques génériques pour chaque type d'hypnose.

Que dire avant de commencer, car c'est avant le début de l'induction que se joue la tonalité de la transe. Des trucs, des anecdotes pour aller vers la préparation de cette transe correspondante à cette hypnose.

À quoi cela peut-il servir ? Quels sont les usages principaux de ce type d'hypnose ? Que font les utilisateurs qui s'en servent régulièrement ?

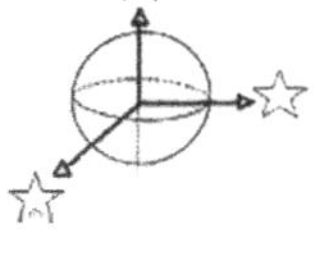

Le référentiel : Quelle est l'histoire qui fait que cela marche ? Quelles sont les croyances partagées pour constituer ce type d'hypnose. À partir de quelles suggestions se construit la prophétie autoréalisante correspondante ?

Comment mettre en œuvre cette hypnose ? Comment procéder pour essayer ? En encadré un exemple pour y voir plus clair.

Quel élément simple mais nouveau peut-on placer dans le panier de l'honnête hypnotiseur ericksonien ? Quelles expériences peut-il faire facilement pour utiliser instantanément une nouvelle flèche à son arc ? Que garder de l'utilisation de ce référentiel pour changer un tant soit peu de croyance et aller vers plus d'efficacité en ajoutant une nouvelle technique dans sa trousse à outils ?

Enfin, les numéros en gras renvoient aux hypnoses de la deuxième partie. Vous pouvez aussi voir quelques vidéos d'hypnose sur les sites
https://www.youtube.com/@hypnoseperso
https://www.youtube.com/channel/UCfwv7NbblKmzyw2ievtQO_w

Bonne hypnose !

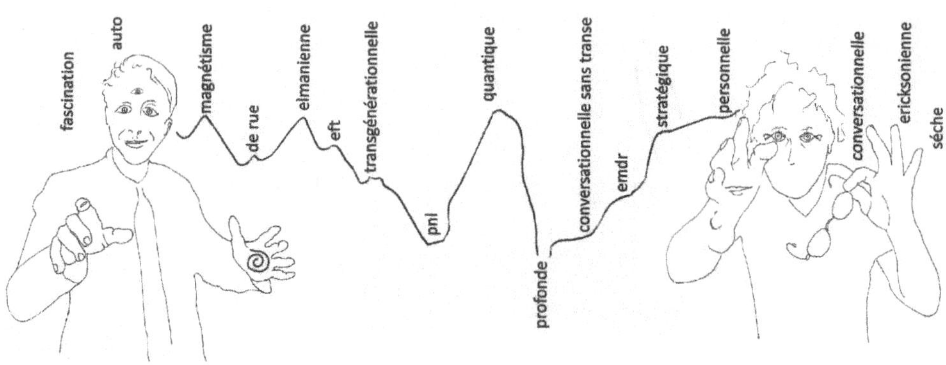

Partie

I LA PLANÈTE HYPNOSE

1

CHOISISSEZ VOTRE HYPNOSE

QUELQUES DÉFINITIONS

Il y a autant de définitions de l'hypnose que d'hypnotiseurs. En voici quelques-unes :

— L'hypnose, c'est croire en l'imagination (Pierre Janet).
— L'hypnose est un état d'esprit dans lequel le sens critique de l'être humain est contourné et une pensée sélective mise en place (Dave Elman).
— L'hypnose est un état spécial du système nerveux provoqué par des moyens artificiels permettant de plonger un patient dans un état de sommeil artificiel mais surtout de l'influencer à des fins curatives par la suggestion (James Braid).
— L'hypnose est un phénomène naturel, elle survient lorsqu'on ne fait rien et quand on se tourne à l'intérieur de soi-même (Milton Erickson).
— L'hypnose est une technique de communication par laquelle vous rendez disponible le vaste champ des apprentissages acquis dont l'utilité

réside principalement dans le fait qu'ils se manifestent sous forme de réponses automatiques (Milton Erickson).
— L'hypnose est un état de conscience modifié caractérisé par une concentration accrue de l'attention sur certains thèmes suggérés, allant de pair avec un intérêt diminué pour les autres perceptions. Les sujets hypnotisés subissent des distorsions perceptives et sensorielles et disposent de meilleures capacités à utiliser des mécanismes mentaux normalement inconscients (Shef, Lin et Saphiro).
— L'hypnose n'est pas autre chose que le fait de faciliter, activer, cultiver les niveaux de fonctionnement inconscients (Milton Erickson).
— On ne se baigne jamais deux fois dans la même hypnose (d'après Héraclite).
— Les phases hypnotiques se succèdent avec une régularité qui tient du prodige car une phase en suit toujours une autre (d'après Boris Vian).

Cette liste à la « Prévert » pourrait s'étendre sur plusieurs pages. D'ailleurs un hypnotiseur curieux qui cultive sa curiosité vous donnera souvent plusieurs définitions. Par exemple, si vous questionnez ma curiosité, je dirais :

En pensant à la conversationnelle sans transe :

— L'hypnose est une conversation à quatre avec deux fauteuils.

En pensant à un art de vivre :

— L'hypnose est ce qui rend la vie plus intéressante que l'hypnose.

En pensant à l'auto-hypnose personnelle :

— L'hypnose est ce qui se passe lorsqu'on ne fait rien !

Comment peut-on lire et se réciter toutes ces définitions sans avoir envie d'écrire un livre qui flirte sur leur proximité et leurs distances ? Un livre qui livre des facettes disparates de l'hypnose avec un grand « H », qui explore et réunit toutes les hypnoses. Un livre anneau qui change les croyances !

Changer les croyances de l'hypnotiseur

— J'admire ceux qui changent d'avis. Il n'y a que les imbéciles qui ne changent pas d'avis.
— D'ailleurs, je l'ai toujours dit !

Hyppolyte Bernheim[1] (1840-1919) a entendu parler d'Ambroise-Auguste Liébeault[2] (1823-1904) et le tient pour un charlatan. Et puis il va le voir travailler et change d'avis. Il devient son disciple et le défenseur d'une certaine idée de l'hypnose dans l'intérêt des patients et accessoirement contre l'école de Nancy.

Franz-Anton Mesmer[3] (1734-1815) n'a pas apprécié la découverte du somnambulisme par Armand Marie Jacques de Chastenet de Puységur[4] et a continué sa vie durant à considérer que la crise est le phénomène hypnotique majeur du magnétisme animal.

Lorsque James Braid[5] (1775-1860) assiste à la prestation de Charles Lafontaine[6] (1803-1892), il est franchement sceptique :

— *Je considérais les expériences et les phénomènes que l'on provoquait comme le résultat d'une connivence secrète ou d'une illusion…*

Il change d'avis et de croyance puis se lance dans ses propres expériences ce qui fait avancer grandement l'hypnose à commencer par l'avénement du mot « Hypnose ».

Les ericksoniens formés par des PNListes ne croient pas aux passes magnétiques, mais ils n'ont pour la plupart jamais essayé. Ces quelques exemples expriment l'intérêt de changer de croyance pour élargir sa pratique lorsque l'on se pique d'être hypnotiseur. Outre que les résultats d'un hypnotiseur dépendent de son référentiel, ses croyances encapsulent ce qui peut survenir dans les hypnoses qu'il propose.

La planète Hypnose est nombriliste et chaque école explique à ses élèves quelles croyances ils doivent adopter pour réussir, et accessoirement revenir en formation, pour réussir à mettre aisément leur client en hypnose. Il en résulte que des recettes de cuisine encadrent ce qui doit advenir dans le continent de ce qui peut advenir.

---

1. Professeur de médecine et neurologue français tenant de l'école de Nancy pour l'hypnose.
2. Médecin français ayant repris les pratiques du mesmérisme pour soigner ses patients.
3. Médecin allemand du pays de Bade, fondateur du mesmérisme basé sur la théorie du magnétisme animal.
4. Officier d'artillerie connu pour ses écrits sur des expériences de magnétisme.
5. Hypnotiseur ayant proposé et imposé le mot « hypnose » du dieu Hypnos qui protège les dormeurs.
6. Magnétiseur franco-suisse.

C'est mon témoignage et c'est l'histoire d'une hypnothérapeute formée en école ericksonienne qui ignorait les inductions rapides parce qu'elle pensait qu'elles étaient irrespectueuses, que les passes magnétiques c'était de la blague sans effet puisque le magnétisme n'existait pas et qu'elle ne voyait pas l'intérêt de s'entraîner à garder les yeux ouverts pour se forger un regard magnétique pour la fascination :

— *Maintenant j'ose regarder le client dans les yeux et il m'arrive aussi de faire un geste de la main, une passe magnétique qui approfondit l'hypnose…*

Changer les croyances de l'hypnotisé

— *Il n'y a rien à faire. Rien, mais parfaitement !*
L'hypnose est une prophétie autoréalisante car ce que vit la personne hypnotisée dépend de ce qu'elle imaginait vivre et des suggestions qu'elle s'approprie. C'est dire combien ses croyances sont prépondérantes dans l'expérimentation d'une hypnose particulière.

Avant : Pré-induction (ou pré-talk en hypnose elmaniene)

La pré-induction, c'est donner la tonalité de la transe et suggérer ce qui peut survenir. Cela utilise tout ce que vous faites et dites avant de vous lancer dans une induction. C'est un excellent terrain pour créer un type de transe particulier et concrétiser une catégorie d'hypnose. Toutes les hypnoses l'utilisent et c'est sans doute un marqueur de leur caractéristique.

Après : Suggestion post-hypnotique

La vie est plus vaste que la séance d'hypnose ce qui fait l'importance des modifications de comportement, de croyance, de vie en dehors des séances. Ces changements sont généralement obtenus par des suggestions post-hypnotiques, des prescriptions de tâche, des ordalies, etc.

Une personne qui est partie en transe par une technique non verbale, quelques passes magnétiques pour fixer les idées, a toutes ses chances de croire par la suite au magnétisme. Mine de rien, cela change irrémédiablement sa carte du monde et ouvre un horizon bienveillant pour des suggestions post-hypnotiques bienveillantes de toute nature.

Le référentiel de votre hypnose

— Savez-vous dire pourquoi l'hypnose fonctionne ?

La suggestion préexiste à l'hypnose :

— Si vous mettez un bavoir à un bébé, il bave.

C'est un effet de la suggestion et le choix d'un seul mot peut changer la vie et la situation.

— Proposez-lui une serviette, il a des chances de devenir propre.

En matière d'hypnose parentale, cette simple phrase constitue un concentré de rhétorique hypnotique avec une pré-induction et une suggestion post-hypnotique.

Les mots sont importants, magiques et construisent votre référentiel ainsi selon que vous appelez la personne qui est hypnotisée :

- Patient : vous lui administrez un traitement, vous ordonnez une cure, vous rappelez votre autorité et vos titres de docteur…
- Partenaire : Vous proposez dans la rue, gratuitement d'expérimenter de manière ludique un état d'hypnose et au passage votre position de sachant.
- Volontaire : *Show must go*, ils ne sont pas venus pour rien, ces spectateurs, et les plus sensibles à l'hypnose pourront avoir l'honneur de monter sur la scène et constituer le corps de votre spectacle.
- Client : Il doit en avoir pour son argent, ce n'est pas la sécurité sociale qui va payer la séance. À vous de définir la relation contractuelle sans flirter sur l'obligation de résultat de votre côté.
- Sujet : Un sujet est assujetti, il existe dans une relation de dépendance, de vassalité et il lui sera par la suite essentiel, voire difficile de sortir de cette relation s'il souhaite conquérir son autonomie.
- Sophronisant : En sophrologie il s'agit d'aider, d'accompagner avec des exercices une personne qui doit atteindre un état sophroliminal puis de le conduire avec des suggestions adéquates.

On le voit, il est assez délicat de choisir comment nommer la personne à hypnotiser pour ne pas l'enfermer à l'horizon restreint d'une relation d'aide contingenté. L'abbé Faria[1] (1750-1818) avait une proposition de nommage intéressante en évoquant ses époptes[2].

Pour préciser votre référentiel, vous pouvez répondre aux questions suivantes :

- Quelle est mon école (ericksonienne, elmanienne, PNListe, etc.) ?
- Pourquoi l'hypnose fonctionne ou ne fonctionne pas ?
- Quelle est ma position ou ma compétence dans cette relation d'aide ?

Et pour finir, posez-vous la question difficile :

- Qu'est-ce que l'hypnose : une thérapie, une médecine, une manière de mieux communiquer ?

Où vous pourrez reconnaître, selon votre type de réponse :

- une discussion sur la subjectivité de l'expérience du client – un PNListe ;
- une conversation à quatre avec deux fauteuils – un pratiquant de l'hypnose conversationnelle sans transe ;
- un iota de conscience modifié – un scriptothérapiste ;
- un contournement du facteur critique – un elmanien ;
- un regard qui traverse – un fascinateur ;
- le fait de faciliter, activer, cultiver les niveaux de fonctionnement inconscients un ericksonien ;
- un échange de fluides – un magnétiseur ;
- etc.

Cet ouvrage propose humblement un voyage pour vous frotter à d'autres référentiels comme le suggère Michel de Montaigne :

— *Il faut voyager pour frotter et limer sa cervelle contre celle d'aultruy.*

---

1. Prêtre portugais se disant Brahmane, pratiquant la suggestion et rejetant la doctrine du magnétisme. Alexandre Dumas en fera un personnage du roman *Le Comte de Monte-Cristo*.
2. Un épopte est un élève initié au dernier degré de la connaissance d'un art, il devient donc automatiquement autonome et peut ensuite se débrouiller sans hypnotiseur en pratiquant son hypnose personnelle.

QUI APPRÉCIE LE MIEUX L'HYPNOSE ?

L'hypnose est une expérience subjective

J'aime l'hypnose, tu aimes, il aime..., mais c'est toujours la personne hypnotisée qui apprécie[1] l'hypnose. Son témoignage seul permet d'évaluer la transe selon sa valeur personnelle. Seules ses perceptions ou ses vécus de changements rendent compte de son expérience. L'hypnotiseur peut aimer pratiquer l'hypnose pour son ego, se réjouir d'amener son sujet en transe profonde, avoir réussi son induction, etc., mais il ne fait que calibrer les signes qui lui apportent des informations de travail. Il doit ensuite écouter le récit de la personne de retour de transe.

L'hypnose est à la fois la manière d'accompagner une personne et l'expérience qu'elle va vivre. Elle se présente en multiples facettes de textures et de couleurs chaque fois différentes dans l'histoire et dans la géographie. Chaque école a raison et, pour des raisons commerciales, aimerait avoir raison des autres. Chaque école présente ses modes opératoires qui sont autant de cadres pour mettre en valeur sa propre vision de l'hypnose tout en la contraignant à demeurer dans son cadre.

La planète « Hypnose » dans sa galaxie

— Combien de planètes « hypnose » existe-t-il dans la galaxie hypnotique ?

Il y en a des cohortes, parfois proches, parfois aussi différentes que peuvent l'être la fascination et l'induction conversationnelle sans transe.

Dans bien des cas, vous découvrirez qu'une Nouvelle Hypnose se réfère à l'héritage d'une hypnose mère (par exemple ericksonienne). Elle cherche alors à s'en séparer en changeant de vocable (et parfois en posant une marque déposée), ou en amplifiant une de ses facettes, une de ses caractéristiques. Par la suite, elle développe parfois des aménagements, des perfectionnements, des protocoles, des distinctions originales qui gagnent quelquefois à réintégrer l'hypnose mère dans une pratique unifiée. Dans d'autres cas, il y aura une distance importante entre ces types d'hypnose.

1. On aime sa femme, on adore Dieu, et on apprécie les brocolis.

Dans le reste de l'ouvrage, nous présentons 62 planètes de cette galaxie, un voyage hypnotique dans cet espace des transes de tout bord. Il en reste forcément que nous avons laissé de côté, c'est probablement qu'elles ne se distinguent pas assez des autres ou que nous les avons oubliées pour des raisons… que nous avons oubliées. À chaque fin de présentation, une astuce, un exercice ou une pratique propre à cette hypnose particulière vous sera proposée. Vous pouvez vous l'approprier et, pourquoi pas, l'ajouter à votre répertoire que nous supposons ericksonien.

2

LES INVARIANTS DE L'HYPNOSE

— L'HYPNOSE EST CE qui rend la vie plus intéressante que l'hypnose !

Avant ce tour d'horizon de l'hypnose en 62 facettes, et au vu de ces hypnoses multiples et parfois si différentes on peut légitimement se poser la question :

— Quels sont les invariants de l'hypnose ?

Pour qu'il y ait hypnose, que faut-il absolument observer ? La question n'est pas triviale, car même les IRM n'ont pas permis de trouver un marqueur impératif de l'état d'hypnose. Essayons tout de même de dresser une liste de candidats invariants. Amusez-vous à cet exercice de pensée car, pour chaque candidat invariant que vous pouvez considérer comme impératif, il se crée en même temps une possibilité d'adaptation et d'élargissement de votre pratique qui va de pair avec la possibilité de repousser cette certitude. Dans un référentiel personnel de l'hypnose, chaque invariant est un levier pour changer de croyance qu'on le découvre et l'adopte ou qu'on le répudie en abordant des hypnoses où il n'existe pas.

Autrement dit et comme dans l'exemple ci-dessous, si vous êtes adepte de la séance en cabinet, la séance à domicile ou dans un parc en plein air pourrait être une évolution de votre conception de l'hypnose.

LA SÉANCE

Le vocabulaire de l'hypnose moderne comprend : le *cabinet* où l'on prend *rendez-vous* avec un *hypnotiseur*[1] pour une *séance d'hypnose*.

1. Ou parfois hypnothérapeute.

Héritière des séances de spiritisme et au croisement des visites médicales et des déplacements pour « aller voir le rebouteux », le lieu est sacralisé et le cabinet[1] comporte vraisemblablement un fauteuil très confortable en guise d'héritage moderne du divan. La séance semble donc sous cette apparence l'unité d'œuvre de la pratique actuelle de l'hypnose.

Pour autant, il est possible de pratiquer l'hypnose dans la rue, dans un jardin, de mettre à contribution les arbres des forêts, voire l'énergie d'un cercle de participants même si cela est plus rare ; le cabinet n'est plus un incontournable. De même, si la séance se prolonge en dehors de la séance avec des prescriptions ou entre les séances avec l'apprentissage de l'auto-hypnose, la séance n'est plus vraiment prégnante, surtout pour ceux qui intègrent l'hypnose personnelle à leur vie de tous les jours ou à celle de leurs clients. Pour ceux-là, il y a un « avant » et un « après ». Un exemple simple que l'hypnose de rue apporte à l'hypnose de cabinet est dans la position morpohologique du client, car dans la rue, point de fauteuil confortable et on a donc développé des hypnoses debout, bien campée sur les jambes et toujours en sécurité, qui ont leur intérêt métaphoriquement.

LA SYNCHRONISATION

Ce rapport électif privilégié entre deux personnes semble être un des fondements de l'hypnose mais, depuis Carl Rogers, cela concerne toute forme de relation d'aide. Que cette synchronisation soit inconsciente par le regard ou construite par le *mirroring* en trois étapes[2] préconisé par la PNL, elle est en principe un prérequis à l'hypnose. Encore qu'il semble possible d'hypnotiser une personne par surprise avec une rupture de *pattern* sans avoir établi de synchronisation. Dans ce cas la rupture, de *pattern* est une forme abrupte de synchronisation composée d'une suggestion placée exactement au moment de flottement générée par cette rupture.

1. Comme le cabinet des curiosités inconscientes.
2. *Mirroring*, *pacing*, *leading* (à savoir selon la PNL d'abord imiter, puis se synchroniser et enfin conduire).

La synchronisation ne serait alors dans ce cas qu'un quasi invariant concernant seulement des hypnoses civilisées bienveillantes et éthiques.

LES EGO

Les ego sont au minimum deux dans la relation hypnotique en dehors du cas particulier de l'auto-hypnose :

- L'ego de l'**hypnotisé**. S'il n'a jamais vécu l'hypnose formelle, il aura vraisemblablement à se rassurer au plan inconscient de l'expérience à venir. En particulier s'il a développé la croyance qu'il n'est pas hypnotisable et que cela construit et renforce son ego dans ce qui risque de produire une relation de défi vis-à-vis de l'hypnotiseur. Ce sera l'objet de la pré-induction (ou *pré-talk*) de permettre de régler les inquiétudes susceptibles de persister et de gêner l'entrée en transe. Selon Milton Erickson : – *Dans la majorité des situations d'hypnose, le moi reste présent comme le serait un observateur.*
- L'ego de l'**hypnotiseur**. C'est sans doute de loin le plus encombrant. Les manuels d'hypnose du XXe siècle font toujours grand cas de la volonté nécessaire pour réussir à hypnotiser, Ils proposent des exercices qu'il convient d'effectuer pour se doter d'une volonté et d'une confiance inébranlable dans sa capacité à induire l'hypnose. Il convient de se forger un personnage qui est certain de parvenir à apporter l'hypnose. Aujourd'hui encore, apprendre l'hypnose, c'est apprendre à être d'une confiance indéboulonnable dans le fait que le client va partir en transe. Ceci produit souvent des egos importants même si de nombreuses écoles prônent de laisser la place au client, ce qui peut paraître antinomique avec l'apprentissage.

LES INDUCTIONS

Une manière ritualisée de rassurer l'hypnotiseur consiste à conduire la manœuvre du bateau ivre ou plutôt à pouvoir se targuer d'avoir été pour quelque chose dans la transe de l'autre. L'induction est moins importante que la transe, que l'expérience vécue par le client et même que la pré-induction[1] qui donne toute sa tonalité à la transe, mais elle est une des parties visibles pour l'apprenti hypnotiseur. Or le client est très compétent, il connaît des milliers d'inductions et l'hypnotiseur seulement une dizaine. Cela explique l'attachement de l'hypnotiseur à pouvoir se rassurer avec ce gri-gri de l'hypnose.

Mais ce n'est pas encore un invariant car il y a des hypnoses sans induction ! À commencer par la transe ordinaire[2], journalière qui survient selon Ernest Rossi environ dans le cycle ultradien toutes les 90 minutes. Donc ce n'est pas encore notre invariant universel !

LA TRANSE

— Entre le monde de la réalité et moi, il n'y a plus aujourd'hui d'épaisseur triste (René Char).

L'étymologie du mot « transe », qui peut aussi s'écrire trance en patois, est de la même famille que le verbe « transir », qui, au Moyen Âge, signifie : *partir, passer, s'écouler*. Il vient du latin *transire*. À partir du Ve siècle, il prend souvent le sens de « passer de vie à trépas ».

Bien que l'expression « entrer en transe » au sens d'un état psychophysiologique particulier soit apparue au XIVe siècle, l'état de transe est connu depuis plus longtemps et la littérature en reconnaît de nombreuses. S'il fallait une justification à l'idée de parcourir les différentes hypnoses, cette liste y prétendrait sans doute :

- journalière (*common day trance* de Milton Erickson qui se produit naturellement quand on est absorbé par une activité, une conversation, etc.) ;
- somnambulique (apparence éveillée qui permet de fonctionner au niveau inconscient sans interférence avec le niveau conscient) ;
- stuporeuse (comportement passif caractérisé par un ralentissement psychologique et physiologique) ;

1. Tout ce que vous faites et dites avant de commencer l'induction.
2. La « *common day trance* » dont parle Milton Erickson cette transe ordinaire qui survient dans la journée et qui passe souvent inaperçue.

- hypnotique ;
- convulsive (proche d'une transe mesmérique) ;
- cataleptique parfois jusqu'à la catatonie ;
- chamanique (celle du chaman ou de celui qui le consulte) ;
- de vision ;
- d'inspiration créative, poétique (Friedrich Kekulé voit la structure du benzène mimée par des singes) ;
- divinatoire, (comme la Pythie de Delphes) ;
- ecsomatique (où l'on réalise une sortie-hors-du-corps) ;
- érotique ;
- extatique (de nature mystique) ;
- haineuse et barbare (pour programmer des guerriers sauvages et animaux de type berserkers) ;
- méditative (accessible par certaines méditations) ;
- médiumnique (médium spirite) ;
- onirique (durant le rêve) ;
- orgasmique (pendant l'orgasme)
- psychédélique (sous l'influence de drogues hallucinogènes).

Nous rencontrerons dans l'ouvrage différentes transes, fruits de différentes facettes de l'hypnose. Et par ailleurs, elles peuvent s'expérimenter à des niveaux de profondeur différents (voir le thermomètre pour fixer les idées, de l'hypnose conversationnelle sans transe à la transe profonde et l'état Esdaille ou même Sichort).

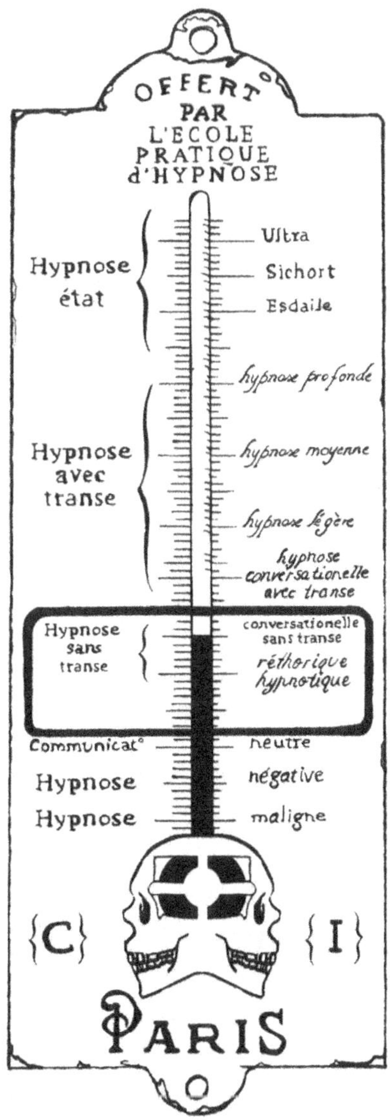

LES SIGNES DE TRANSE

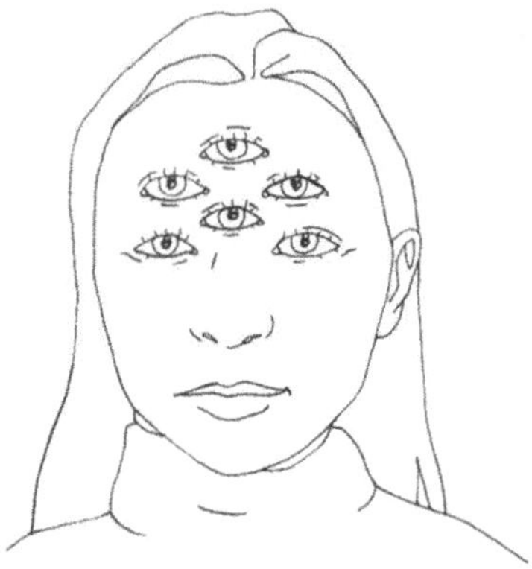

C'est la partie visible de l'œil du thérapeute et de l'iceberg. En hypnose ericksonienne, on admet généralement que certains signes montrent l'apparition ou l'approfondissement de la transe hypnotique. Ils ne sont pas tous présents à chaque fois ce qui oblige à une observation fine :

- déglutitions répétées,
- larmes physiologiques,
- mouvements oculaires rapides,
- relâchement musculaire,
- ralentissement volume respiratoire
- rougissement, teint de la peau,
- bâillements,
- économie de langage,
- visage plus symétrique,
- mouvements saccadés, spasmes,
- temps de réponse prolongé.

Cependant comme certaines transes somnambuliques font apparaître le client actif et sans aucun signe, outre une certaine fixité du regard ; cela ne doit pas encore être notre invariant !

LES PHÉNOMÈNES HYPNOTIQUES

Vous savez sans doute qu'il n'y a pas de lévitation à chaque transe, ni de catalepsie, mais comme il y a aussi apparition de ces phénomènes hypnotiques, même en dehors de l'hypnose, à l'état d'éveil, cela complique la conviction que l'on peut utiliser ces phénomènes comme signal de la transe. Par exemple, une scène vécue au café : votre voisine vient de poser un sucre dans sa tasse, elle remue la petite cuillère avec application :

son bras est à l'horizontale, son coude levé et son poignet moulinent le café. Au moment où un homme entre dans le café, elle se dit :

— Je le connais, c'est un acteur…

[Le bras devient immobile, le mouvement de la main est stoppé net.]

— Il joue dans quel film ? Je suis sûr de le connaître, mais c'est qui ?

[Le bras est en catalepsie naturelle et tant que la réponse à la question du nom de l'acteur n'est pas résolue, il ne bougera plus.]

Et comme vous êtes curieux, vous êtes témoin de ce phénomène hypnotique en dehors de l'hypnose. Ce phénomène est une réalité physiologique parce que, lorsque vous abandonnez un mouvement en cours, le bras ne tombe pas le long du corps, il se fige en catalepsie qui est :

— Une tonicité musculaire bien équilibrée (Milton Erickson).

La plupart des phénomènes hypnotiques apparaissent spontanément à l'état de veille :

- catalepsie : *voir supra* ;
- lévitation : vous regardez un match de tennis et votre main bouge seule pour esquisser un service ;
- écriture automatique : vous remplissez automatiquement la date sur un chèque en début d'année avec la date de l'an passé ;
- vision en tunnel : vous faites un malaise vagal ;
- amnésie : vous avez oublié votre chargeur de téléphone ;
- etc.[1]

LES SUGGESTIONS

— Les suggestions sont le carburant de l'hypnose.

L'hypnose se passe dans la tête, mais pas de suggestions.

Les suggestions sont toujours présentes dans l'hypnose, qu'elle soit verbale, posturale (non verbale), paraverbale ou intentionnale (transmission de pensée). C'est un contexte, une salle obscure (au cinéma), un

---

1. Pour une liste de phénomènes hypnotiques voir : Luc Vacquié, *Guide des phénomènes hypnotiques.*

regard des autres (à Bali) qui va subtilement passer le message à l'inconscient. La suggestion peut être si fine et si peu visible qu'elle pourrait bien se nicher dans toute sorte d'hypnoses par l'image, le geste, la parole ou encore autrement.

L'INCONSCIENT

Selon Sigmund Freud, il contient du refoulé pas très catholique alors que, selon Milton Erickson, ce serait plutôt un réservoir lumineux de compétences et de données acquises tout au long de la vie.

S'il produit des mouvements automatiques, s'il parle, s'il communique par code ou s'il écrit son avis et ses réponses aux questions posées, il prend forme concrètement et cela permet d'avancer. Il n'existe probablement pas, mais c'est un concept bien pratique pour pousser la dissociation et obtenir des réponses de cette partie du client qui pose parfois le problème. Une manière ensuite de poser les bonnes réponses. Et si vraiment l'inconscient existait, il faudrait en faire un invariant de l'hypnose !

LE DISCOURS PARLÉ

La subtilité des dialogues d'hypnose conversationnelle sans transe de Milton Erickson est grandiose lorsqu'on les décortique *a posteriori*. Certaines inductions conversationnelles, humanistes ou confusionnelles sont de petits bijoux, mais il y a aussi des hypnoses sans paroles. Le regard magnétique, la pantomime, les gestes non verbaux permettent de faire de l'hypnose sans le moindre discours parlé, ou plutôt parlé avec les mains et le corps. Il est possible d'hypnotiser une personne sourde de naissance, et c'est pour cela que le discours parlé n'est pas encore un invariant.

LE RETOUR DANS L'ICI ET MAINTENANT

— *Brusquement tu te souviens que tu as un visage* (René Char, *Feuillets d'Hypnos*).

Les meilleures choses ont une fin, c'est la dialectique du réveille-matin. Cet appareil a été inventé pour nous forcer à passer d'un monde où chaque problème peut se régler en se réveillant à un autre où il est encore possible d'aller en hypnose pour reconsidérer le problème. En matière d'hypnose de relation d'aide, il faut savoir clôturer la séance avec élégance, en remettant le client dans un état de vie convenable et positif. Mais par ailleurs, il est crucial de porter le changement en dehors de la séance. Le retour, l'émerge, est une quasi-constante dans les séances d'hypnose ; cependant, en hypnose humaniste (voir **50**), il n'y en a pas puisqu'il n'y avait pas de descente en hypnose car il s'agissait d'un éveil à la conscience.

L'EXPÉRIENCE SUBJECTIVE

En littérature, un hapax est un mot qui n'a qu'une seule occurrence dans un corpus donné. Par analogie, un hapax peut être aussi un événement qui ne se produit qu'une fois dans la vie d'un individu. Surtout pour ceux qui ne l'ont jamais pratiquée, l'hypnose est un hapax existentiel personnel, car chaque voyage en hypnose est unique et n'appartient totalement qu'à vous-même !

Au final, quel que soit le type d'hypnose utilisé pour le client, il reste une expérience subjective et porteuse d'éventuels changements. Elle lui appartient pleinement et c'est probablement, malgré ces multiples histoires différentes pour chaque client, le seul invariant à la survenue de l'hypnose, quel que soit son genre.

Paradoxalement, cette expérience unique, personnelle est désignée par le mot « hypnose », mot fourre-tout qui est très vague. Un mot vague, même s'il est hypnotique, pourtant dérivé du dieu qui nous protège pendant le sommeil. Ce mot vous berce et en profite pour vous posséder en possédant de très nombreuses définitions.

À l'issue de cette recherche d'invariants, il semblerait que seule l'expérience subjective du client soit un invariant, mais c'est un invariant variable d'un client à l'autre et d'une transe à l'autre, un véritable hapax existentiel.

COMMENT ET POURQUOI MÉLANGER CES HYPNOSES ?

— Mon style, c'est la somme de mes défauts ! (Plantu)

Vous avez probablement un style d'hypnose qui vous est personnel. Sans le renier, comment l'enrichir, y incorporer des hypnoses différentes et vous amuser à mélanger des inductions, des référentiels et des grains d'hypnose bizarres[1] ? Et pourquoi pourriez-vous tenter ces mélanges sinon pour obtenir une hypnose plus globale, plus profonde, plus généraliste, ou plus humaine ?

Il y a au moins quatre raisons pour essayer ces mélanges :

1. L'hypnose est miscible dans l'hypnose. Vous savez déjà que l'hypnose est miscible dans le langage, mais elle semble aussi miscible dans les autres hypnoses. C'est par exemple le propre de l'approfondissement par fractionnement. Chaque brin d'hypnose s'ajoute incrémentalement au précédent et engendre souvent une hypnose plus profonde, plus globale au contraire d'une hypnose ritualisée, abâtardie ou restreinte à son référentiel. Par exemple, quelques passes magnétiques ne risquent pas d'atténuer une induction ericksonienne, bien au contraire. L'addition d'une induction verbale et d'une passe magnétique fonctionne de manière surprenante. D'ailleurs, cela performe même si l'hypnotiseur ne croit pas au magnétisme. C'est comme si le client pouvait seul en porter la croyance atavique et générer une transe plus remarquable.

2. L'hypnose est additive. Par ailleurs, l'hypnose est aussi additive car faire de l'hypnose pour le client ou pour l'hypnotiseur est un apprentissage de toute une vie. Cette additivité, par une pratique régulière, vous pénètre de plus en plus et vous guide dans un monde où l'hypnose fait peu à peu partie de votre vie. C'est ce qui fait toute la différence entre une induction et une ré-induction. Le côté pratique, c'est que chaque transe peut préparer la suivante et organiser un cercle vertueux de suggestibilité. Dans une séance, la primo-induction n'est pas comparable à une nouvelle induction faite à la fin. C'est alors le moment de tester les inductions que vous connaissez mais sans jamais les avoir vues fonctionner. Rassurez-vous en pensant que toute induction est une

1. Qui vous paraissent bizarres maintenant, mais seront des évidences dans votre technique après les avoir essayés et approuvés.

ré-induction dans la vie d'une personne. Changer de référentiel permet d'induire d'une tout autre façon et aussi d'ancrer efficacement pour plus de projection en dehors de la séance.

3. L'hypnose est approfondissable. Par ailleurs, l'hypnose mérite d'être approfondie et le recours à des référentiels très différents permet un approfondissement rapide par exemple en ajoutant à une induction conversationnelle. Par exemple, dans le cas d'une hypnose du corps avec le regard pour provoquer une crise :

— *Ça vous plairait d'évacuer cette émotion qui monte sans s'exprimer ? Regardez-moi dans les yeux et recommençons l'induction !*

4. L'hypnose est allongeable. Indépendamment de la profondeur de transe, la durée de la transe est un élément intéressant car lorsqu'elle est libre, cela correspond au temps que se donne la personne pour faire le travail intérieur. Combien de temps la cliente reste en transe si vous cessez de la solliciter ? Combien de temps prend-elle vraiment pour elle-même dans cette transe ? Pour que son voyage soit conséquent, rien ne vaut une hypnose du corps, du regard ou du mouvement, libérée de l'encombrement des mots. La recherche de cette durée, comme une autonomie offerte au client, s'approche de l'usage de l'hypnose sèche (voir **62**).

Alors pourquoi se priver d'allonger l'hypnose, de l'approfondir, de l'additionner à d'autres hypnoses et de mieux la vivre en utilisant des mélanges d'hypnose nouveaux ? On peut être ericksonien par amour du langage, pour la subtilité et la précision des suggestions et à la fois fascinateur pour l'hypnose des miroirs de l'âme qui parle aux maux en se passant des mots.

Partie

II

PRÉSENTATION DES HYPNOSES

3

HYPNOSE DES MAÎTRES CONTEMPORAINS

L'HYPNOSE EST PLURIELLE et, à l'heure de l'hypnose numérique, il vaut mieux mettre les chapelles en réseau plutôt que les défendre.
Bien évidemment, nous présenterons Milton Erickson, mais bien d'autres ont marqué ce dernier siècle d'hypnose. Les voici.

1. Hypnose ericksonienne pratiquée par Milton Erikson

Le psychiatre américain Milton Erickson a toujours expérimenté et pratiqué des hypnoses originales, basées sur ses observations personnelles, inventives, décalées pour son époque et l'hypnose ericksonienne fait référence à l'hypnose telle qu'il la pratiquait en thérapie à partir de 1949, c'est-à-dire après l'aggravation de sa maladie qui l'a empêché de continuer l'hypnose telle qu'il la pratiquait les trente années précédentes. Aux États-Unis, on parle de l'« hypnose du vieil Erickson » pour évoquer l'hypnose qu'il pratiquait de manière rusée, stratégique, sans qu'on puisse vraiment prédire ce qu'il comptait faire (ruses, contournement de la résistance, confusion, imprévisibilité, sous-entendus, langage artistiquement vague, etc.).

En réalité cette hypnose n'existe plus. Milton Erikson a disparu en 1980 et avec lui sa pratique d'une palette d'hypnose si riche et qui lui a été si personnelle. Aujourd'hui, force est de constater que ce qui s'intitule où se proclame hypnose ericksonienne est un drapeau au contenu incertain. Il serait plus juste de parler de néo-ericksonien pour cette réduction de pratiques choisie par les écoles, en partie parce qu'elles sont faciles à transmettre et très souvent mâtinées de PNL. Pour ces raisons, nous décrirons au (**2**) l'hypnose ericksonienne enseignée par des écoles et revendiquée par les hypnothérapeutes qui le précisent sur leur plaque.

Cette hypnose d'Erickson, née d'une vie de travail et de recherche, a généré de très nombreux apports à l'hypnose éponyme de Milton Erickson (1901-1980), son inventeur incontesté. Ce qui est remarquable, c'est l'intégration de toutes ses expériences à sa pratique de l'hypnose pour ses patients. Le jeune Milton contracte une poliomyélite à 17 ans avec une forte fièvre conduisant les médecins à le déclarer perdu. Ils affirment à sa mère qu'il ne passera pas la nuit et il résiste à cette injonction puis reste paralysé. Pour récupérer sa musculature, il sera le découvreur de l'auto-hypnose en l'utilisant pour récupérer sa mobilité musculaire par le souvenir des anciens mouvements et aussi l'observation de sa petite sœur qui apprend à marcher.

Les descriptions du comportement de patients du maître font souvent état de rentrée en transe rapide et profonde, Cependant, rien n'est immuable et Milton Erickson explique avoir souvent passé plusieurs heures avec un patient pour le mettre en transe ou lui apprendre l'usage de phénomènes hypnotiques qui seront ensuite utilisés pour résoudre son problème.

S'il met son chauffeur sous hypnose pour le rendre plus attentif à la conduite, c'est une transe qui lui permet de conduire en parfaite sécurité mais en amplifiant sa surveillance au volant. Il lui arrive aussi de susciter des transes somnambuliques où le patient a l'air parfaitement normal, les yeux ouverts et reste capable de travailler ou de tenir une conversation normale.

D'autres fois, point de transe car un apprentissage inconscient peut avoir lieu à l'état d'éveil ; par exemple, coller les doigts par la suggestion à l'état d'éveil et présenter la métaphore du problème que l'on a créé, auquel on ne peut rien et qui peut cependant disparaître le temps d'un soupir en soufflant dessus.

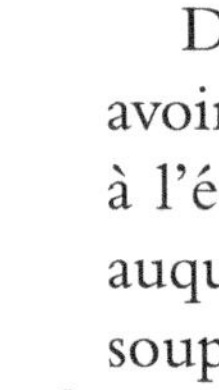

Milton Erickson a été actif dans les années 1950. Il disparaît en 1980 et l'appellation d'hypnose ericksonienne date de quelques années avant, lors de sa consécration après la parution du livre de Jay Haley, *Un Thérapeute hors du commun*. Durant la dernière partie de sa vie, il assure de nombreux cours et séminaires sur sa pratique. Par ailleurs, de nombreux exégètes vont écrire sur sa pratique et ses méthodes alors que le maître avouait faire différemment avec chaque patient. Il conseillait d'ailleurs de ne pas l'imiter :

— Faites comme vous, ne faites pas comme moi, développez votre propre technique.

— Et n'essayez pas d'imiter ma voix.

Usage

Milton Erickson était médecin psychiatre, ce qui explique le large spectre de l'utilisation qu'il fait de son hypnose. Un riche panorama allant des traitements psychiatriques lourds, parfois avec l'accompagnement de pathologies sévères de dépression jusqu'à la prise en charge de simples comportements gênants (phobie, addiction, mal-être, etc.). C'est aussi un coach avant la lettre. Il s'aventure très à l'aise dans le coaching familial ou individuel dans une Amérique des années 1950 sur fond de conseil de révision, de couples échouant dans leur mariage, d'échec scolaire et de demandes de socialisation. Dans de nombreux domaines, le langage d'Erickson improvisé prépare et répare. À Tom, un de ses patients qui se coupe trois doigts avec une machine à bois, il dit :

— Je vais t'apprendre à serrer la main de sorte que personne ne s'apercevra qu'il te manque des doigts.

Tom, qui est artiste, est choqué par cette affirmation saugrenue. Pour lui, serrer la main est beaucoup moins important que créer avec ses mains. Mais cet élément de surprise capte son attention et la suggestion passe. *Tom va guérir ; il y aura un monde acceptable où l'on ne verra pas son handicap.*

Les analystes de Milton Erickson ont mis en valeur les grands principes, les référentiels de ses méthodes et de ses stratégies de relation d'aide.

Son usage de l'hypnose peut être rattaché aux valeurs :

- *humaniste* car elle présuppose la compétence du patient pour régler son problème ;
- *relationnelle* car elle place la communication et la relation au cœur du processus de changement ;
- *interactive* parce qu'elle s'intéresse au comportement du sujet en termes d'interactions avec les acteurs de la situation et du problème présenté ;

- *utilisationnelle* parce qu'elle part de ce qu'apporte le patient, de ce qu'il sait déjà faire en reconnaissant sa compétence et en l'utilisant pour construire une solution ;
- *systémique* parce qu'elle prend en compte le milieu relationnel tel un système qui peut changer mais préfère souvent soigner son homéostasie ;
- et à l'opposé d'une recette de cuisine que l'on déroulerait imperturbablement à chaque fois sans tenir compte du contexte, elle est *stratégique* car elle demande d'utiliser une stratégie pour s'adapter en temps réel au contexte, quelle que soit la situation.

Ce référentiel couvre l'hypnose formelle et l'hypnose conversationnelle sans transe qui est parfaitement intégrée dans le référentiel de l'hypnose ericksonienne. Elle en constitue même une partie significative souvent utilisée en pré-induction d'une hypnose formelle. Cependant, Milton Erickson pensait que le summum du bonheur était « d'être marié, d'avoir une bonne santé, quatre enfants et un bon métier... ». Ce référentiel est fortement daté et, de nos jours, les choses ont changé et continueront de changer. On recourt au développement personnel pour être « bien dans sa vie », avoir de saines relations sociales, professionnelles et de couple, sans forcément de mariage, etc. Ce référentiel a pris un coup de vieux depuis cette période.

Techniquement, dès les premiers mots, il déroule une pré-induction subtile qui se révèlera par la suite parfaitement congruente avec sa séance. Une lumineuse capacité d'improvisation qui tient compte de tout ce qui va être demandé ensuite. Une des explications de cette perfection de la congruence réside dans l'aveu d'Erickson de déléguer fréquemment à son inconscient le cours de la séance lorsqu'il ne sait pas quoi faire.

Ensuite, ses inductions sont inventives et multiples, il utilise avec maestria :

- Ce que lui apporte le client, quel que soit cet apport et ce qu'il contient de résistance ;
- Les phénomènes hypnotiques les plus variés pour conduire l'induction ;
- Des structures langagières particulières – au-delà de l'emploi de la suggestion, des présupposés, des recadrages et de la rhétorique hypnotique au sens large – pour déclencher des processus inconscients.

Permissif et utilisationnel

Carlos rentre dans votre bureau en marchant de long en large dans votre bureau et vous prévient :

— *Je sais que je ne suis pas hypnotisable d'ailleurs, je ne peux pas m'arrêter de marcher, je suis hyperactif.*

Soyez utilisationnel : Ce gars la marche de long en large sans s'arrêter. Erickson aurait dit :

— *Pouvez-vous continuer de marcher de long en large ?*

[Carlos continue de plus belle.]

— *Pouvez-vous continuer de marcher de long en large en évitant de cogner le fauteuil rouge ?*

[Carlos continue en modulant cependant son manège légèrement.]

— *Pendant que vous marchez de long en large, je vais vous parler lentement de chose qui ne vous intéresse pas.*

[Carlos ralentit un peu.]

— *Il est très peu plausible que vous alliez en hypnose en marchant aussi vite, et même en marchant plus lentement...*

[Carlos ralentit un peu.]

— *Continuez à éviter le fauteuil rouge surtout ne le cognez pas et ne vous asseyez pas dedans et évitez aussi la table basse et le pot de fleurs...* [Complexifier le déplacement pour rendre préférable l'arrêt dans le fauteuil.]

— *Ne tombez pas confortablement dans le fauteuil rouge, le vert si vous voulez mais en aucune façon le rouge qui est trop confortable pour vous.*

[Carlos hésite et passe près du fauteuil rouge.]

— *Pas même un petit arrêt... confortable...*

[Prenez le temps d'attendre, le client se fatigue et finit par s'assoir dans le fauteuil rouge et développer une transe profonde et rapide.

[Suite de la séance...]

Carlos en fin de séance :

— Que m'est-il arrivé, mais comment avez-vous fait ? Vous êtes un pro vous dans votre métier.

Vous êtes déjà utilisationnel ? Soyez-le encore plus en hommage au maître lors de votre prochaine séance.

Écoutez la plainte de votre prochain client. Isolez son symptôme selon lui, puis proposez-lui de faire une pause « verre d'eau » :

— *Puis je vous offrir un verre d'eau ?*

— *Euh oui.*

— *Je vais le chercher, attendez-moi.*

Laissez le seul quelques minutes dans le cabinet, allez chercher le verre d'eau et pendant ce temps réfléchissez à la question essentielle pour être utilisationnel à la manière d'Erickson :

Comment la plainte, comment le symptôme peut être aussi la solution ?

Une fois trouvé, il vous reste à prescrire le symptôme car la suggestion de continuer à faire ce que l'on fait déjà est selon Erickson une suggestion sans échec.

— Je sais exactement ce que vous pourriez faire pour aller beaucoup mieux en quelques jours.

— Euh…

— Mais je crois que vous n'êtes pas prêt pour que je vous le dise…

— Mais si.

— Bon d'accord : je vais vous demander… [le symptôme légèrement modifié].

Vous ne pouvez pas être plus utilisationnel car vous demandez au client de faire ce qu'il admet faire de problématique sans pouvoir y déroger.

2. Hypnose ericksonienne enseignée aujourd'hui et revendiquée sur une plaque

Vous avez pris rendez-vous pour essayer l'hypnose, vous regardez à nouveau le plan sur votre mobile, c'est bien à cet endroit. Il y a une plaque marquée Hypnose ericksonienne ; à quoi pouvez-vous vous attendre ? (Voir Quizz en fin d'ouvrage.)

La nature de l'entretien, de l'accueil, de l'accompagnement, voire de l'hypnose proposée pourra être très variable tout comme l'aura été la formation de votre interlocuteur. Mais c'est surtout l'étendue de ses croyances et de ses connaissances qui fera la différence dans la relation avec vous. Il y aura vraisemblablement des silences, de la communication posturale, des suggestions, des recadrages de point de vue, le tout construisant avec vous une relation.

On parle d'hypnose ericksonienne depuis le livre de Jay Halley, *Un Thérapeute hors du commun*, qui a fait connaître le maître. Cette appellation à la mode se retrouve sur bien des plaques mais elle recouvre un panel de réalités très différentes.

D'une école d'hypnose[1] à l'autre, des modules promettent de visiter la connaissance de l'hypnose généralement en suivant des marches d'escalier :

- Niveau Praticien,
- Niveau Maître praticien,
- Formations complémentaires.

Le premier niveau promet de vous permettre d'hypnotiser un client et le second de dérouler quelques protocoles standardisés en face de chaque problématique.

Cependant, dans le corpus ericksonien, ce qui est très technique et de fait difficile à transmettre en formation comme la poignée de main d'Erickson, les signaux faibles, la pantomime, l'utilisation de certains phénomènes hypnotiques, n'est généralement pas enseigné. La raison est qu'il est plus facile de déclamer une métaphore que de produire une catalepsie et une lévitation à partir d'une simple poignée de main en utilisant un regard défocalisé.

---

1. Les écoles d'hypnoses en France sont des créations récentes : pour exemple 1971 pour l'École centrale d'hypnose organisée par Dany Debeix et 2001 pour l'Arche créée par Kevin Finel.

Certains hypnotiseurs vous proposeront une première séance sans hypnose pour faire connaissance puis à la seconde séance des transes très légères de relaxation, des somnolences durant lesquelles ils vous liront un script, une petite histoire métaphorique ayant pour but avoué de déclencher des changements internes au niveau de votre inconscient.

D'autres vous mettront en transe moyenne et parfois profonde. Mais ce sera toujours vous qui en serez l'artisan. Ensuite, ils pourront mettre en œuvre une stratégie qui peut être très différente dans un large spectre entre ceux qui gardent le pouvoir et ceux qui vous apprennent l'autohypnose. La stratégie utilisée est bien souvent plus prégnante que l'hypnose, elle répond à la question :

— Que faire après l'avoir hypnotisé ?

La stratégie peut emprunter à différentes thérapies (cognitive et comportementale, brèves, provocatrices, ordalique, etc.). Il en existe de très nombreuses pour modifier vos habitudes en dehors des séances d'hypnose. Leur utilisation vient souvent en complément de l'usage de l'hypnose pour apporter rapidement les changements attendus.

À la première séance, vous ferez connaissance en racontant un peu de ce que vous voulez changer, vous évoquerez vos objectifs et vos plaintes. Selon l'obédience du praticien, il écoutera, pratiquera une anamnèse pour bien comprendre les tenants et les aboutissants de votre plainte, , il vous aidera à formaliser un objectif à atteindre, où il se contentera d'être avec vous pour vous dans un accueil inconditionnel.

Les usages sont multiples et vraiment très variés. *A priori*, il y a peu de limites à l'hypnose dont le résultat est un ressenti subjectif. Si vous vous coupez un bras, l'hypnose ne vous le fera pas repousser comme pour un homard sa pince, c'est la limite de l'hypnose, mais vous pourrez rêver que vous vous en servez à nouveau. Plus prosaïquement, si vous avez des douleurs fantômes sur le membre amputé, vous pourrez utiliser l'hypnose pour les oublier ou les transformer en sensations agréables mais toujours fantômes.

Il y a aussi les échecs, Erickson avait aussi des échecs, il lui arrivait parfois de refuser des patients parce qu'il savait qu'il n'aurait aucun résultat. Ses contemporains ont surtout rapporté ses guérisons miraculeuses et ses exégètes ont cherché à modéliser son comportement en créant l'embryon de nombreuses écoles.

Pour la plupart de ces écoles, le client est un apprenti hypnotiseur qui souhaite ouvrir un cabinet. Les écoles surfent ainsi sur la clientèle des candidats au changement de vie professionnelle. Leur enseignement s'adresse à ceux qui souhaitent ouvrir un cabinet d'hypnose et apporter de l'aide à leurs congénères.

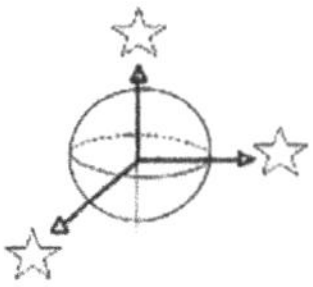

On peut pratiquer l'hypnose néo-ericksonienne avec ses caractéristiques et pour autant utiliser conjointement un référentiel très différent parfois de ce que pratiquait le maître. Les référentiels sont très nombreux et éminemment variables en fonction des croyances, des compétences et dans une certaine mesure des formations suivies par votre interlocuteur.

La pratique de cette hypnose peut en effet se teinter de nombreuses valeurs très différentes ancrées dans les croyances du praticien :

- *Transgénérationel :* lorsqu'elle intègre la famille dans le système de la problématique du client et parfois même présuppose l'existence de vies antérieures.
- *Quantique :* l'existence de mondes quantiques différents et proches.
- *Diagnostique :* bien que ne pratiquant pas la médecine, certains peuvent être tentés de poser un diagnostic pour mieux appréhender la plainte du client faute de la comprendre.
- *Non-diagnostique :* mettant un point d'honneur à ne pas enfermer l'individu dans une quelconque étiquette. Considérant que le client possède les capacités intrinsèques de s'améliorer et d'aller vers plus de confort et de mieux-être.
- *Systémique :* parce qu'elle prend en compte le milieu relationnel tel un système qui peut changer mais préfère souvent soigner son homéostasie.
- *Transactionnel :* qui analyse les relations selon l'analyse transactionnelle d'Eric Berne.
- *PNListe :* qui utilise le vocabulaire conceptuel et les fondements de la PNL pour élargir la carte de la réalité.
- Etc.

Ces référentiels recouvrent l'hypnose formelle et l'hypnose conversationnelle sans transe, elle-même parfaitement intégrée dans le référentiel de l'hypnose ericksonienne. Elle en constitue même une partie significative souvent utilisée en pré-induction d'une hypnose formelle. Milton Erickson travaillait avec un référentiel qui date de 70 ans. Aujourd'hui, les choses ont changé et continueront de changer. Les clients veulent du développement personnel pour être « bien dans leur vie », avoir de saines relations sociales, professionnelles et de couple, sans forcément de mariage, etc.

Pour une mise en œuvre ericksonienne, dès les premiers mots, déroulez une pré-induction subtile qui se révèlera par la suite parfaitement congruente avec la séance. Ayez cette lumineuse capacité d'improvisation qui tient compte de tout ce qui va être demandé ensuite et pose de petits cailloux blancs dans le chemin de l'entretien. Suivez l'une des explications de cette perfection de la congruence qui réside dans l'aveu d'Erickson de déléguer fréquemment à son inconscient le cours de la séance lorsqu'il ne sait pas quoi faire.

Ensuite ayez des inductions inventives et multiples. Pour ce faire, utilisez avec maestria :

- Ce que vous apporte le client, quel que soit cet apport et ce qu'il contient de résistance ;
- Les phénomènes hypnotiques les plus variés pour conduire l'induction.

Au-delà de l'emploi de la suggestion, des présupposés, des recadrages et de la rhétorique hypnotique au sens large, utilisez des structures langagières particulières servant à déclencher une recherche trans dérivationnelle comme dans cet exemple pour un ado qui va passer le Bac.

— Ne réussis pas trop ! (voir **25**)

Combien êtes-vous ericksonien en pourcentage ?

Vous êtes ericksonien, mais vous faites parfois des inductions d'Elman ?

Faites le Quizz p. 249 et hallucinez votre plaque virtuelle.

Vous êtes déjà ericksonien ? Que pourriez-vous apporter de vos croyances à un fascinateur, à un magnétiseur ? etc. Pourquoi ne pas explorer l'infinie richesse des articles de Milton Erickson pour en tirer des idées de séances ou des variations de ce que vous pouvez entreprendre avec des clients sous hypnose ?

Vous avez le choix, que ce soit :

- les stratégies utilisées par Erickson,
- les prescriptions de tâches, les ordalies,
- les doubles liens,
- les phénomènes hypnotiques qu'il utilise (écriture automatique, amnésie, contraction du temps, etc.).

Partez à la pêche à la bonne idée.

Comparez tout ce qu'il arrive à son ami John avec ce qu'ont forcément vécu vos connaissances ou bien vous-même, il y a forcément matière à vous renouveler et injecter de la nouveauté dans vos séances.
— *Regardez-moi dans le langage !*

3. Hypnose Di Pisa

Le professeur Erminio di Pisa possédait un charisme et une énergie exceptionnelle. Dès l'âge de 14 ans, il s'est consacré avec passion à l'étude des techniques hypnotiques. Dans sa vie, il a hypnotisé plus de 250 000 personnes. La radio et la télévision publique italienne ont mis en scène ses exploits : hypnose collective d'un public de théâtre, guérison paranormale à distance, annonce du résultat final de la « Corsa Tris », une course de chevaux car il était aussi médium.

Pour le reste, il s'est spécialisé dans l'hypnose instantanée et surtout dans la guérison instantanée.

Il résidait à Milan, près de Corso Sempione, au cœur de cette ville. Il était très souvent consulté par des médecins et des thérapeutes, soit par amitié, soit par curiosité pour ses techniques. Il avait même collaboré pour l'hôpital San Raffaele de Milan et contribué à certaines opérations pour les anesthésies grâce à l'utilisation de l'hypnose.

Compte tenu de l'ostracisme souvent infligé aux praticiens du magnétisme et de l'hypnose au sein de la fraternité médicale italienne, c'était une reconnaissance. D'ailleurs, certains médecins lui rendent également visite en tant que clients réguliers. Erminio avait développé une série de techniques puissantes qui pouvaient rapidement soulager de nombreuses douleurs différentes et résoudre de nombreux problèmes. Il était très attentif aux détails et très vigilant dans chaque situation. Il était présent et capable de percevoir tout ce qui se passait autour de lui, ce qui lui donnait une profonde capacité à faire des diagnostics médiumniques quasi instantanés. En quelques secondes seulement, il pouvait informer une personne de n'importe quelle maladie dont elle souffrait simplement en souriant et en plaisantant avec elle.

Tout ce qu'il disait était empreint du ton de la certitude. Et pour accentuer son pouvoir, il aimait porter des cravates très flashy, car il savait qu'elles détournaient l'attention visuelle pour ses clients. En même temps, le professeur Erminio Di Pisa aimait aussi plaisanter et fasciner dans des contextes informels. Par exemple démontrer l'hypnose dans la rue fait de lui un précurseur (voir **24**).

Il utilisait plusieurs sortes de transe soit rapides, soit lentes.

TRANSE

L'une des manifestations les plus spectaculaires de cette sorte de transe est celle de la « fascination instantanée ». Cette technique a la capacité d'éliminer immédiatement les douleurs physiques, les tensions musculaires, les maux de tête, les acouphènes etc. (voir **20**). Erminio de Pisa, avait l'habitude de l'appeler « hypnose instantanée ». Il en était le seul praticien dans toute l'Italie. Il nous en fit une fois une démonstration stupéfiante devant trois cents personnes à Milan. Il l'a fait en travaillant sur chacune des personnes présentes pendant une vingtaine de secondes produisant des résultats immédiats qui, dans la plupart des cas, ont duré les jours suivants.

Une autre manifestation des transes qu'il utilisait est lente et s'accorde avec une détente musculaire de tout le corps donnant lieu à une hyperflexibilité. Cette méthode unique était à notre connaissance pratiquée seulement par le professeur Di Pisa.

Les principes sont différents des autres méthodes de fascination car :

- il n'y a pas de stupeur,
- la technique est lente,
- le sujet suit le regard de l'hypnotiseur.

On observe que le regard direct facilite le laisser-aller des schémas mentaux. Puisque ces schémas mentaux se lient à des tensions musculaires ou articulaires spécifiques dans le corps, avec le regard, on repousse ces schémas. Il se crée alors un état d'hyper-flexibilité corporelle qui impressionne le public. La personne gagne en liberté de mouvement et peut faire au bout d'une minute des mouvements auparavant impossibles. Son utilisation dans la thérapie est particulièrement adaptée pour l'épaule gelée ou la capsulite et elle peut quelquefois donner des résultats remarquables même en apportant des améliorations pour les rhumatismes.

Une troisième méthode qu'il utilisait est la fascination par le regard et la voix autoritaire. Une fois, alors qu'il se trouvait près de la grande place de Cordusio à Milan, il répéta fermement la phrase prononcée par un passant d'environ 50 ans : « Il va pleuvoir ». Le regardant fixement dans les yeux, Di Pisa lui dit alors à plusieurs reprises d'une voix ferme : « Ouvre ton parapluie ». Le sujet, qui s'était précipité dans un état de confusion, tenta vainement de l'ouvrir plus d'une fois, sans s'apercevoir que ce qu'il tenait à la main n'était qu'une canne. Cette transe dura en boucle jusqu'à ce que Di Pisa le secoue et le ramène ainsi au temps présent.

La méthodologie est plutôt simple. Elle utilise la fascination. Après avoir fait indiquer au patient où il ressent la douleur, il convient de le fixer intensément pour le fasciner, dans le but explicite de l'emmener « au-delà du point », c'est-à-dire au-delà des positions rigides et des habitudes mentales qui représentent la somme de ses problèmes personnels.

À un moment donné, on sent intuitivement que la douleur du patient a disparu. Ce dernier est alors réveillé par un simple coup rapide de la main sur son épaule. L'aspect le plus positif de tout cela est que la personne se sent mieux très rapidement, voire instantanément !

Le professeur Erminio di Pisa avait l'habitude de soigner assidûment des dizaines de personnes chaque semaine, au sein de son cabinet, dans le cadre de son activité professionnelle régulière. Il a traité :

- la plupart des types de douleurs neuromusculaires,
- des capsulites,
- des maux de tête,
- certains problèmes gastriques,
- des acouphènes.

La plupart de ces personnes sont guéries en une seule séance d'une dizaine de secondes avec un taux de réussite avoisinant selon lui 97 %. Même les personnes les plus susceptibles de rechutes récurrentes n'ont pas eu besoin de plus de deux à trois séances avant que les effets bénéfiques de la fascination accomplis par le regard s'incrustent fermement dans leur organisme. Il a aussi guéri très rapidement beaucoup d'autres pathologies. Il a écrit un livre sur ses techniques qui a rencontré beaucoup de succès, mais en réalité il y a mis des inductions plus longues qu'il ne le faisait dans la réalité. Quand il travaillait, son mot-clé assorti à sa confiance en lui était « instantanément ».

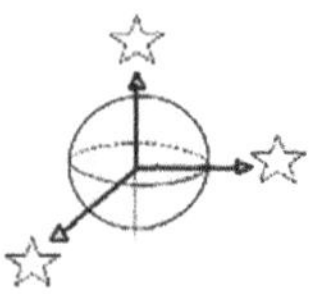

Lorsque le professeur Erminio parlait de sa méthodologie de travail, il évoquait le cas des peuples anciens. Il s'est toujours efforcé d'être dans un état d'équilibre avec l'harmonie universelle, qu'il avait l'habitude de discerner avec une grande sensibilité. Cette technique agirait sur le thalamus et l'hypothalamus autonomes au sein de notre axe cérébral, à savoir le cerveau végétatif.

Clarisse de retour vers l'émotion

— *Regardez-moi dans les yeux et essayez de ne pas cligner.*
— *Reculez, reculez jusqu'à la première fois que vous avez eu cette émotion.* [Il pousse Clarisse en arrière à chaque fois d'un pas.]
Rapidement, elle ferme les yeux et commence à se souvenir du passé, parlant comme si c'était une enfant.
— *Quel âge as-tu ?*
— *Où es-tu, dehors ou dedans ?*
....

Le regard peut effectivement permettre de créer des régressions très rapides, surtout après avoir parlé un peu du problème auparavant. À ce stade, le sujet entre rapidement en transe car « la mémoire est là » et, lorsque l'on laisse aller les filtres conscients avec quelques questions simples, cela ressort rapidement.

Et si vous preniez cette méthode comme une manière de générer un nouveau processus inconscient dans la tête du client ? Au moment où nous regardons le sujet dans les yeux, nous fixons son attention sur un autre espace. Nous dirions que nous sommes maintenant en contact direct avec l'inconscient, si nous voulions emprunter la terminologie de Milton Erickson. Cela semble improbable à la personne qui ne fait que regarder mais, d'un point de vue technique, c'est au contraire très naturel. Les douleurs et les autres problèmes auxquels nous avons fait référence représentent des « réalités fixes ». L'inconscient, en effet, travaille toujours pour le bien-être de la personne et dans son intérêt.

Il ne s'agit pas ici d'une simple suggestion hypnotique verbale et de son résultat. Car parfois (bien que rarement), il est nécessaire d'opérer deux ou trois fois avant que « le bon moment puisse être saisi ». Si cela n'avait été qu'une suggestion, la troisième tentative aurait eu pour effet d'imiter ce qui s'était passé dans les précédentes sans grands changements. Cependant, comme ce n'est pas le cas, cela signifie que nous avons en fait guidé avec ce processus de fascination notre patient vers une nouvelle dimension de la vie.

4. Hypnose elmanienne

— Jouez le jeu, faites comme si vous saviez faire une induction elmanienne ! Et comme si vous détendiez vos paupières.

Il n'y a pas que l'hypnose ericksonienne sur la planète de l'hypnose !

Dave Elman est contemporain de Milton Erickson. L'hypnose elmanienne est l'ensemble des techniques qu'il a développées dans les années 1930. Elle a été restaurée ensuite dans les années 1970 par Jerry Kein. De son vrai nom David Kopelman, Dave Elman faisait de la radio et de la scène : c'était un homme de spectacle. C'est probablement pourquoi sa méthode d'hypnose est directe, contrairement à l'hypnose ericksonienne. L'hypnose elmanienne se rapproche en cela de l'hypnose classique et de l'hypnose de spectacle.

L'hypnose elmanienne vise à atteindre une transe profonde et somnambulique rapidement, souvent en utilisant une technique d'induction simple. Cet état de transe somnambulique est un état de conscience modifiée où une personne sera très sensible aux suggestions. Cet état peut être atteint facilement et peut ensuite être utilisé pour traiter des problématiques comme l'anxiété ou la dépendance.

Il y a aussi la transe profonde en état Esdaile[1], une forme de transe hypnothérapeutique décrite par James Braid et popularisée par James Esdaile. Cet état de transe, caractérisé par une perte de conscience profonde et une immobilité complète du corps, est souvent utilisé en chirurgie dentaire et dans d'autres interventions médicales.

La méthode d'induction simple de l'hypnose elmanienne est facile à enseigner, reproductible et très rapide, permettant de faire entrer un client en état hypnotique en moins de quatre minutes. En premier lieu, l'utilisation de l'imaginaire, et notamment de formules telles que « imaginez que », « faites comme si » ou « faites semblant de », permet au facteur critique d'être automatiquement désactivé. Ainsi, la combinaison d'une induction rapide et du développement de l'imaginaire d'un individu permet d'obtenir une transe profonde rapidement et simplement. Le client est alors plus apte à accepter le changement et va pouvoir participer de façon active à sa propre guérison. Il fait équipe avec le thérapeute. Dans cette technique d'hypnose, il est important d'aller à l'essentiel. C'est une des raisons qui ont poussé Dave Elman à développer son induction rapide. Cependant, induction rapide ne veut pas dire transe faible, bien au contraire. Dans cette méthode, l'état hypnotique doit être très poussé, et même aller jusqu'à l'état somnambulique.

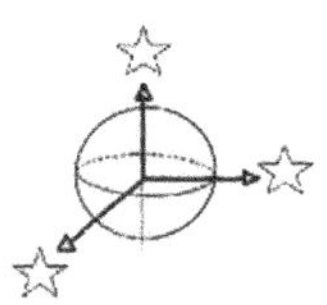

Pour Elman, l'hypnose est une discipline permettant de relier le conscient et l'inconscient par un contournement du facteur critique. Celui-ci est une sorte de protection du subconscient qui ne se développe que vers l'âge de 6 ans chez les enfants. Il agit comme un filtre, en analysant les idées et les suggestions que l'on reçoit, et en bloquant celles qui sont invraisemblables. C'est grâce à ce facteur critique qu'une idée telle que « je sais voler » ne peut pas être acceptée par l'esprit d'un individu. L'hypnose elmanienne est donc basée sur le contournement, non pas du conscient, mais du facteur critique. Cela permet d'induire une personne dans une transe profonde et de la rendre très réceptive. Pour passer outre cette protection, l'hypnose elmanienne

1. Formalisé par le médecin écossais James Esdaile (1808-1859), l'état Esdaile est un niveau d'hypnose profond suscitant des anesthésies puissantes (voir **51**). James Esdaile l'utilisera en tant qu'assistant chirurgien dès 1830 à la Compagnie anglaise des Indes Orientales.

se base sur divers processus, tels que des techniques d'inductions rapides, des focus internes sur les émotions, les souvenirs, etc. C'est l'imagination qui donne le pouvoir.

L'hypnose elmanienne est particulièrement efficace pour la douleur et les problèmes physiques d'un individu. Cette efficacité, combinée à la rapidité de l'induction intéresse grandement le milieu médical, et c'est pourquoi Elman proposait des formations à l'hypnose à de nombreux médecins et dentistes. Ceux-ci se servent de la technique pour anesthésier leurs clients. Dave Elman est considéré comme l'un des premiers à avoir enseigné une hypnose pragmatique à des fins médicales.

Cette méthode d'hypnose a inspiré la technique de l'hypnose classique curative (HCC), qui consiste à définir rapidement des solutions adaptées aux douleurs des clients.

La mise en œuvre qui utilise une simple discussion est une hypnose conversationnelle. La discussion est polie, mais relativement autoritaire. L'hypnotiseur demandant expressément au client d'agir comme s'il était hypnotisé.

— *Ferme tes yeux jusqu'au point où ils sont tellement relaxés que même si tu veux les ouvrir tu les trouves bloqués.*

En effet l'hypnose elmanienne fonctionne sur deux concepts principaux :

- Le travail du client consiste à reconnaître les indications du thérapeute comme étant acceptables, justes et dans son intérêt. Dés le début de la rencontre, il lui est demandé d'agir « comme s'il était hypnotisé » ce qui est en hypnose elmanienne est un des principaux moteurs de l'induction vers l'hypnose.
- Le thérapeute doit faire prendre conscience à son client qu'il est hypnotisé. Il apporte ainsi la « preuve » que cela fonctionne et rend la personne plus confiante dans les résultats.

Ces deux concepts insistent bien sur l'implication et le travail du client. Celui-ci est réellement impliqué dans sa thérapie et a donc une responsabilité dans son succès ou son échec. L'hypnose elmanienne considère que le client doit faire 50 % du travail, le thérapeute se charge du reste comme dans l'exemple suivant.

Induction d'Elman

Carine se retrouve sur le fauteuil d'un dentiste pour essayer l'hypnose elmanienne :

— *Alors voilà, pouvez-vous simplement serrer les yeux aussi forts que vous voulez essayer l'hypnose et maintenant les détendre complètement.*

Très bien, maintenant testons votre imagination pour lui donner du pouvoir. Vous allez faire comme si vous ne pouvez plus les ouvrir… Très bien.

Maintenant imaginez que cette détente dans les paupières, vous allez la communiquer aux sourcils, aux pommettes et finalement à tout le visage… Très bien.

Et maintenant à tous les muscles du corps jusqu'aux orteils et vous hocherez la tête quand vous aurez terminé… [elle hoche la tête] très bien.

Je vais vous aider à ouvrir les yeux en passant la main devant votre visage et en repassant la main vous allez les refermer et vous allez vous détendre dix fois plus musculairement. [Il passe la main.] *On recommence.* [Il passe la main à nouveau.] *Je vais vous permettre d'être très détendu, si vous avez bien fait votre détente musculaire, lorsque je lève un bras comme ceci, vous n'avez rien à faire pour le laisser tomber comme un chiffon mouillé.* [Il lève le bras qui tombe comme une chiffe molle puis l'autre bras de même.]

Félicitations. Vous avez atteint la phase de détente musculaire qui est la plus difficile, il reste simplement la détente mentale et pour cela je vous demande d'imaginer un tableau avec le chiffre 100, alors tout simplement dites 100 et effacez-le, puis dites 99 et inscrivez 99.

Vous allez voir que simplement en effaçant les chiffres à chaque fois, vous n'allez bientôt plus voir les chiffres, plus les prononcer et plus les penser, allez-y !

— *« 99 »… « 98 »… « 97 »…* [Le client se tait.]

— *Bravo vous êtes sous hypnose convenablement, vous pouvez vous promener dans votre campagne tandis que je vais m'occuper de votre bouche qui peut rester ici.*

Pourquoi ne pas passer un contrat avec votre client tout en restant ericksonien ? Profitez de la pré-induction en la rebaptisant « pré-talk » pour faire plus elmanien. Suggérez d'abord en anecdote une présentation de la force de l'imagination comme le comportement enfantin que nous avons tous eu en défendant un château de sable comme si nous étions au Moyen Âge :

—Vous avez déjà fait des châteaux de sables ?

Puis débutez une induction elmanienne avec le « comme si » magique :

— Serrez les paupières et détendez-les tellement que vous pouvez faire comme si vous ne pouviez plus les ouvrir.

5. Hypnose kappasienne

John Kappa (1925-2002) est moins connu que Dave Elman, pourtant il a œuvré à la profession d'hypnothérapeute en créant dès 1968 The Hypnosis Motivation Institute, l'association qui forme encore de nos jours nombreux hypnothérapeutes aux États-Unis ! C'est encore une autre vision de la psyché humaine.

— *Votre volonté pèse 12 % de votre personne !*

John Kappa est actif dans les années contemporaines d'Erickson et d'Elman. Sa vision de la mémoire expériencielle est comparable à un iceberg avec la partie immergée contenant nos *patterns*, nos programmes automatiques difficiles à changer alors que la partie visible, celle que nous considérons comme nous, est bien plus petite et ne fait pas le poids avec la simple volonté pour activer le changement.

En hypnose kappasienne, il faut créer une certaine tension chez le sujet pour amener l'état de transe. La transe est un basculement vers un fonctionnement inconscient.

L'état d'hypnose est obtenu à la suite d'une surcharge de quantité d'informations différentes comme autant d'unités messages, désorganisant le processus inhibiteur (voir zone critique ci-dessous), déclenchant notre mécanisme attaque/fuite. Cela aboutit à un état d'hyper-suggestibilité qui ouvre l'accès à notre inconscient.

Vous pouvez expliquer au client comme une suggestion aidante ce modèle comportant quatre zones (voir ci-dessous) qui ne sont pas des emplacements mais des zones fonctionnelles. Expliquez-lui que sa volonté ne suffit pas à changer pour le décomplexer et lui donner envie d'essayer l'hypnose.

Il s'agit avant tout de court circuiter la zone critique (voir le modèle en quatre zones ci-après) pour permettre de nouveaux apprentissages qui seront engrammé dans la mémoire expériencielle. Perte de poids, arrêt du tabac, modulation de la douleur sont alors des apprentissages.

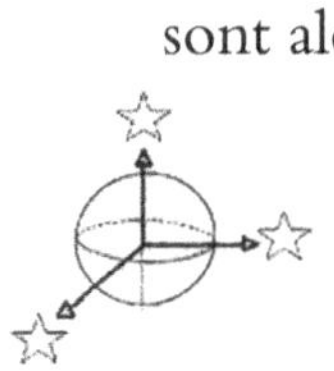

Dans le modèle de John Kappa, la psyché est constituée de quatre zones au sens de fonctions :

1. La zone primitive, acquise à la naissance, qui contient nos mécanismes réflexes comme celui de combat ou de fuite en cas d'attaque critique.

2. La mémoire moderne, une partie du subconscient qui contient toutes nos expériences.

3. La zone consciente, partie logique qui résonne à partir de 8 ans.

4. La zone critique, qui existe depuis l'âge de 8 ans environ et filtre les messages entrants pour accepter ou refuser leur entrée dans la mémoire moderne.

Il s'agit de surcharger la zone critique de messages tous différents pour obtenir son décrochage et permettre l'entrée en hypnose.

Induction de John Kappa

Carlos souhaite essayer l'hypnose car il n'a jamais été hypnotisé.

— *Pouvez-vous tendre le bras comme ceci [lui montrer par l'exemple] et serrez le poing en même temps.*

Maintenant prenez votre pouls au poignet et concentrez-vous sur vos battements de pouls, suivez-les scrupuleusement.

Maintenant répétez exactement tout ce que je dis.

— *Euh…*

— *Non pas euh, maintenant répétez exactement tout ce que je dis.*

[À partir de ce moment votre intention est de saturer la zone critique avec des phrases à répéter de plus en plus complexes et qui gagnent à contenir de la confusion.]

— *De comme prendre une grande inspiration et se concentrer sur la synchronisation avec le pouls…*

— *De comme prendre…*

Pour accélérer l'entrée en transe, vous pouvez abaisser le bras tout en disant une autre phrase alambiquée.

Pourquoi ne pas utiliser la surcharge sensorielle pour amplifier vos inductions ? Profitez de la pré-induction pour expliquer le modèle de la psyché de John Kappa (12 % volonté vs. 88 % mémoire moderne) pour aider à aller vers un changement de mode de fonctionnement :
— Au fait comment faites-vous vos lacets ?
[Le client s'exécute.]
— Parfait, merci de cette démonstration. Savez-vous que, selon le modèle de Kappa, il vous faudrait une centaine de fois pour arriver à les faire d'une autre manière ?
— Euh ?
— En effet, lorsque vous voulez faire quelque chose de nouveau, votre volonté pèse pour 12 % alors que la mémoire de ce que vous avez toujours fait vaut 88 %. Je vous propose de tendre le bras et de serrer le poing aussi fort que vous voulez arrêter de fumer. Vous serez à 12 % de l'énergie de votre personne…
[Suite de l'induction de Kappa.]

4

PRATIQUES INDIVIDUELLES DE L'HYPNOSE

Bien que l'iconographie de l'hypnose fasse une bonne place à l'hypnotiseur comme figure du pouvoir, il y a eu de tout temps des pratiques individuelles, voire solitaires, de l'hypnose : méditation, yoga, oracles, caisson d'isolation sensorielle, etc.
Ce chapitre en étudie quelques-unes. D'ailleurs, toute hypnose n'est-elle pas d'abord une auto-hypnose ?

6. Autosuggestion

— *Tous les jours à tout point de vue je vais de mieux en mieux !*

Émile Coué de La Châtaigneraie (1857-1926), plus connu simplement comme Émile Coué, est un pharmacien français auteur d'une méthode de guérison et de développement personnel (la méthode Coué) fondée sur l'autosuggestion. C'est un précurseur de la pensée positive et un expérimentateur de l'effet placebo[1].

Lorsque le pharmacien encourage ses patients, il s'agit de suggestion à l'état de veille sous couvert d'un argument d'autorité. Par la suite, la méthode Coué préconisera de passer les suggestions avant d'aller dormir dans cet état hypnagogique entre le sommeil et la veille qui correspond à une transe légère et un iota de conscience modifiée.

1. Pour se débarrasser d'un client qui exige un médicament interdit à la délivrance, il lui donne un flacon d'eau distillée avec moultes préconisations sur sa posologie et voit la personne revenir guérie quelques jours après.

Émile Coué, jeune apothicaire avait pris l'habitude de joindre aux remèdes qu'il vendait des paroles encourageantes. Il avait remarqué que les malades qu'il persuadait aisément de l'efficacité des traitements en sachant trouver les mots justes s'en trouvaient mieux. Il n'y avait pas de transe à proprement parler, mais de la suggestion.

L'autosuggestion consciente apporte la maîtrise de soi, fait aller de mieux en mieux, libère des problèmes psychiques, améliore l'estime de soi et la confiance en soi, etc.

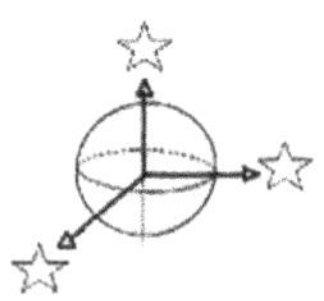

L'idée du trac détermine que l'on a le trac, etc. Il est suffisant de penser : « je suis sourd, je suis aveugle, je suis paralysé » pour être sourd, aveugle ou paralytique. Je ne veux naturellement pas dire que tous les sourds sont sourds parce qu'ils le pensent, mais il y en a une partie qui sont sourds parce qu'ils croient l'être[1].

La méthode Coué fonctionne sur deux principes simples :

- toute idée dans la tête à tendance à se réaliser si elle est réalisable ;
- ce n'est pas la volonté la première force de l'homme, mais l'imagination.

Il faut réfléchir et écrire en termes positifs et sans négation la suggestion qui convient aux progrès que l'on souhaite accomplir. Ensuite pendant quinze jours, tous les soirs au coucher, on se répète dans la tête une vingtaine de fois avant de s'endormir la suggestion que l'on a préparée.

Exercice au coucher dans le lit

Carine se désole de ne plus avoir le moral sur de nombreux points de son existence. La méthode Coué lui propose d'aller mieux en quelques jours.
Tous les matins et tous les soirs, aussitôt au lit sans chercher à fixer son attention sur ce qu'elle dit, elle répète assez haut pour entendre ses propres paroles en comptant sur une ficelle munie de vingt nœuds :
— *Tous les jours, à tout point de vue, je vais de mieux en mieux !*

1. Émile Coué, *Œuvres*, Astra, Paris, 1984.

Pourquoi ne pas ajouter à votre thérapie sous hypnose un peu de méthode Coué en aidant en séance le client à rédiger la phrase d'autosuggestion personnalisée qui lui convient bien selon sa dynamique de problèmes et de ses potentielles solutions. Puis en lui demandant sous forme de suggestion post-hypnotique ou sous forme consciente de la répéter vingt fois chaque soir pendant quinze jours.

— *Au fait, vous préférez la répéter 20 fois pendant 15 jours ou 15 fois pendant 20 jours ?*

— *Euh…*

7. Phosphénisme

— *Transformez l'énergie lumineuse en énergie mentale avec un simple cerveau, deux yeux et une lampe de poche.*

Le docteur Francis Lefébure (1916-1988) en est l'inventeur. Ce médecin français a eu la curiosité d'étudier les phénomènes phosphéniques autour de la persistance de l'impression rétinienne et de la manière dont les yeux et le cerveau perçoivent les lumières qui apparaissent et disparaissent.

Vers 1963, il eut l'idée lumineuse d'étudier ce qui arrive quand on pense à un sujet particulier, une idée, une connaissance à assimiler pendant la présence du phosphène. C'est l'origine du principe de « mixage phosphénique », méthode présentée par son concepteur pour développer la mémoire, la concentration, le sens de l'initiative, l'intuition artistique et la créativité par un simple mélange de pensées et de phosphènes mélangés.

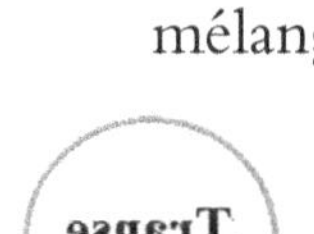

Le phosphène est une induction instantanée et lumineuse dont l'observation modifie l'état de conscience du cerveau. De là à le considérer comme une micro-transe, il n'y a qu'un pas. Sa vision lumineuse passe par l'œil pour agir sur le cerveau comme une suggestion de démarrer certains processus inconscients. Cet état d'activité intense du cerveau s'obtient par une action consciente (regarder un phosphène attentivement). Il est ensuite utilisé comme une commande au cerveau notamment pour mémoriser car il favorise la concentration et l'assimilation.

Le dispositif pour regarder attentivement un phosphène est simple. Utilisez une ampoule blanche, opaline (c'est-à-dire dont on ne voit pas le filament incandescent). Choisissez une puissance de 75 watts. Placez-la de préférence dans un réflecteur d'environ 15 centimètres de diamètre et à une distance de 1,50 mètre de votre siège. Asseyez-vous à cette distance et assurez-vous d'avoir un fil assez long pour manœuvrer l'interrupteur facilement.

Fixez la lampe allumée pendant une trentaine de secondes. Il est possible de cligner des paupières, mais vous ne devez pas bouger les globes oculaires pour que le phosphène soit stable et que les bords en soient précis. Au-delà de 30 secondes, éteignez la lampe et observez le phosphène qui apparaît devant vos yeux. Dès lors, canalisez vos pensées selon le problème à résoudre en accompagnant le phosphène.

Il est aussi possible de pratiquer avec une simple lampe de poche munie d'un filtre pour rendre la lumière opaline.

Les usages sont variés avec en premier lieu celui de faciliter la mémorisation en pédagogie. D'autres sont possibles au fur et à mesure de la pratique régulière :

- mémorisation (mixage phosphénique),
- optimisation de la concentration (monoïdéisme de qualité),
- enrichissement de la pensée (créativité),
- recherche de solutions (pensée latérale),
- etc.

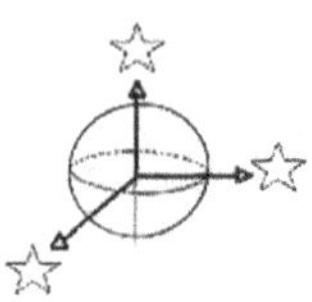

Nous sommes dans le scope du développement personnel qui utilise l'apprentissage du cerveau par le levier des yeux. Le sujet apprend à utiliser son cerveau dans un certain registre et le cerveau apprend ensuite à répondre aux ancrages de sollicitations. Le regard, ce miroir de l'âme, utilisé par l'EMDR, les inductions avec fixation d'un point lumineux, la vision périphérique, etc. fournit ici une autre porte d'entrée vers son fonctionnement encadré pour conduire le changement.

Le cerveau est sollicité par la lumière, James Braid l'avait déjà compris en brandissant un objet brillant pour son induction préférée ! D'ailleurs selon son créateur, c'est la fréquence de l'utilisation des phosphènes qui fait leur force et non la durée. Ceci milite pour les assimiler à des ancrages visuels particuliers, proches d'apprentissages inconscients. Il n'y a pas vraiment d'explication scientifique, mais on considère en pratique que le fait d'avoir une pensée à l'esprit pendant le phosphène amplifie les rythmes cérébraux, ce qui densifie en quelque sorte la pensée. Ceci lui confère une dynamique particulière probablement liée à la dynamique propre du phosphène selon son cycle de vie (apparition, mutation, disparition). On peut aussi considérer qu'un isomorphisme de l'action mentale avec la vision du phosphène permet de modifier et de perfectionner l'action mentale. L'effet du phosphène sur le cerveau fonctionne comme une suggestion agissant directement au niveau du mécanisme de la pensée.

En pré-induction rappelez :

— *Tout d'abord, sachez que regarder un phosphène, n'est ni une méthode mnémotechnique, ni une méthode d'association d'idées.*

En effet, il faut rassurer sur le caractère bénin de la méthode comme dans toute hypnose tout en suggérant sa parfaite efficacité. Beaucoup de gens pensent que cette technique doit être fatigante alors qu'elle est paradoxalement reposante car elle dégage une énergie qui produit bien-être et détente. De plus, ce n'est pas une perte de temps car il y a rapidement une accélération impressionnante des capacités intellectuelles, notamment de mémorisation.

Ensuite exposez la méthodologie comme dans l'exemple suivant.

Mémoriser, une demande lumineuse

Carine souffre d'une difficulté à se concentrer et à mémoriser ses cours avec confiance.

— *Regardez le premier phosphène et décrivez-le-moi.*

— *Euh… il est bleu sur les bords.*

— *Ok. Maintenant, regardez-en un autre en visualisant ce théorème avec son équation.*

[Les yeux se ferment.
Trois minutes après, les yeux s'ouvrent.]

— *Alors… comment cela s'est passé ?*

Par la suite elle apprend à faire ses exercices seule. Elle s'est habituée à voir coexister le phosphène et n'importe quelle pensée. Ainsi elle a elle-même trouvé d'autres possibilités en aiguisant ses pensées, sa mémorisation, sa recherche de solution grâce à la vision simultanée de phosphènes. De retour en seconde séance elle s'exclame :

— *Je le fais tous les soirs avec les nouvelles connaissances dans mes leçons et, franchement, je vois une sacrée différence dans mes cours. Merci beaucoup.*

Et si vous utilisiez la lumière comme un ancrage ? Un ancrage particulier que vous pourriez poser sans prononcer un mot à la mode du phosphénisme. C'est un des ancrages les plus puissants que vous pourriez proposer en fin de n'importe quelle séance ericksonienne.

En fin de séance, en retour de transe, faites énoncer au client le mot qui concrétise, qui synthétise, qui profère son changement et éventuellement sa guérison :

— *S'il y avait un mot qui résumait tout ce que vous avez trouvé aujourd'hui ? Pouvez-vous demander à votre inconscient le mot qui vous vient à la tête… dites-moi…* (vous pouvez aussi le demander sous hypnose).

— *Euh… Bascule ?*

Ensuite demandez-lui de regarder un phosphène en prononçant le mot huit fois de suite :

— *Bascule, Bascule, bascule…*

Si vous n'avez pas de dispositif pour visualiser un phosphène, vous pouvez utiliser une lampe de bureau tournée vers lui que vous allumerez au bon moment pour l'occasion.

— *Maintenant que vous avez dit le mot important pour votre guérison, regardez fixement cette lumière et prononcez-le huit fois de suite sur des tons différents.*

8. Training autogène

Cette technique a été imaginée par le psychiatre allemand Johannes Heinrich Schulz (1884-1970) qui publie en 1932 son premier ouvrage fondateur : *Das Autogene Training*. Schulz, qui est un expert en hypnose, a développé la technique du training autogène en utilisant l'élément autogène, qui le différencie des autres techniques hypnotiques qui sont pour la plupart fortement influencées par la suggestion de l'hypnotiseur. Si l'élément autogène échouait, on ne pourrait pas parler de training autogène. Depuis, cette technique a été largement diffusée, expérimentée, appliquée et améliorée, en devenant l'un des outils les plus polyvalents, intéressants et adaptables pour la maîtrise du corps, notamment des sportifs.

Les principes psychophysiologiques du training autogène découlent du constat que tous les patients soumis à l'hypnose, une fois sortis de la transe, rapportent avoir vécu une déconnexion bénéfique avec l'environnement. Dans ce détachement du monde extérieur, ils rapportent aussi avoir éprouvé deux perceptions physiologiques précises : la lourdeur et la chaleur. Schulz a pressenti que ces sensations, symptomatiques d'une transe particulière, et qui ont une explication physiologique dans le relâchement musculaire (lourdeur) et dans la vasodilatation des vaisseaux périphériques (chaleur), peuvent être ressenties en dehors de l'état hypnotique à la suite d'un entraînement systématique. Ces sensations, bien maîtrisées, conduisent alors au détachement de l'environnement qui est le point de départ de la transe. Le processus de poursuite d'objectifs thérapeutiques est ainsi renversé. Avec l'hypnose on part de l'induction de la transe pour arriver à des sensations psychophysiques tandis que, avec le training autogène, on s'entraîne à vivre ces sensations pour arriver à un état mental similaire à la transe.

C'est une méthode qui prend du temps et demande de la préparation sur plusieurs mois car c'est précisément dans ce mot : *training* (c'est-à-dire entraînement), que se tient la spécificité. Cette discipline implique de faire une activité avec méthode et constance pour obtenir des résultats, qui n'arrivent qu'après une certaine période. D'un autre côté, vous ne pouvez pas vous attendre à marcher ou à courir si vous n'avez pas d'abord appris à vous tenir debout. Il existe donc six exercices de training autogène de base à enchaîner premièrement : lourdeur et chaleur primaires ; et ensuite : cœur, respiration, plexus solaire et front froid.

Cette technique, complètement naturelle et réalisable en toute autonomie, nous permet d'augmenter la concentration, de réduire l'anxiété de performance aussi bien dans le sport qu'au travail et même dans les rapports sexuels, d'intervenir sur l'insomnie, de faire face à une série d'apparition de pathologies psychosomatiques, d'augmenter le relâchement musculaire en diminuant les contractures musculaires.

Fondamentalement, elle nous permet d'affronter la vie de manière plus détendue et avec une plus grande conscience de soi, se révélant ainsi être une excellente psychothérapie pour faire face au stress et à la rapidité des rythmes que la société d'aujourd'hui nous impose et s'avère parfois être la cause des maladies les plus courantes.

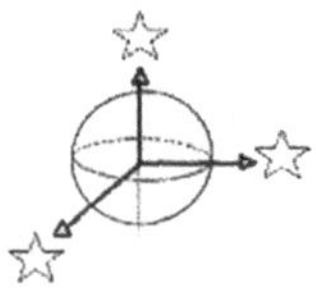

Par training autogène, nous entendons une technique qui investit la personne dans son ensemble, c'est-à-dire dans son unité de soma et de psyché et, de ce point de vue, facilement imputable à cette branche de la médecine définie comme psychosomatique. Cette manière autogène diffère des autres techniques d'auto-hypnose et directement hypnotique utilisant toutes une intervention d'induction active par le sujet ou par le thérapeute pour fonctionner.

Une fois les premiers apprentissages acquis avec les six niveaux d'exercices, l'adepte peut passer à l'apprentissage du training autogène supérieur, d'un point de vue classique, on pourrait parler alors d'un « chemin » divisé en sept phases : l'identification de la couleur personnelle, le spectre chromatique du prisme (dans lequel une couleur est combinée avec des objets), la visualisation d'objets concrets, la visualisation de concepts abstraits, la conscience de sa vie intérieure, la visualisation de certaines personnes et les réponses de l'inconscient.

Exemple de séance de training autogène

- Trouvez un endroit calme où vous pouvez vous asseoir ou vous allonger confortablement.
- Fermez les yeux et commencez à respirer lentement et profondément, en concentrant votre attention sur votre respiration.
- Utilisez des phrases d'auto-suggestion telles que « je suis calme » ou « je suis détendu » pour vous aider à vous détendre.
- Visualisez une image apaisante, comme un jardin paisible ou une plage déserte. Imaginez-vous dans cet endroit, respirant l'air frais et sentant la brise sur votre peau.
- Portez votre attention sur vos mains et imaginez-les devenir lourdes et chaudes, comme si elles étaient remplies de sable chaud.
- Maintenant, portez votre attention sur vos pieds et imaginez-les devenir lourds et chauds également.
- Pendant environ 10 à 15 minutes, restez concentré sur votre respiration, vos phrases d'autosuggestion, et votre visualisation, en laissant vos muscles se détendre de plus en plus.
- Après cette séance de 10 à 15 min, vous pouvez ouvrir les yeux et vous sentir plus calme et détendu.

Il est important de noter que cette technique requiert ensuite une pratique régulière pour obtenir des résultats durables.

Et si vous positionnez la pratique de l'hypnose comme un rendez-vous quotidien selon la problématique de votre client ? Pour certains clients habitués à pratiquer régulièrement la salle de sport, cela peut être acceptable.Vendez-leur que, grâce à l'entraînement autogène de base, avec un petit effort quotidien, nous pouvons entraîner l'esprit et le corps pour atteindre ces objectifs qui sont importants dans la vie pour notre bien-être. Ensuite, selon la nature de la plainte, faites la prescription d'une pratique régulière, journalière et tournée vers l'apprentissage d'un phénomène hypnotique par l'auto-hypnose. Par exemple, à ce client qui souhaite se préparer à une opération, faites faire une anesthésie de la main chaque soir avant d'aller se coucher. L'esprit du training autogène sera de maîtriser de plus en plus cette compétence de jour en jour, jusqu'au moment de son emploi automatique et inconscient en salle d'opération.

9. Auto-hypnose

L'auto-hypnose[1], c'est d'abord le fait de se mettre en hypnose tout seul, ce qui s'oppose à la situation où il y a un hypnotiseur et un hypnotisé, situation que d'aucuns nomment « hétéro-hypnose ». On pourrait considérer que Milton Erickson est le grand découvreur de l'auto-hypnose, surtout pour en décrire les usages qu'il en faisait. Il s'en servait pour se mettre en transe lors de ses séances et, à la fin de sa vie, il expliquait s'en servir pour repousser les limites de la douleur inhérente à sa maladie dans le temps et dans l'espace du corps. C'est la méditation guidée qui s'apparente le plus à l'auto-hypnose, car les autres méditations sont souvent sans but, sans intention, ayant pour principal effet de débrancher le cerveau le temps de la méditation.

En principe, les transes obtenues sont moins profondes qu'en hétéro-hypnose, mais cela n'est pas une fatalité car, avec l'entraînement et la pratique, l'approfondissement peut donner de très bons résultats. Là aussi la profondeur de transe est liée au travail à effectuer et il est bon d'en expérimenter plusieurs profondeurs pour être à l'aise.

1. Pour un exemple, voir https://youtu.be/oo1-q2W4pIE.

Il y a aussi la possibilité d'utiliser une transe naturelle qui survient seule en positionnant son usage de l'auto-hypnose à des moments particuliers (endormissement ou état hypnagogique, réveil ou état hypnopompique, somnolence à l'occasion d'une rêverie diurne, fin de méditation, etc.). Dans ce cas, on utilise la transe existante que l'on peut d'ailleurs approfondir avec l'habitude. Par ailleurs, une pratique régulière de l'auto-hypnose peut conduire à l'usage en pleine journée de micro-transes de quelques fractions de seconde, proches d'un dialogue intérieur sans transe, qui ouvrent la possibilité d'accéder à des ressources inconscientes à l'état de veille.

La plupart des manuels d'auto-hypnose suggèrent, au moins au début, d'essayer dans un endroit calme et vont parfois jusqu'à demander un lieu peu éclairé. En réalité, lorsqu'une personne a l'habitude de cette pratique, elle peut le faire n'importe où en un temps très court. Les manuels présentent des inductions quasiment similaires à celles des manuels d'apprentissage de l'hypnose (spirale sensorielle, focalisation sur un point, souvenir hypnotique, etc.). Il y a cependant des inductions plus adaptées comme la pratique de la micro-sieste (voir **11**).

Du point de vue de l'hypnotiseur, l'auto-hypnose utilise aussi des inductions. Du point de vue de l'utilisateur, une fois le chemin pour aller en hypnose appris et acquis, l'induction n'est plus nécessaire car le seul fait de désirer aller en hypnose suffit.

Ensuite les usages sont nombreux ; citons simplement quatre grandes familles :

- action sur les états de ressource (stress, phobies, etc.) ;
- invocation d'un phénomène hypnotique (lévitation, célérité hypnotique, etc.) ;
- travail sur sa posture professionnelle ou personnelle (sentiment d'imposture, bien-être au travail, etc.) ;
- initiation d'un processus inconscient (recherche trans-dérivationnelle, compilation de compétences, etc.).

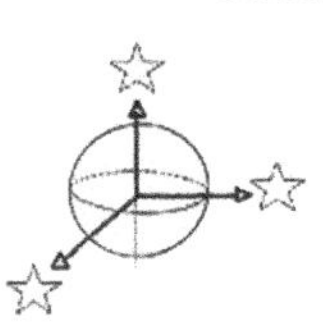

Le référentiel est plus que jamais personnel et chaque individu vit à sa manière son auto-hypnose. S'il prend des cours d'auto-hypnose au début, le pratiquant doit additionner ce que lui dit son professeur et ce qu'il ressent. S'il apprend tout seul avec un livre, c'est aussi le cas. Mais très vite, il se retrouve seul maître à bord pour vivre l'expérience. Techniquement, il peut encore avoir besoin de conseils au niveau des stratégies de communication à appliquer pour communiquer avec son propre inconscient. Cependant le plus intéressant est de rejoindre ensuite une hypnose personnelle (voir **10**).

Enseigner l'auto-hypnose à une personne, c'est lui faire découvrir ce qu'elle sait déjà et que vous ne savez pas forcément sous la même forme. Il est possible de suivre les étapes suivantes :

- Faire vivre un état d'hypnose et le calibrer.
- Essayer plusieurs moyens d'y retourner.
- Sélectionner le meilleur moyen pour la personne.
- S'entraîner à de multiples reprises à utiliser ce moyen.
- Former à la pratique d'une rhétorique hypnotique simple permettant de communiquer (question, réponse, etc.) avec l'inconscient.
- Apporter des précisions techniques (fusible, durée, approfondissement, palais mental, etc.).

Induction personnelle rien que pour moi

Carine souhaite apprendre l'auto-hypnose.
— *Avez-vous déjà été hypnotisé officiellement ?*
— *Euh non…*
— *Regardez-moi dans les yeux et essayer de ne pas clignoter !* (Mise en transe.)
Ensuite, nous essayerons plusieurs manières pour retrouver cet état :
[…]
Telle que je vous observe, c'est cette manière qui est la plus évidente pour vous. Maintenant nous allons la faire fonctionner plusieurs fois jusqu'à ce que vous soyez capable de la mettre en œuvre toute seule chez vous.
[…]

10. Hypnose personnelle[1]

C'est un mode de vie qui est bien plus riche que l'auto-hypnose en complément de séances d'hypnose basées sur la micro-sieste (voir **11**).

1. Hypnose personnelle® est un nom déposé.
Pour un exemple, voir : https://youtu.be/yjvxVDCW2nM

Votre hypnose personnelle, c'est tous les réglages que vous pouvez faire seul, toutes ces demandes à votre cerveau faciles à faire par vous-même, une fois que vous avez compris le truc simple de parler à votre cerveau[1] ainsi que la notion de geste inconscient[2]. C'est ensuite un apprentissage personnel de ce que vous dresserez, en l'utilisant tous les jours, comme liste des compétences de votre cerveau (lancer des processus inconscients, régler des niveaux, mémoriser, dormir, etc.).

Mais quelle est la différence avec l'auto-hypnose ? Les médecins qui pratiquent l'hypnose, ou les hypnothérapeutes apprennent parfois ce qu'il est convenu d'appeler l'auto-hypnose à leurs patients, le plus souvent en leur confiant un enregistrement de séance qu'ils auront à réécouter une fois regagnés leurs pénates. Cette pratique est utile car il est intéressant de prolonger les séances thérapeutiques en dehors des séances, mais ce n'est pas vraiment de l'auto-hypnose, cela s'apparente plutôt à de l'hypnose à distance puisque c'est le thérapeute qui, par sa voix enregistrée, déroule l'induction à distance.

Par exemple dans le cas de la gestion de la douleur, ce type de pratique dite « auto-hypnose » est une opportunité pour le patient de disposer d'une action possible pour agir quand il est seul avec sa douleur. C'est souvent une vision de l'hypnose transmise du médecin (ou du thérapeute) à son patient qui, grâce à quelques phénomènes hypnotiques vus en séance (ancrages, anesthésie, etc.), peut agir sur son confort en dehors des séances. L'hypnose personnelle est bien plus riche car elle est cette forme d'hypnose adaptée à un individu qui lui redonne le pouvoir d'explorer et d'utiliser ce qui marche avec son propre cerveau. Sa forme qui n'est pas cadrée par un professeur est principalement exploratoire pour le bien-être de l'individu et produit des champs d'application vraiment personnels.

L'hypnose personnelle hérite de la méthode Coué (voir **6**) et d'une partie de l'auto-hypnose (voir **9**), celle qui est véritablement pratiquée en solitaire dans une dimension d'exploration, qui est

1. Un peu comme dans la méthode Coué (voir **6**), mais en utilisant une rhétorique plus puissante que de simples suggestions. Une rhétorique hypnotique faisant appel aux bases de l'hypnose et stratégique, c'est-à-dire usage de stratégies qui peuvent être phénoménologiques, stratégémiques, ericksoniennes, etc.

2. Enregistré ou engrammé sous forme de *pattern* dans la mémoire épisodique puis réalisé sans le faire exprès (passer la quatrième, faire ses lacets, se présenter en réunion, etc.).

très loin des fichiers audios de relaxation[1] et qui permet de découvrir des phénomènes hypnotiques comme autant de compétences de son propre cerveau.

L'hypnose personnelle utilise une profondeur de transe personnelle. Au-delà de cette lapalissade, il y a une philosophie, un mode de vie avec l'hypnose et aussi un paradigme de la sympathique transmission de cette intéressante connaissance de soi. C'est la profondeur de transe qui est nécessaire pour faire le travail demandé et ce n'est bien évidemment pas la même d'une personne à l'autre. Héritière de l'hypnose ericksonienne et de son côté utilisationnel, l'hypnose personnelle n'utilise que ce qui marche bien pour la personne, ce qui la rend ultra-utilisationnelle. Il s'agit de mettre en œuvre une communication avec son propre cerveau, essayer plusieurs phénomènes hypnotiques, conserver ceux qui marchent bien c'est-à-dire ceux où il y a une compétence avérée et continuer à s'en servir régulièrement et de mieux en mieux.

Au début, l'hypnose personnelle est un enseignement que l'on peut faire à un client afin de lui proposer ensuite de devenir rapidement autonome dans ses hypnoses. Ce qui importe, c'est qu'il pratique et que ses découvertes soient réellement personnelles. Ainsi des clients qui l'ont utilisée à leur demande pour régler leur niveau de stress reviennent enchantés au bout de quelques semaines en disant :

— *Et je m'en sers pour autre chose et encore beaucoup d'autres choses.*

Comme son nom l'indique, c'est une pratique différente pour chaque individu. Chacun peut développer selon ses besoins et ses aspirations, une pratique qui lui est propre.

Parler en aparté à son cerveau est un « savoir-faire » que chacun possède intrinsèquement, mais n'utilise pas forcément à bon escient. Et pourtant, parler « *in petto* » est largement à notre portée même si, dans notre culture européenne, la petite voix intérieure peut faire peur car elle se confond parfois avec l'histoire de la folie.

---

1. Lorsque les fichiers audios sont des enregistrements de vos séances, ce sont plutôt des éléments d'hypnose à distance que vous fournit l'hypnotiseur pour continuer le travail. Lorsque les fichiers audios sont publiés sur Internet sans aucun effort de personnalisation, ce sont en réalité de simples exercices de relaxation guidés.

En assumant pleinement cette capacité, l'apprentissage de l'hypnose personnelle consiste donc concrètement à :

- essayer de parler à son cerveau,
- constater les résultats,
- recommencer ce qui fonctionne,
- continuer à expérimenter ce qui vous intéresse dans une dynamique d'amélioration.

Les usages sont variés avec en premier lieu celui de régler un niveau interne, par exemple régler un niveau de stress. Pour ce faire, on apprend à réaliser une micro-sieste (voir **11**) et utiliser une stratégie comme ci-dessous :

- créer un processus inconscient,
- modifier un geste inconscient,
- mémoriser des informations,
- optimiser un entraînement musculaire,
- s'entraîner à passer un examen,
- etc.

Ensuite d'autres usages sont possibles au fur et à mesure de la pratique régulière de la micro-sieste.

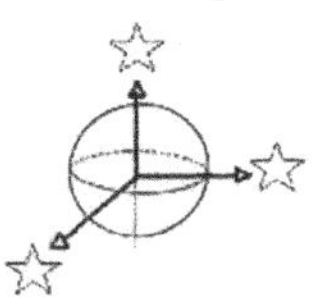

Nous sommes dans le référentiel de développement personnel pour ceux qui peuvent conceptualiser qu'ils n'ont besoin de personne pour explorer et optimiser leur propre cerveau. Très peu de théories mais cependant des preuves rapides quoique subjectives, matérialisées par des réponses concrètes proposées par votre cerveau. Autrement dit, ceux qui pratiquent sont convaincus.

Une mise en œuvre rapide consiste à apprendre à faire une micro-sieste. Ce n'est pas du sommeil, mais une action mentale avec une demande au cerveau. Lequel exécutera la demande dans un état second qui a l'apparence du sommeil et qui est propice à une intense activité mentale. L'inconscient est bienveillant, il n'a pas de raison de ne pas vous faire plaisir.

Pour vivre une micro-sieste, il suffit de s'entraîner (voir **11**).

Manifeste de l'hypnose personnelle en 5 points

1. Tout un chacun peut demander des choses (geste, processus, etc.) à son cerveau en utilisant l'hypnose personnelle.
2. L'hypnose personnelle se pratique dans un état de conscience particulier à l'aide de suggestions.
3. Cette pratique d'hypnose personnelle élargit le potentiel en donnant accès à des actions non conscientes.
4. Les actions non conscientes qui ne sont pas possibles à exécuter directement sont par ailleurs beaucoup plus nombreuses et plus riches que les actions conscientes.
5. Tous ceux qui l'utilisent ont commencé par essayer pour voir et continué pour explorer.

L'hypnotiseur ericksonien qui ne craint pas de perdre son pouvoir magique peut enseigner l'hypnose personnelle à son client pour le rendre autonome.

— *Maintenant que vous savez faire une micro-sieste vous avez deux solutions :*

- *Soit vous en faites une ou deux par jour pendant dix jours et cette compétence vous servira toute votre vie.*
- *Soit vous revenez en séance dès que cela ne va pas bien et je m'occuperai de vous à l'ancienne.*

11. Micro-sieste[1]

La micro-sieste est un rituel simple pour parler à son cerveau et pratiquer l'hypnose personnelle.

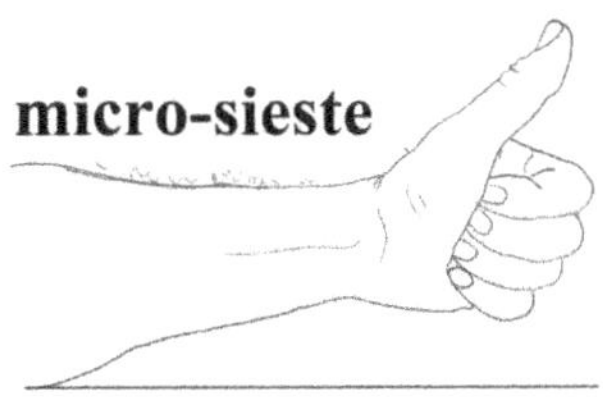

1. Micro-sieste® est un nom déposé.
Pour un exemple, voir https://youtu.be/KN9-Xeb2rQo.

Elle prend ses racines dans l'induction de Wolman qui s'adapte très bien à une pratique personnelle, la méthode Coué et la rhétorique hypnotique de l'hypnose conversationnelle sans transe (voir **56**). Elle est très différente dans sa nature et dans son intention de :

- la sieste flash : aller jusqu'à l'endormissement et se faire réveiller par un dispositif comme un trousseau de clés qui tombe ;
- la mini-sieste : une sieste de sommeil cadrée par un réveil, d'une durée très courte, environ 15 minutes ;
- la sieste : une pratique méditerranéenne autour de 20 à 45 minutes en principe.

Ce n'est pas un état de sommeil, mais une communication avec votre inconscient et la durée est de fait sans importance.

— *Je peux même faire une micro-sieste en une minute avant de rentrer en réunion.*

La micro-sieste est une transe quasi instantanée organisée dans un rituel qui utilise par ailleurs la suggestibilité existante avant et après la transe. C'est une séquence gestuelle autour du chemin pour entrer en transe personnelle tout seul et en principe pour une courte durée. À noter que cet apprentissage permet petit à petit d'utiliser les ressources inconscientes à l'état de veille. Cela produit une transe et par la suite avec l'usage, une facilitation de la communication avec le cerveau qui ne nécessite pas de transe.

Comme son nom ne l'indique pas, ce n'est pas du sommeil, mais une conversation avec son propre cerveau à l'état de veille puis en transe puis à nouveau à l'état de veille. Vous pouvez la pratiquer assis pour commencer. Par la suite, vous pourrez aussi la faire debout en tous lieux comme par exemple dans une file d'attente dès lors que vous demandez à votre cerveau une durée courte. Vos voisins ne verront qu'une personne dans la lune qui décroche quelques instants.

Parmi des usages variés vient en premier lieu celui de régler un niveau interne, par exemple un niveau de stress. Pour ce faire, on apprend à réaliser une micro-sieste et utiliser une stratégie.

Ensuite d'autres usages sont possibles au fur et à mesure de la pratique régulière de la micro-sieste :

- créer un processus inconscient,
- mémoriser des informations,
- optimiser un entraînement musculaire,
- s'entraîner à passer un examen,
- etc.

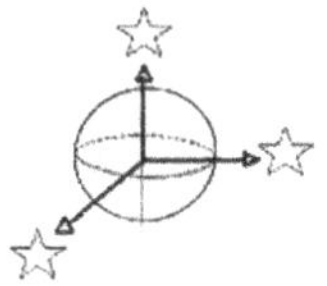

Nous sommes dans le référentiel de développement personnel qui utilise la rhétorique hypnotique pour explorer et optimiser son propre cerveau. C'est d'ailleurs une pratique que nous avons déjà tous comme lorsque nous rentrons dans une soirée en se disant à nous-même *in petto* :

— *Je ne reste pas longtemps, je dis juste bonjour et je rentre à la maison.*

Tout d'abord, sachez qu'une micro-sieste n'est pas du sommeil, mais une action mentale que vous allez demander à votre cerveau. Ce dernier va exécuter votre demande dans un état second. Une partie de vous (le conscient) va demander à une autre partie de vous (votre partie inconsciente) de réaliser un certain travail mental. Et ce qui est génial, c'est que l'inconscient est bienveillant, il n'a pas de raison de ne pas vous faire plaisir parce que cette partie de vous, en fait, c'est vraiment vous.

Pour vivre une micro-sieste, il suffit de s'entraîner à utiliser une simple séquence. C'est un apprentissage mental et plus on s'en sert, plus cela fonctionne bien et rapidement.

Commencez assis sur une chaise. Plus tard, vous pourrez le faire debout ou même au lit avant de vous endormir, mais pour débuter, il vaut mieux être assis. Ce que vous allez faire c'est simplement demander à votre cerveau de déconnecter de la réalité inutile pendant une minute pour faire un petit travail.

Par la suite, vous apprendrez à faire des demandes à votre inconscient durant la descente du bras :

— *Je demande à mon cerveau de passer en revue toutes les réunions où j'ai brillé et de placer dans une trousse accessible toutes les compétences que j'ai utilisées pour en disposer demain matin.*

Voici comment faire.

Comment entrer en micro-sieste

Vous allez réunir :

- un coin tranquille,
- une chaise,
- un pouce,
- un verre d'eau.

Posez le verre d'eau sur une table. Placez la chaise dans un coin tranquille, et prenez la position du schéma. Levez le bras gauche ou le droit, à votre préférence. Il doit être plus haut que l'épaule et exactement au-dessus de votre cuisse parce qu'il va finir par atterrir sur votre cuisse. L'autre main est posée sur sa cuisse et vous regardez votre pouce levé.

Plus exactement vous regardez l'ongle de votre pouce et vous vous demandez :

— *Si c'était un écran quelle est sa couleur ?*

Regardez votre pouce et demandez-vous ce qui pourrait apparaître d'agréable sur cet écran.

À partir de maintenant, vous ne faites plus rien, comme le verre d'eau. Vous allez juste dire à haute voix :

Le bras est de plus en plus lourd.

— *Je demande à mon inconscient, quand le bras touche la cuisse de fermer les yeux et de rentrer en sommeil pour une minute d'horloge puis de revenir en pleine forme.*

Et maintenant soyez patient, le bras est lourd et va descendre, mais vous ne savez pas à quel moment il atterrit sur la cuisse. Vous n'avez plus rien à faire, ou à penser, simplement attendre.

Attendez juste que le bras soit fatigué et atterrisse sur la cuisse et laissez votre inconscient fermer les yeux et rentrer dans cet état très agréable pour une minute.

L'hypnotiseur ericksonien qui prend un peu de temps pour apprendre ce mode de vie (plutôt que cette technique) à son client utilise la forme ultime de suggestion post-hypnotique et lui fait un vrai cadeau pour le reste de sa vie. Cependant il ne maximise pas le nombre de séances que fera le client.

— *Maintenant que vous savez faire une micro-sieste il faut que je vous dise une chose importante :*

Ne pensez pas que cela marche mieux quand vous êtes avec moi, c'est tout le contraire car pour votre cerveau, je suis une pièce rapportée, une sorte de gêne. Ce qui fait que, lorsque vous serez tout seul, vous risquez de faire des transes bien plus profondes.

12. Caisson d'isolation sensorielle

John Cunningham Lilly, chercheur au National Institute of Mental Health, a développé les premiers caissons en 1954 pour des travaux sur la conscience. Il évoquait un dispositif pour séparer le cerveau du corps et produire un niveau de relaxation profond, à l'instar d'une méditation.

Dans les années 1960, John Lilly commence par expérimenter diverses drogues (LSD et kétamine) pour les besoins de ses recherches sur le cerveau puis il recherche un dispositif pour isoler le cerveau et il invente le « *tanking* » ou caisson d'isolation sensorielle. Pendant vingt ans, la flottaison resta exclusivement un phénomène de laboratoire où il fallait être complètement immergé verticalement avec un détendeur de plongée sous-marine pour respirer. En 1973, Lilly crée un caisson d'isolation sensorielle commercialisable que les personnes pourraient avoir chez eux et l'industrie de la flottaison débute pour le grand public.

Imaginez une piscine de 2 × 2 mètres. L'eau y est rigoureusement maintenue à 37 °C, la température physiologique par excellence, celle qui n'est ni chaude ni froide, filtrée en permanence avec des pompes silencieuses, saturée en sels d'Epsom (sulfate de magnésium). La densité de sel permet une flottaison optimale en soutenant la tête de manière que la bouche, le nez, et les yeux soient toujours en dehors de l'eau. Vous flottez comme dans la mer morte, le corps est comme suspendu dans le temps. Un couvercle isole de la lumière et des bruits, le caisson est par ailleurs insonorisé.

Vous commencez par prendre une douche, vous isolez une éventuelle écorchure ou un petit bobo avec une noisette de vaseline pour éviter que le sel n'irrite la plaie et vous êtes prêt pour le voyage. Entrez dans le caisson, fermez le couvercle…

Dans le caisson, le corps se retrouve toujours dans une position où les muscles ne sont ni étirés, ni contractés. Les bras et les jambes se stabilisent avec un angle d'environ 45°, une position d'étoile de mer posée sur le sable. Au début, il arrive que vous entendiez les bruits de votre corps, les bruits de tuyaux, les battements cardiaques, etc. Puis votre esprit s'en détache et vous faites une surdité hypnotique sur ces petits bruits. Reste alors votre esprit et le voyage commence. Le caisson se pratique pour réparer le corps ou pour envoler l'âme dans la transe et il peut aussi servir à des usages intermédiaires.

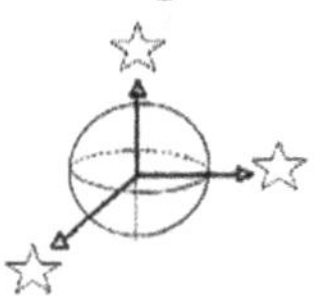

Le dispositif est conçu pour séparer (sans douleur) le cerveau du corps. C'est la transe mentale absolue tandis que le corps attend votre retour sans danger, dans un repos musculaire total. Une sorte de quintessence du sommeil paradoxal avec une activité cérébrale intense et un corps au repos dans une immobilité de quasi-catalepsie. À noter que le référentiel est utilisable pour traiter un corps qui ne fait rien comme pour essayer un esprit qui bat toutes les campagnes en même temps.

Si vous n'avez pas l'occasion d'essayer une séance de caisson d'isolation sensorielle, vous pouvez vous en rapprocher en shiftant la réalité (voir **14**).

Vous venez d'entrer dans le caisson, le corps flotte comme dans la Mer Morte. Imaginez le couvercle avec une ventilation silencieuse et une insonorisation de l'ensemble. Plus aucun stimulus extérieur ne vient réveiller les sens : il n'y a ni lumière, ni bruits, une quasi-disparition de la sensation de pesanteur, et une atténuation du toucher et des odeurs. Lorsque vous êtes dans l'eau depuis cinq minutes, c'est déjà comme en apesanteur comme dans le ventre de sa mère. L'esprit peut alors se détacher du corps et permettre de nombreux voyages dans des univers de transes que le cerveau construit en temps réel pour l'occasion.

Caisson pour trouver des solutions

Carine se désole de ne pas savoir comment régler son problème... Elle entre dans le caisson.
Une heure se passe et elle en ressort.
— *C'est super, j'ai vu un grand nombre de solutions ! En sortant du caisson, elles se sont toutes effondrées comme des châteaux de cartes, mais c'est formidable de savoir qu'il y en a autant !*

Pourquoi ne pas émuler un caisson pour votre client. Il suffit de le priver des informations en provenance de ses cinq sens :

— *À quoi penseriez-vous si vous ne sentiez plus :*

- *de changement de température ?*
- *plus aucun bruit ?*
- *pas du tout de lumière ?*
- *pas de goût ?*
- *pas d'odeur ?*
- *pas de mouvement ?*
- *rien qui vous touche ?*

— *Euh...*
— *Voulez-vous essayer ? Entrez dans le caisson...*

13. TOP, techniques d'optimisation du potentiel

Les techniques d'optimisation du potentiel (TOP) sont un ensemble de postures et techniques mentales individuelles. Après un temps d'apprentissage, le sujet parfaitement autonome peut prendre conscience de son niveau de vigilance et mobiliser au mieux ses capacités cognitives, physiologiques, émotionnelles et comportementales. Et ceci même et surtout dans un contexte difficile (stress, ou fatigue). Elles participent « à l'équilibre de la personne dans tous les aspects de sa vie professionnelle et personnelle et sociale », y compris pour récupérer rapidement après un effort.

La méthode TOP a été inventée par le Dr Édith Perreaut-Pierre lorsqu'elle était médecin militaire. À la demande de sa hiérarchie, elle a élaboré des techniques avec pour objectif de gérer le stress opérationnel de l'armée de l'air. Issues du monde militaire, les TOP sont donc un ensemble de techniques de développement personnel *via* l'amélioration du fonctionnement psychologique et physiologique, initialement prévues en cas de situations de conflit.

Dans les exercices de futurisation et de motivation, le dialogue intérieur est proche d'une transe d'auto-hypnose légère. Lors de l'apprentissage de sieste de récupération, les instructeurs utilisent la suggestion hypnotique pour canaliser la récupération. L'état de sieste favorise une transe légère où les suggestions fonctionnent à construire et programmer tel un apprentissage un usage ultérieur de la sieste régénératrice.

Selon la conceptrice, cette méthode nécessite un apprentissage encadré. Les TOP insistent sur la préparation mentale, toutefois elles utilisent des éléments utilisationnels propres aux particularités de chaque personne. C'est en partie la raison de la nécessité de l'apprentissage servant notamment à identifier les meilleurs leviers dans chaque cas pour chaque individu.

Initialement expérimentées dans les armées ou en utilisant un renforcement positif et une préparation mentale de la réussite, elles traitent essentiellement de modifications personnelles du soldat comme :

- gérer son stress,
- se motiver,
- récupérer pour prévenir et gérer sa fatigue.

La méthode s'est ensuite diffusée dans divers domaines :

- performance sportive en coaching ;
- performance au travail par exemple avec la gestion de la concentration ;
- optimisation du sommeil avec des mini- ou micro-siestes ;
- prévention et gestion des risques psychosociaux comme le burn-out ;
- gestion du stress en situation de crise ou catastrophe ;

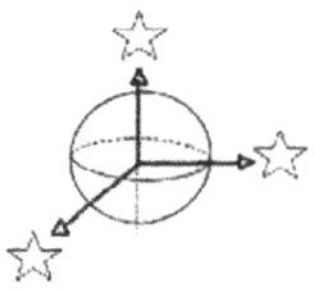

La méthode s'inspire fortement de l'auto-hypnose, du dialogue interne, mais aussi de la psychologie de la motivation, du yoga, de diverses approches psychothérapeutiques globales et systémiques de la personne. Concernant les techniques de récupération et la gestion du sommeil, elle s'inspire de la relaxation musculaire et par extension mentale. Elle utilise volontiers des techniques d'imagerie mentale comme la futurisation. Comme dans le cas de l'auto-hypnose ou l'hypnose personnelle, c'est un apprentissage avec un « avant » et un « après » la formation. La méthode ne retient que ce qui s'est avéré efficace dans la réalité du terrain, c'est-à-dire les techniques assimilées par les personnes et pouvant être appliquées rapidement avec un fort impact cognitif ou physique… Il est à noter l'importance d'une pratique régulière.

Les militaires connaissent bien le problème de la vigie qui finit par ne rien voir de l'espace qu'elle doit surveiller. C'est que naturellement la transe hypnotique n'est pas loin et que la sentinelle est sujette à s'endormir debout. Bien avant les TOP, on lui conseillait de faire des scans visuels afin de repérer ce qui avait bougé dans l'espace de son champ de vision et de pas s'endormir. Les TOP qui visitent le yoga, la sophrologie (voir **53**), la PNL (voir **54**) et l'hypnose peuvent lui permettre de négocier son efficacité grâce à une technique de « projection mentale de la réussite », technique TOP essentiellement de dynamisation permettant de définir un objectif et les étapes nécessaires à sa réalisation en pleine possession de ses moyens.

Exercice de répétition mentale sous hypnose

Carine a besoin de cultiver sa confiance en elle.
Une séance d'hypnose va lui permettre d'apprendre une séquence TOP de répétition mentale qu'elle pourra ensuite utiliser à chaque fois qu'elle en aura besoin en parfaite autonomie.
— *Je vous mets en hypnose et nous allons discuter d'une technique que vous pourriez avoir envie d'utiliser bientôt.*

[Ci-dessous la description de l'exercice ou de la mise en œuvre.]

— *La répétition mentale est une technique TOP de dynamisation, faite en amont de l'action, qui consiste à répéter mentalement une gestuelle, une épreuve spécifique renforçant la confiance en soi.*

> *Pour cet examen, vous allez arriver par le parking, garer votre véhicule et avancer vers la salle d'examen puis arriver à votre table en pleine forme, etc.*
> *Je vous propose de vivre plusieurs fois cette séquence sous hypnose et à chaque fois vous changez un détail et vous m'indiquez par un hochement de tête quand vous avez fini.*
> *Maintenant, vous pouvez être curieux de cet apprentissage qui consiste à repasser plusieurs dizaines de fois une séquence de votre vie et en faire un apprentissage inconscient afin de pouvoir le reproduire à chaque fois que vous en aurez besoin.*

Milton Erickson passait parfois de longues heures à enseigner un phénomène hypnotique à l'inconscient de son patient. Par exemple à une candidate à l'accouchement sans douleur, il enseignait l'écriture automatique comme métaphore de la dissociation que pourrait faire au moment venu la parturiente entre le haut et le bas du corps.

L'hypnotiseur ericksonien peut profiter de la séance comme dans l'exemple *supra*, pour apprendre à son client des techniques des TOP afin de ritualiser la concentration, la confrontation sous stress, etc. Ces techniques sont avant tout fondées sur la respiration et la relaxation si bien qu'il est possible de les faire vivre comme une véritable expérience et les mémoriser sous hypnose comme des apprentissages.

Au-delà du simple ancrage sur un état de ressource que vous pratiquez habituellement, les rituels de la TOP peuvent être pour certains enseignés sous hypnose et devenir des outils du client.

14. Shifting

Le shifting est à la mode. Cela consiste à vivre des réalités alternatives en restant dans sa chambre. Plusieurs méthodes ont été popularisées dont la méthode Raven qui utilise la métaphore de l'étoile de mer.

Manière d'explorer mentalement d'autres réalités, le shifting est l'art de déclencher des rêves conduits pour se promener bien plus loin. C'est le détournement d'une auto-hypnose consacrée à des futurisations et des explorations de mondes alternatifs. Cette hypnose a été popularisée durant les périodes de confinement pour cause de pandémie.

Le shifting utilise une sorte de transe ritualisée par le lieu de départ qui est le lit ou la couche dans la chambre. Pour explorer des mondes lointains ou imaginaires, la transe se doit d'être plus profonde que pour se voir simplement marcher dans la rue le lendemain.

Commencez par éteindre votre téléphone, acte symbolique de détachement. Pensez à ce que vous voulez obtenir puis suivez la méthode décrite plus bas.

À quoi servent le rêve et de manière générale l'incursion dans une réalité alternative qui n'existe pas ?

— *L'imagination est la salle d'entraînement de l'esprit et du corps.*

Les rêves ont plusieurs vertus et premièrement celle d'essayer des stratégies sans prendre de risque. Les erreurs, les pertes d'argent et les accidents mortels dans un rêve permettent d'accéder à de la connaissance et de l'expérience sans en payer le prix fort. Shifter est très agréable pour se dépayser, mais c'est aussi un terrain d'apprentissage des situations de la vie.

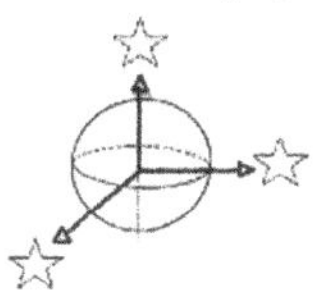

Nous sommes ici dans un auto-référentiel très personnel. C'est le domaine de l'autosuggestion, de l'usage des rêves éveillés ou lucides pour le développement personnel. Cela permet de grandir, de se développer sans prendre de risque durant le voyage shifté.

Pour la mise en œuvre, plusieurs méthodes existent dont la méthode Raven qui a été popularisée par Internet. Après avoir écrit un script précis de la réalité que vous voulez vivre, mettez-la sous l'oreiller et allongez-vous au calme dans le lit. Faire en sorte qu'aucune partie du corps ne touche une autre partie du corps (émulez un caisson d'isolation sensorielle, voir **12**) en vous disant :

— *Je suis une étoile de mer.*

Décomptez de 100 à 1 en répétant tous les deux chiffres :

— *Je vais shifter. Je vais à…* (ici des précisions écrites dans le script), etc.

Résistez à ne pas bouger pour atteindre une catalepsie qui est la porte d'entrée de l'oubli du corps. Il s'agit de s'approcher d'une sorte de paralysie du sommeil provoquée avec un corps débranché qui s'éloigne et un cerveau très actif qui prend la main.

Arrivé à 1, recommencer à compter si besoin.

Un exemple de shifting

Carine se désole de ne pas avoir d'appétit pour préparer son diplôme qui arrive bientôt. Ce soir, elle s'est organisé un voyage pour shifter en terre diplômée ! Elle a écrit son script dans ce sens et l'a posé sous l'oreiller. Elle rentre maintenant dans le lit et imagine qu'elle est une étoile de mer posée sur le sable du lit. Elle se parle à elle-même dans sa tête :

— *Tu vas vivre une journée entière dans ta nouvelle école d'ingé.*

Tu es posée sur le sable parfaitement écartée, aucun tentacule qui en touche une autre. La position serait parfaite, mais il y a juste un petit défaut, c'est un tentacule levé à 45°, et tu ne sais pas à quel moment elle va toucher le lit de sable. Cependant elle est de plus en plus lourde… et je commence à compter : 1,2,3,4 [aller jusqu'à 100]. *Et au moment où elle touche le sable, tu ne sens plus ton corps et le voyage de l'esprit peut commencer pour visiter la liste de tout ce que tu fais de nouveau avec le diplôme « Truc ».*

Et tandis que le tentacule descend, tu vois ce nouvel appartement, cette nouvelle moto, ces nouveaux amis et… tu shiftes, tu shiftes…

5

FASCINATION ET MAGNÉTISME

Très en vogue aux XVIIIe et au XIXe siècles, à la suite de Franz Anton Mesmer et d'Armand de Puységur, ces techniques venues du fond des âges n'ont jamais cessé d'exister et retrouvent une nouvelle jeunesse, faisant même parfois une timide apparition dans les hôpitaux.

15. Fascination par le regard

La méduse est dans la mythologie grecque une des trois gorgones dont les yeux ont le pouvoir de pétrifier tout mortel qui croise son regard.

La fascination en hypnose hérite de ce pouvoir mythique du regard de la méduse pour :

- créer des états hypnotiques très profond et notamment des catalepsies ;
- transmettre des intentions, (par ce qu'on peut qualifier des transmissions de pensée) ;
- fasciner (pour bloquer les pensées et produire une hypnose du corps sans utiliser de mots).

On touche avec le pouvoir du regard en hypnose un sujet d'une importance capitale qui est paradoxalement très peu enseigné de nos jours par les écoles à tendance ericksonienne. Certes Milton Erickson utilisait la fixation du regard pour accompagner certaines de ses inductions conversationnelles :

— *Maintenant je souhaite que vous fixiez un point sur le mur et vous n'avez rien d'autre à faire que d'écouter ma voix,*

car la fixation du regard sur un point est un moyen de bloquer les pensées, de favoriser l'introspection et finalement d'appeler la transe. Mais au-delà de demander au client de regarder un point fixe, fixer son regard par votre regard est autrement plus puissant car il existe alors en plus une communication bidirectionnelle bien plus riche d'hypnose que les simples phénomènes qui accompagnent la fixation d'un point !

L'œil, ce miroir de l'âme est en réalité une porte entre les mondes conscient et inconscient. Parce qu'il donne et reçoit de la lumière et qu'il sollicite les neurones miroir, lorsqu'il fascine, il puise dans les compétences inconscientes du fascinateur pour transmettre des pensées, des idées et des intentions. Or en hypnose ericksonienne, ce que l'on suggère, ce sont des idées, pas des mots car les mots ne sont que des véhicules n'ayant pas la même signification pour différentes personnes.

Techniquement, on définit parfois l'hypnose de fascination comme étant un état mental particulier, un peu semblable à celui qui nous emporte lorsque l'on est subjugué par un film, une image ou par un objet qui capte puissamment jusqu'à saturation notre attention.

Les Égyptiens connaissaient la fascination, si l'on en croit les représentations de l'Œil oudjat, un symbole protecteur représentant l'œil du dieu faucon Horus. En Grèce, les gens restaient comme des pierres après avoir rencontré le regard de la Méduse.

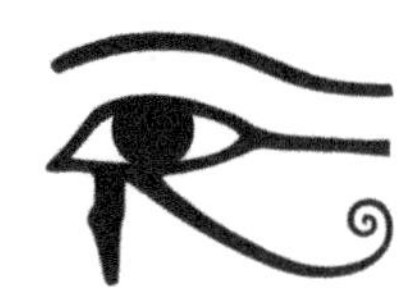

On reconnaît derrière ce mythe ce qui se passe effectivement de nos jours avec certains degrés de fascination. Le fasciné reste souvent dans un état cataleptique particulier (c'est-à-dire rigide et les yeux ouverts).

Pour toutes ces raisons, un grand nombre d'hypnotiseurs ont utilisé la fascination. Prenons par exemple la fascination du chancelier Bacon (1561-1626) qui a étudié les messages passés par le regard.

Bacon professe que l'esprit d'un homme peut communiquer avec l'esprit d'un autre pour lui transmettre des « impressions » qui, le cas échéant, lui donneront la guérison. Ces impressions sont des ondes imaginatives matérialisées électromagnétiquement. La fascination serait une force issue de l'action de l'imagination que l'on dirige sur le corps d'un autre. C'est une description de l'intention que l'on peut placer dans un regard de fascination.

La relation de la fascination avec le magnétisme est étroite. Par exemple, Mesmer, qui croyait au magnétisme, magnétisait en regardant malgré tout la personne droit dans les yeux afin d'amplifier l'action magnétique de ses mains et de sa volonté d'agir.

Pour la transe de fascination, une description d'un point de vue subjectif réalisée en interrogeant le sujet *a posteriori* montre en général deux phases :

- Il y a tout d'abord une phase active où l'énergie envahit les yeux, la tête, le thorax et les bras.
- Puis survient un état passif où l'énergie s'étiole avec des résidus restant parfois au thorax, au cœur et à la tête.

Si on part d'un point de vue plus observationnel ou pour rejoindre les hypothèses établies dans les neurosciences, le mécanisme de la fascination est intimement lié au regard qui touche une grande partie du cortex cérébral et il met en jeu toutes les zones cérébrales même en profondeur :

- La partie du cerveau qui interprète ce qu'elle voit (étroitement liée à l'écorce cérébrale) ;
- La partie du cerveau qui vit les émotions (associée au système limbique) ;
- La partie la plus profonde en nous, celle de notre cerveau reptilien. C'est celui-ci qui fournit la base du processus de séduction en bloquant notre attention.

Pour beaucoup d'observateurs, la fascination est magique car il s'agit d'un phénomène particulièrement puissant qui semble appartenir à une autre dimension. Elle produit un état proche de la subjugation, voire de l'extase qui sont des états hypnotiques très particuliers. En référence au corpus de contes de fées, le sujet se retrouve comme ensorcelé. L'action de la fascination verrouille le défilement conditionné de l'esprit, c'est-à-dire sa logique ordinaire en le bloquant sur une illusion précise.

Les forces agissantes sont puissantes, elles tétanisent la volonté et court-circuitent le mental. C'est en ce sens que l'énergie de la fascination est supérieure à celle du mental.

Enfin, la fascination passe par les yeux, mais l'intention porte une énergie fascinatrice qui sort du plus profond de l'être. Pour agir, elle doit être brillamment transmise par le regard. Une grande partie du secret est là !

Entraînez-vous. En effet, pour la fascination, le regard est une fonction, mais aussi une compétence et à ce titre peut faire l'objet d'apprentissage. Cet exercice vous aidera à augmenter la force hypnotique de votre regard par un simple entraînement. D'une manière générale, plus vous utiliserez votre regard en hypnose en guise d'induction, plus il sera hypnotique par l'effet de la suggestion de confiance en vous que cela ne manquera pas de développer.

Un premier exercice pour développer la fascination

1. Placez-vous en face d'un miroir.
2. Regardez-vous au centre entre vos deux yeux.
3. Continuez à vous regarder SANS clignoter.

Continuez le plus longtemps possible. Cet exercice renforcera votre regard. Au début, il vous sera difficile de garder les yeux ouverts longtemps sans clignoter, mais avec le temps vous irez en améliorant cette durée.

Consacrez 10 à 15 minutes par jour pour vous exercer régulièrement.

Par la suite améliorer l'exercice. Mettez une expression au début quand vous vous regardez, par exemple d'intérêt ou de curiosité. Ces expressions seront très utiles par la suite pour maintenir le dialogue et se synchroniser avec un client.

Contrairement à la main qui agit directement sur les processus végétatifs (par exemple une lévitation du bras ou de la main), l'œil arrive à influencer plus particulièrement les processus mentaux (par exemple une régression en âge) et moteurs (par exemple une crise mesmérique de tout le corps, voir **16**).

La fascination est particulièrement indiquée pour :

- Les régressions à la première occurrence du symptôme ;
- Les douleurs articulaires pour une hypnose du corps ;
- Pour susciter une crise mesmérique de tout le corps.

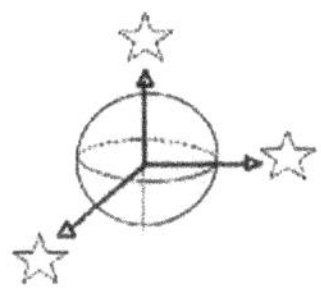

Le bébé regarde la mère dès le premier instant et le regard va être un des axes pour construire sa relation avec l'autre. Ainsi, la fascination qui entre par les yeux comme une caresse d'amour maternel touche le subconscient, intimement lié aux rapports interhumains de la vie. De ce point de vue, apprendre la fascination signifie mieux comprendre les clés cachées du regard. Et décider de s'en servir avec une intention délibérée pour l'hypnose.

On parle du pouvoir d'émission de l'œil (œillades, clin d'œil, regard pesant, enjoué, enfantin, etc.) La pratique de la fascination considère qu'au-delà des regards, l'œil permet d'envoyer un « quelque chose d'étrange » vers des objets ou des personnes réceptives.

La force du regard est attestée chez les anciens. Pour Démocrite, Épicure et d'autres grands philosophes de l'époque, l'œil réceptionnait des sortes de graines ou d'effigies se détachant de la surface d'un objet ou de l'œil d'une autre personne. Il y avait donc transmission de graines. Euclide, Ptolémée et d'autres pensaient que l'œil projetait des sortes de rayons allant à la rencontre de l'objet visé.

Ce « quelque chose d'étrange » est vaste. *Pourquoi cet inconnu que vous fixez sur la nuque se retourne*[1] *?* Il se pourrait que ce soit une sorte de flux électromagnétique issu des pensées agissantes et du magnétisme opératif. Ou bien autre chose, *mais de toute façon, l'inconnu se retourne à chaque fois* !

Avant de commencer à fasciner les autres, il est prudent de tester cette compétence avec vous-même. Ensuite, lorsque vous aurez réussi plusieurs exercices en auto-fascination, l'utiliser avec un client ira de soi, tout naturellement. Essayez l'exercice suivant.

---

1. Voir les recherches de Rupert Sheldrake : https://www.sheldrake.org/research/sense-of-being-stared-at.

Exercice de fascination : Développer la transmission de pensée

Placez-vous devant un miroir.
Regardez-vous droit dans les yeux, fixez un point au centre entre les deux yeux.
Gardez le regard fixe sans clignoter pendant aussi longtemps que possible.
À un certain point, dites-vous mentalement comme si c'était une autre personne : « Viens en avant ! » puis « Va en arrière ! » Mettez de l'intention et du désir dans vos paroles mentales.
Vous remarquerez peut-être que vous vous déplacez légèrement d'avant en arrière (ou même de manière plus significative dans certains cas). Si c'est le cas, assurez-vous de ne pas avoir d'objets derrière vous avant de commencer l'exercice. Vous pouvez également vous dire mentalement « Stop ! » pour arrêter les mouvements.
Cet exercice vise à développer vos capacités à entrer en transe et à donner des suggestions par transmission de pensée dans la fascination.
À la fin de l'exercice, pour conclure sur une suggestion post-hypnotique de progrès, vous pouvez vous dire ou penser par exemple : « Ton regard est fort pénétrant » ou « Ton regard est très fascinant ». Vous devriez voir des progrès dans votre regard dans les jours qui suivent.

Et si vous remettiez en cause vos croyances sur les regards. Si vous alliez au-delà du tabou du regard ! Vous avez appris, par politesse, à ne pas regarder dans les yeux. Ce regard qui est supposé gênant et que votre éducation a toujours associé au fait d'une personne carrément mal élevée.

Maintenant que vous savez qu'un regard véhicule des informations, sachez qu'il n'est pas toujours gênant. Pensez à un regard qui caresse, un regard de synchronisation ou bien un regard de compréhension… et selon les modulations que vous pouvez lui communiquer, il peut venir compléter la congruence de votre synchronisation non verbale avec le client[1].

La fascination en tant que méthode non verbale peut augmenter grandement les résultats de n'importe quelle technique hypnotique ou magnétique. Elle a par ailleurs l'avantage avec les sujets résistants de ne leur demander qu'une participation mineure pour obtenir un

1. Voir personnalité et type de regard : https://dl.acm.org/doi/10.1145/3284432.3284455.

changement thérapeutique. En effet la seule instruction verbale est « *regardez-moi dans les yeux* ».

Par ailleurs, pour être encore plus efficaces, le magnétisme, l'hypnose, et le somnambulisme opératif ont besoin de la force transmise par l'impression magnétique du regard.

16. Fascination par la crise convulsive

— *Du regard à la crise de libération convulsive. Cette hypnose comme la pratiquait Franz Anton Mesmer transforme les crises intérieures en crises extérieures.*

Mesmer a constaté la survenue de ces convulsions. Pour les provoquer, il regardait les personnes de très près en effectuant des passes magnétiques lentes le long du corps jusqu'à l'obtention de la chute de la personne (qu'il faut assister avec bienveillance afin de lui permettre de rejoindre une position couchée en toute sécurité sans heurter quoi que ce soit). Outre Mesmer, qui regardait ses sujets dans les yeux avant de créer les crises de ses patients, plusieurs écoles psychologiques ont travaillé sur cette pratique et ont développé des méthodes. Dans l'approche présentée par Marco Paret, nous mentionnons surtout le filon bioénergétique de la psychanalyse avec Reich, Lowen[1] et d'autres.

Qu'est qu'on ressent pendant la crise ? La première fois que l'on voit une crise, on pense à la crise convulsive[2] définie médicalement comme la survenue brutale et involontaire de spasmes musculaires, qui peut concerner un muscle isolément ou l'ensemble du corps. *Il faut avoir vu une crise dans la vie d'un hypnotiseur ericksonien.* D'un client à l'autre, aucune n'est identique, mais toutes ont en commun de solliciter le corps en entier.

Selon les retours des clients, dans les convulsions, même si le spectacle extérieur peut sembler quelquefois terrible et exprimer la souffrance, on ne ressent pas d'émotions désagréables. Seulement le mouvement

1. *Body Psychotherapy*, Google Libri.

2. Une crise convulsive ou de convulsions est, médicalement parlant, une contraction brutale et involontaire d'un ou plusieurs muscles (spasmes musculaires). Elle peut durer de quelques secondes à plusieurs minutes. D'origine souvent neurologique, selon la médecine, les crises traduisent une souffrance cérébrale, s'accompagnant d'une perte de connaissance.

interne parfois fantasmé et à la fin un grand et profond bien-être comme une libération. *La crise obtenue peut ainsi être très utile pour débloquer des états libératoires*[1] *de l'esprit. L'esprit conscient se met de côté et l'inconscient peut s'exprimer en se libérant dans le mouvement de tout le corps.*

Peut-on le faire tout seul en cas d'**autocrise** ? Oui, en passant par l'auto-hypnose si vous avez un bon niveau. Il suffit d'être assis sur un grand lit, de suggérer la chute en arrière et de penser à un état émotionnel, puis d'amplifier ses tensions en laissant sortir tout ce qui doit ressortir.

Pour préparer la crise du client, il convient de l'annoncer et de réunir ensuite des circonstances favorables. La crise survient alors spontanément lorsqu'on réunit les conditions suivantes :

- Un état de décontraction. Les lobes frontaux du cerveau ne doivent pas être occupés par une activité mentale centrée sur le futur ou des choses à faire dans la vie de la personne (en effet, au moment où la personne pense qu'elle « doit » faire quelque chose, son cerveau empêche la manifestation de la crise).
- Une stimulation du point ou de la zone du corps correspondant au problème (ce point peut être stimulé soit physiquement par le toucher, soit métaphoriquement avec la parole).

Dans la pratique quelquefois, même si les conditions précédentes sont réunies, il arrive que les années de conditionnement subies par la personne (l'éducation, les parents, etc.) fassent obstacle à la libre expression de la crise. Dans ce cas, une régression ou un travail progressif visant à « libérer » l'expression de la personne peut aider.

La personne doit être dans un état « sans jugement ». Autrement dit, elle doit pouvoir permettre aux images, aux mouvements, etc. de sortir et de s'exprimer sans y porter de l'attention ni de la réflexion, ni de l'émotion. Cet état est plus facilement obtenu par un discours de pré-induction qui a présenté la crise comme une bonne chose mais en restant vague.

La pratique montre que l'effet quasi automatique de la fascination expérimentale, quand il se transforme en expression physique (crise), a le pouvoir de décharger les neurones. Cela peut

1. Il existe une similitude entre le déblocage kundalinique des chakras et les convulsions (kryas) du magnétisme fascinatoire.

effacer certaines empreintes de la mémoire procédurale inconsciente. De fait, on constate souvent que les traces du passé s'auto-nettoient et les stress post-traumatiques disparaissent.
Cette reprogrammation peut :

- redonner aux neurones leur pleine efficacité,
- récupérer la plasticité mentale,
- atténuer les troubles névrotiques et paranoïaques,
- agir favorablement sur les émotions perturbatrices,
- réduire certaines douleurs,
- diminuer les déchets énergétiques liés à un mauvais maintien musculaire,
- aider à retrouver l'harmonie entre le corps, l'esprit et l'âme,
- augmenter le bon ressenti et la sensation de plaisir,
- favoriser le lien avec l'environnement.

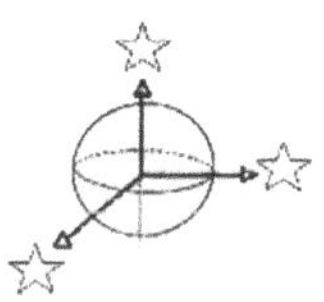

C'est un procédé qu'on trouve dans de nombreuses thérapies traditionnelles qui, à travers la décharge de mouvement, permettent à l'intelligence kinesthésique à l'intérieur de la personne de résoudre le problème. Une sorte de catharsis du corps ! On peut la voir de façon énergétique (Mesmer et Kriya de la tradition indienne), de façon psycho-analitique (Lowen et Reich), de façon neurologique (Porges et la thérapie polyvagale). Dans cette dernière interprétation, le système nerveux parasympathique dorsal, le plus primitif, est à la base des blocages. En accédant avec la crise à un niveau non verbal, on arrive à débloquer le client et mettre en place une libération naturelle instantanée.

On peut préparer le processus en laissant s'exprimer les mémoires et les blocages logés dans le corps. Cette préparation de déconditionnement ouvre les vannes de l'énergie libre de l'esprit. En laissant ainsi l'ego, on peut modifier l'équilibre intérieur. N'oublions pas que, c'est lui qui maintient notre équilibre hyperergique ou hypo-ergique.

Le fait de laisser de côté les tensions et les blocages émotionnels permet d'obtenir un état normal énergétique. L'action de réaction en sera d'autant plus forte. On pourrait avoir des réactions ainsi dites de crise.

On note que les personnes qui pratiquent l'hypnose ericksonienne ne rapportent presque jamais de crises. La raison en est que l'hypnose ericksonienne telle qu'on l'applique normalement est basée sur les mots. Les mots tendent à cristalliser les situations et à les définir. Pour explorer cette voie, l'hypnose ericksonienne peut quelquefois être utilisée au début de la séance mais ensuite, pour aller vers la potentialité de la crise, il faut laisser parler le non verbal pour accéder à sa puissance.

Si vous n'avez jamais déclenché ou observé de crise et si vous êtes effrayé par la survenue de la crise, vous pouvez essayer comme une étape intermédiaire de la limiter à une partie du corps. Prenez par exemple, les bras ou même les doigts de la main. L'idée est de sortir des lévitations ericksoniennes souvent lentes et calmes pour expérimenter une transe en mouvements vifs et saccadés des bras comme des moulins à vent (en variante utilisez simplement des doigts de la main). Essayez par exemple une transe active : Mettez le client en transe debout.

Suggérez une lévitation des deux bras.

Suggérez la préhension d'un outil dans chaque main.

Suggérez un usage vif et énergique des outils.

Vous pouvez être étonné par la capacité du client à gesticuler rapidement avec précision sans jamais s'accrocher les mains même les yeux fermés. Cette première expérience vous familiarisera avec des mouvements vif durant la transe. Par la suite, soyez utilisationel comme dans l'exemple ci dessous.

Pleurs et agitation pour une hypnose qui génère l'apaisement

Chaque hypnothérapeute rencontre dans son expérience des personnes qui commencent à pleurer ou s'agiter sur leur siège. À ce moment, laissez la situation se développer plutôt que de la refréner, ratifiez et amplifiez ce qui se passe et vous verrez comme un commencement de crise. Vous constaterez qu'après la tempête, il y a le soleil, c'est-à-dire qu'après la crise, la personne rentre dans un état de calme profond. Et après son retour dans l'ici et maintenant décrit une expérience agréable et apaisante.

Et lorsque vous voudrez ensuite tenter l'expérience de la vraie crise mesmérique, prévoyez un tapis de gym et éventuellement un asssitant pour maintenir le client dans sa chute.

Exemple d'un tapis de gym en forme de suggestion

Carine se désole d'avoir tout essayé en hypnose...
— Je déplace ce tapis de gym, comme cela, vous pourrez tomber sans vous faire le moindre mal. De toute façon, je vous retiendrai dans la chute. Regardez-moi dans les yeux et essayez de ne pas clignoter.

[Rapidement elle ferme les yeux et tombe en arrière sur le tapis.]

[Description de la crise.]
Une fois allongée, Carine est immobile, vous faites des passes magnétiques sur le cervelet et le plexus solaire. Voilà qu'une jambe commence à bouger, puis une autre et ainsi de suite ; tout le corps finit par être parcouru de spasmes. Puis la crise s'amplifie, dure une quinzaine de minutes et se calme et lentement. Carine ouvre alors les yeux avec un sourire de satisfaction.

À la séance suivante, Carine demande une nouvelle crise :
— *Je voudrais vraiment faire comme la dernière fois, c'est possible ?*
— *Oui, mais il faut savoir que les crises sont en général de plus en plus fortes, c'est comme s'il y avait un apprentissage du corps, voulez-vous que je vous filme cette fois-ci ? Je vous donnerai la vidéo et je ne la garderai pas de mon côté.* [Se visionner durant la crise a un effet thérapeutique fort, comme une preuve de la déferlante du corps.]

17. Fascination intérieure

Ce type de fascination touche l'auto-hypnose puisque le sujet réalise sur lui-même une auto-fascination. Vous noterez que ce type de travail vous libérera progressivement au fil de votre pratique. Par ailleurs, il vous rendra familier avec un autre type de regard, très différent du regard actif et inquisiteur : le regard global exercé dans le processus de la fascination que l'on applique à son être intérieur.

Dès les périodes antiques, les miroirs, objets de grande valeur, ont été utilisés pour entrer dans des états spécifiques. Aujourd'hui encore une personne bien formée peut pratiquer la fascination sur elle-même à travers un miroir.

Dans le miroir, il y a deux énergies :

- La nôtre, lorsque nous regardons le miroir,
- Celle de l'image qui apparaît dans le miroir et constitue un dédoublement de notre être.

L'exercice, qui prend son origine dans d'anciennes traditions réservées aux initiés, est hautement dissociatif. Il constitue d'ailleurs une pré-induction facilitatrice du dédoublement et du voyage astral.

La fascination par le miroir permet d'accéder à des niveaux supérieurs de l'être. Ces niveaux sont connus et décrits en Orient comme en Occident.

Dans certaines techniques hypnotiques, on dialogue avec notre esprit supraconscient. Cela signifie que ce niveau existe en nous comme une autre dimension, plus vaste, de nous-mêmes.

Rejoindre ce niveau signifie ÊTRE dans l'esprit supraconscient. On ne le questionne plus, on est lui, on est simplement là.

Pour monter (parce que monter est correct comme perception dans ces types de transe), on continue à observer et on visite différentes phases :

- La phase magnétique (où l'on peut comme apercevoir les lignes magnétiques et les auras des choses) ;
- La phase du voyage astral (une dissociation complète et une ubiquité parfaite) ;
- La phase du moi-non moi qui est le moment où l'âme s'élève au-dessus des limites du moi et du non-moi, c'est-à-dire lorsqu'il n'y a plus de différence perceptible entre le « moi » et le monde ambiant dans sa globalité.

C'est alors dans cette troisième phase que l'on entre dans un état où les frontières entre soi et l'environnement s'estompent, et où l'on éprouve un sentiment d'unité avec tout ce qui existe. C'est comme si l'on retrouvait l'innocence de l'enfant dans le sein maternel, où tout n'est qu'un, il n'y a ni peur ni angoisse, mais une paix éternelle. Ainsi, on pourrait dire que notre âme s'envole, s'échappant des chaînes du quotidien, plongeant dans un océan de rêve où tout est un, quasiment divin. À ce niveau ultime, on transcende l'esprit qui entre dans une nouvelle dimension.

Si l'on n'a pas de miroir, le plus simple est d'utiliser une source lumineuse pour produire ce type de fascination, par exemple une bougie allumée comme dans les pratiques de yoga. Presque toutes les civilisations utilisent des sources lumineuses pour se concentrer. On peut penser ce type de fascination en relation avec l'élément feu. Les Parsis prient et en même temps observent le feu. Dans nos églises, devant les statues des saints, il y a des bougies allumées, etc. On peut se demander si le fait de prier en observant le feu n'active pas dans le cerveau une réaction par la suite de laquelle on lui donne une « orientation ».

C'est essentiellement une pratique individuelle mais qui peut changer votre rapport aux autres. En pratiquant les exercices progressivement, vous engendrerez un changement en vous-même. La fascination intérieure crée et transforme. Son regard est similaire à celui que l'on ressent lorsque, tourné vers l'extérieur, on s'émerveille en regardant le ciel et, instantanément, on porte cet émerveillement à l'intérieur de soi. On est comme flashé parce que, soudainement, on passe de l'extérieur vers l'intérieur. L'auto-fascination produite amène une transformation souvent immédiate.

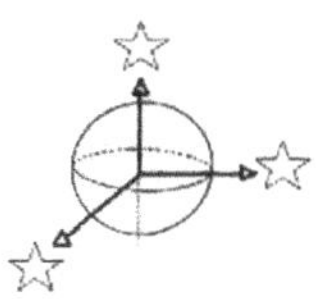

La fascination intérieure s'appuie sur la tradition du bouddhisme Boen tibétain[1]. En plus de la pratique spirituelle et la recherche de l'éveil, elle a également des pratiques spécifiques. L'une d'elles consiste à se concentrer sur le ciel et à se connecter à l'élément « air » qui y est présent, en utilisant la respiration comme support de méditation. Elle peut nous aider à nous ouvrir et à nous libérer de nos limitations mentales et émotionnelles, en nous connectant à un espace de paix et de liberté intérieure.

Comme dit Tenzin Wangyal : « *Que se passe-t-il lorsque vous passez une heure avec quelqu'un qui se plaint continuellement de sa vie ? Sa négativité s'insinue dans votre conscience. Vous fermez. Que se passe-t-il lorsque vous restez assis pendant une heure à contempler le ciel clair et dégagé ? Si vous ne regardez le ciel que d'un point de vue conventionnel, vous risquez de vous sentir fatigué ou*

1. https://www.google.it/books/edition/Wonders_of_the_Natural_Mind/fdIKAAAAYAAJ?hl=it&gbpv=1&bsq=tenzin+wangyal+boen+tradition+sky+exercise&dq=tenzin+wangyal+boen+tradition+sky+exercise&printsec=frontcover.

vide. Mais si vous utilisez ce temps pour cultiver une relation sacrée avec l'élément spatial, regarder le ciel peut vous ouvrir et vous libérer. »

Pour pratiquer cette fascination intérieure, on peut utiliser une lampe ou un reflet.

La méthode avec le reflet était notamment la méthode d'induction utilisée aussi par Braid avec un objet brillant. La méthode avec une lumière dont l'observation précède la fermeture des yeux peut être une intéressante substitution de l'utilisation des yeux pour effectuer la fascination, surtout dans la pratique d'une induction hypno thérapeutique.

Induction du plein air

Carlos apprend l'auto-hypnose en plein air.

— *Il y a des yogis qui passent des heures à contempler le ciel en méditation. Leur but est d'accéder à la profonde sagesse d'un cœur ouvert et finalement d'incarner cette ouverture. Regarder le ciel peut vous faire découvrir votre sagesse intérieure, l'espace illimité et immuable de l'être, et cela peut transformer votre vie.*

Imaginez-vous debout dans un champ ouvert ou un parc, sentant le vent frais jouer autour de vous. Il y a un sentiment de liberté et de flexibilité dans la connexion avec l'élément air. L'élément air est omniprésent. Lorsque l'air se déplace, il disperse les nuages pour révéler le ciel ouvert. Dans son état plus subtil, l'air efface nos pensées discursives, révélant le ciel intérieur sans nuage de l'esprit. Lorsque l'élément air en vous est bien équilibré, vous pouvez facilement transformer des états d'esprit négatifs en états d'esprit positifs : la haine en amour, le pessimisme en optimisme, la tristesse en joie. Vous résolvez facilement les soucis et les préoccupations. Il y a une espièglerie en vous. Même si vous traversez une période difficile, vous pouvez toujours savourer un bon repas ou un beau coucher de soleil. Vous êtes capable de voir les choses sous différents angles et de penser différemment. L'air est lié à la curiosité et à la découverte. Les obstacles deviennent des opportunités d'apprentissage. Lorsque l'air n'est pas équilibré, vous vous sentez coincé. Votre carrière ne semble aller nulle part, vos relations ne s'approfondissent pas, votre pratique de la méditation ne progresse pas et vous ne grandissez pas personnellement. Il n'y a pas de mouvement dans votre vie. Réfléchissez aux endroits où vous ressentez le plus un manque de liberté et de flexibilité. Vous sentez-vous contraint par les conditions de votre vie ? Êtes-vous accablé par des problèmes familiaux ou un conflit permanent avec votre patron, ou un sens de vous-même faible ou négatif ? Depuis combien de temps ce manque de mouvement est-il présent dans votre vie ?

La fascination intérieure peut en outre être utile à une personne pratiquant l'hypnose verbale ericksoniene de plusieurs autres manières :

- Sa pratique régulière améliore la capacité de l'hypnotiseur à se relaxer et à entrer en transe lui-même ;
- Elle renforce la confiance en soi et la concentration.

Exercice d'auto-hypnose avec la lumière

Pensez à une qualité que vous voulez développer en vous-même et en même temps observez une lumière.
Fermez les yeux et observez la trace lumineuse.
En rouvrant les yeux vous noterez que l'idée est comme « rentrée » en vous.
Ce type d'exercice va être comme une auto-hypnose qui progressivement va vous transformer. Vous pourrez progressivement rajouter des éléments à cette micro-séance de fascination.

Votre client arrive, mais un grand beau soleil brille. Et si vous faisiez la séance d'hypnose dehors, pourquoi pas dans le parc ? Pensez que cela va être porteur de changement pour votre client qui ne l'a jamais fait, qui n'a jamais vécu l'hypnose dans un lieu public. Or c'est dans les lieux publics, dans les rues et dans les parcs qu'il aspire à changer et pas seulement dans votre cabinet, dans cet espace protégé. Cet espace trop protégé qui empêche de s'envoler métaphoriquement dans la nouvelle vie.

Et cela sera aussi très nouveau pour vous. Comment sacraliser l'hypnose et la placer dans la vie en vrai à côté d'arbres centenaires, de passants qui passent, d'insectes et de rayons de soleil qui baignent tout cela. Comment faire vivre des transes sans relaxation atténuant les gestes mais au contraire des transes en mouvement, plus somnambuliques que stuporeuses et plus axées vers l'action. Quelles inductions debout, quelle participation du soleil, du bruit du vent à la mise en transe ?

18. Fascination d'enchantement

L'enchantement, nous savons tous de quoi il s'agit : *Belle au bois dormant, Blanche-Neige, Cendrillon*, nous avons tous nos références, mais ce que nous ne savons plus à l'âge adulte, c'est comment utiliser l'hypnose pour obtenir l'enchantement !

C'est pourtant l'hypnose la plus ancienne. Le regard a toujours été connecté à un état d'enchantement. Le mythe de Méduse qui pétrifie ceux qui la regardent dans les yeux se transmet par magie jusqu'à cet élève qui n'ose pas lever les yeux lorsque son professeur pose sur lui un regard lourd de conséquences. C'est aussi lorsque dans le métro vous observez un bel inconnu sur la nuque et qu'il ne tarde pas à se retourner avec un air hagard et plein de confusion et de même dans l'autre sens. Curieusement lorsque vous regardez un inconnu fixement dans les yeux au sein d'une foule, il ne tarde pas à se retourner pour regarder derrière lui.

Dans ce type d'hypnose, c'est l'observation continuelle qui crée l'état second. C'est universel et l'on rencontre ce type de fascination dans des ambiances totalement opposées. Comme par exemple dans l'utilisation de la roue de prière tibétaine aussi bien que chez les diseuses de bonne aventure tziganes[1].

La préparation de cette fascination demande simplement d'être acceptée par le sujet qui vous regarde dans les yeux. *Par exemple, la diseuse de bonne aventure s'approche et vous prend la main sous prétexte de lire l'avenir. Mais qui ne lâche pas la main consent et elle peut ensuite vous regarder dans les yeux.* Plus le client restera rivé à votre regard, plus il rentrera rapidement dans l'état. On peut dire que la personne « enchantée » ne se sent pas vraiment en hypnose sauf si on utilise de la musique. En effet, il semble que la musique soit perçue différemment en état de transe et en état d'éveil. En transe, on n'écoute plus la mélodie comme une structure en se projetant dans le son qui va venir, mais on rentre plutôt dans un état produisant l'écoute note après note, chaque note ayant un effet individuel. La personne pense être normale mais en réalité c'est son *continuum* temporel qui change. C'est comme être dans le présent sans réalité et sans projection dans le futur. Dans cet état, l'esprit se met en « stand-by » et

1. https://www.ncbi.nlm.nih.gov/pmc/articles/PMC3200339.

l'imitation est la réaction la plus courante. Comme nous l'avons noté plus haut, il n'y a que la musique qui pourrait aider la personne à se rendre compte qu'elle est dans un état non habituel.

Usage

En thérapie, l'hypnose d'enchantement peut servir pour préparer un sujet à l'induction hypnotique ainsi que pour compléter ou approfondir une induction hypnotique avec différentes méthodes. En pratique, dans cette utilisation le thérapeute regarde le client dans les yeux quand celui-ci lui parle de ses problèmes et pour faire avancer la thérapie.

On est dans le référentiel de la désactivation des lobes frontaux, siège de la programmation mentale. C'est un concept important dans l'hypnose, car ces lobes sont impliqués dans la pensée consciente et la régulation des comportements. Lorsqu'ils sont « désactivés », la personne peut être plus encline à accepter les suggestions de l'hypnotiseur et à réagir de manière instinctive ou automatique. Ce peut être utile dans certaines situations thérapeutiques en permettant d'accéder à des souvenirs ou des comportements normalement enfouis dans l'inconscient. Toutefois, il est important de noter que cette désactivation n'est jamais totale et que la personne reste consciente et en mesure de refuser les suggestions de l'hypnotiseur si elle le souhaite.

Observez le sujet dans ses yeux. Et dans la majorité des cas, parlez-lui en même temps. Il y a deux méthodes possibles.

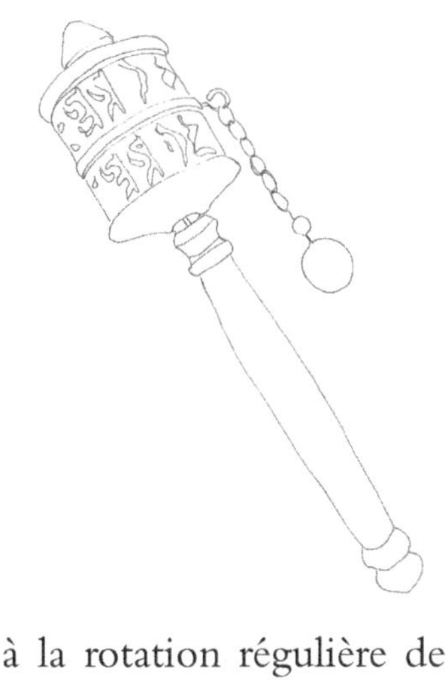

1. La méthode de la roue de prière tibétaine. Cet objet, avec sa pointe dorée scintillant sous les rayons du soleil, est fascinant et mystérieux. Depuis des siècles, les moines bouddhistes l'utilisent pour atteindre un état de transe hypnotique, dans lequel ils peuvent communier avec leur esprit intérieur et leur source divine.

La pratique consiste à fixer du regard la pointe de la roue, tout en faisant tourner celle-ci à l'aide d'un mouvement du poignet, tout en récitant le mantra krim. Cette répétition hypnotique du mantra, combinée à la rotation régulière de la roue, permet de libérer l'énergie kundalini enfermée au bas de la colonne vertébrale. Cette énergie, une fois libérée, peut monter le long de la colonne vertébrale, illuminant les chakras et ouvrant la porte à une conscience élargie.

L'hypnose tibétaine de la roue de prière n'est pas réservée aux moines bouddhistes, mais est accessible à tous ceux qui cherchent à explorer leur propre esprit et à atteindre un état de méditation profonde.

2. La méthode tzigane. Après avoir fasciné le client quelques minutes, faites observer le creux de la main du client et demandez-lui de la faire tourner, en lui faisant faire un mouvement lent et rotatif. Ensuite suggérez un objet dans la main et associez-le à une pensée. L'objet tourne et la pensée tourne en même temps. À partir de ce moment, le mouvement ne sera pas interrompu car il détermine la transe et la transe détermine le mouvement.

On rentre de cette façon dans une transe très particulière qui peut durer des heures, entretenue par la mécanique du mouvement physique et mental.

Halluciner une roue tzigane pour prouver l'hypnose

Carine se désole de ne pas être sensible à l'hypnose. Son thérapeute va lui donner la preuve du contraire et aller se boire un café en attendant.
— *Asseyez-vous confortablement et donnez-moi la main.*
[Il fait tourner sa main horizontalement en regardant Carine dans les yeux.]
Regardez-moi dans les yeux et, quand je le dirai, regardez ce petit bonheur dans le creux de la main. Imaginez un petit bonheur pour vos proches comme un petit caillou blanc qui grandit.
[Il continue de faire tourner sa main mais la tient de moins en moins et lui laisse de l'autonomie dans son mouvement jusqu'à la laisser tourner toute seule.]
Regardez le petit bonheur qui grandit…
[Il sort rapidement du champ de vision de la cliente qui continue à faire tourner sa main en la fixant religieusement.]

À ce stade le fascinateur peut aller prendre un café, boire un verre d'eau et revenir alors que la cliente continue de tourner en transe. Pour la faire revenir, il suffit de lui souffler sur le front avec un éventail en période de pandémie ou avec le souffle.

Cliente en retour de transe :
— *C'était bien, euh j'étais bien, combien de temps, je suis restée ?*

La fascination de l'enchantement est une preuve de l'état d'hypnose facile à susciter et très démonstratif. Sa puissance peut apporter une réponse immédiate du corps, sans passer par le raisonnement. Cette hypnose s'éloigne des mots et des nuances rhétoriques ou métaphoriques. En vérité, la plupart des formules ericksoniennes perdent de leur efficacité en présence d'un tel système, car c'est ici l'intention qui prédomine.

Et si une prochaine fois, vous prouviez l'hypnose non pas avec une classique lévitation ou une catalepsie, mais avec cette roue tzigane qui a beaucoup de classe, reconnaissez-le.

19. Fascination rapide

— DORMEZ !

En 1815, un prêtre hindou, l'abbé Faria, mettait ses sujets en somnambulisme en leur criant : *Dormez !* Il expliquait tous ces phénomènes par la concentration de la pensée du sujet sur l'idée de sommeil. Les hypnotiseurs de nos jours ont repris cette théorie, qui écarte toute cause objective, fluide, agent nerveux, ou influence quelconque du magnétiseur. Pour être complets, Faria dans ses écrits admettait la possibilité d'autres types de magnétisme et n'écartait pas totalement l'idée d'autres types d'hypnose.

Un siècle après, avec Charcot et ses méthodes brusques pour provoquer l'hypnotisme, on rencontre à nouveau une méthode similaire. Gil Boyne a repris ce système direct et autoritaire et l'a diffusé en Amérique.

Après le choc, la transe du sujet peut varier selon les suggestions proposées ensuite. En général, on fait suivre l'hypnose choc d'une induction plus souple pour permettre l'approfondissement et la canalisation de la transe vers un usage thérapeutique.

On regarde le sujet directement. Dès qu'on entrevoit que son regard devient « vide », on peut accentuer cet état avec une action rapide ou un choc. On doit penser que c'est comme un accompagnement de la personne dans une transe où elle est déjà en train de rentrer naturellement. La parole brutale, un simple un petit coup de pouce sur la nuque ou bien un tapotement de l'index sur le front vient conclure l'induction.

L'hypnose rapide (hypnose choc) est très utilisée en spectacle, mais a aussi des applications thérapeutiques importantes. Les personnes impatientes ou pressées préfèrent l'hypnose rapide puisqu'elles ne supportent pas des longues inductions de relaxation. À noter qu'avec une personne habituée à entrer en transe, le regard porté avec une véritable intention pendant 5 à 10 secondes suffit. Si vous êtes curieux et vous avez envie d'expérimenter, vous essaierez des variantes dont l'auteur atteste qu'elles fonctionnent parfaitement aussi bien :

- avec un seul œil comme si vous étiez borgne,
- avec votre regard renvoyé par un miroir vers les yeux du sujet,
- avec le regard porté sur les paupières fermées du sujet,

cette dernière variante prouvant s'il le fallait que l'intention est une dimension prépondérante de la fascination ou en d'autres termes que le regard passe au travers des paupières.

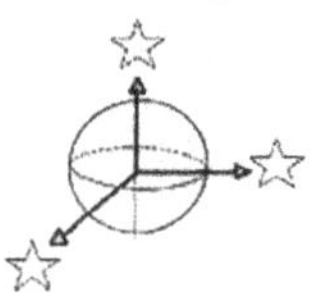

Cette hypnose instantanée est une approche qui met l'accent sur l'utilisation de techniques rapides et surprenantes pour entrer dans un état hypnotique. L'hypnose y est considérée comme un état d'esprit qui peut être atteint instantanément, plutôt que comme un processus graduel qui peut prendre du temps. Cette approche, développée par l'hypnothérapeute portugais Antonio Faria, est aujourd'hui largement pratiquée par de nombreux hypnothérapeutes, dont Gil Boyne.

Pour la réussite, la pré-induction doit raconter l'histoire de l'hypnose instantanée, ou mieux le démontrer avec un exemple qui fait office de prophétie autoréalisante :

- Le sujet doit normalement rentrer dans un état d'« *expecting attention* », c'est-à-dire l'attente de quelque chose en sachant que quelque chose de spécifique va se passer sous peu.
- Il doit être disponible.
- L'opérateur doit trouver un « espace » où il peut induire son sujet rapidement.

Hypnose choc et courte en spectacle ou en cabinet

Regardez-moi dans les yeux.
Inspirez et expirez.
Inspire – Expire [choc avec le passage au tutoiement].
DORS [prononcé fortement] !
Relaxe-toi – laisse-toi aller – descends de plus en plus profondément.

Par sa caractéristique, l'hypnose choc doit être faite par une autre personne et ne peut être utilisée en auto-hypnose.

Et si vous essayez cette induction étrange, autoritaire et puissante ?

Ne prenez aucun risque et testez cette induction en réinduction dans une séance où le client a déjà été plusieurs fois en transes. Utilisez-la sur un client qui est très suggestible pour amplifier encore sa compétence à entrer en transe sur commande. Vous apprendrez par l'exemple à la réaliser en commençant par des clients faciles.

— *Vous connaissez maintenant le chemin vers la transe la plus profonde, je vais simplement vous donner le signal, regardez-moi dans les yeux et n'entrez pas en transe avant le signal…*

[Longue pause…]

— *DORS !* Etc.

20. Fascination instantanée (de Pisa)

Erminio Di Pisa pouvait mettre une personne en transe très rapidement avec le regard. Il aimait les méthodes rapides. Pour cette même raison, il n'aimait pas perdre du temps avec les personnes qui voulaient apprendre sa méthode et préférait les envoyer à Marco Paret. Après la mort d'Erminio di Pisa, Marco Paret a recueilli et diffusé sa méthode dans le monde entier. Une application « fascinante » de la fascination ultra-rapide est d'en faire une méthode hypnotique pour soulager les douleurs neuromusculaires et permettre de réduire les tensions qui, très souvent sont à l'origine de ce type de problème.

Le magnétiseur belge Alfred-Édouard Donatto la pratiquait déjà au XIXe siècle. Plus proche de nous, Erminio Di Pisa obtenait ainsi de nombreux résultats thérapeutiques. Il effectuait parfois en public à la télévision italienne des guérisons instantanées sur des dizaines de patients.

Le ressenti client avec cette méthode est une transe hyper-rapide obtenue en quelques secondes, voire une fraction de seconde. C'est une transe express qui est plus un choc qu'une période d'état de conscience modifié dont on pourrait garder un souvenir. À la fin de cette transe, juste après le choc, comme une rupture de *pattern*, un retour rapide à la réalité fait que la douleur a disparu. Le client ressent aussi parfois l'émergence d'une sensation de chaleur dans la zone où se tenait sa problématique.

Pour ce type d'hypnose avec les yeux ouverts, la préparation consiste à fixer intensément le patient pour le fasciner, avec l'intention explicite de l'emmener « au-delà du point », c'est-à-dire au-delà des positions rigides et des habitudes mentales qui représentent la somme de ses problèmes personnels. L'induction est ensuite mise en œuvre sans aucun mot.

Par exemple pour une demande d'aide pour arrêter le tabac la préparation consiste à demander au patient de fixer intensément l'hypnotiseur pendant quelques secondes avant de fermer les yeux et de se concentrer sur une sensation de chaleur qui descend lentement dans tout le corps, accompagnée de relaxation et de détente. L'induction est dans ce cas effectuée en utilisant aussi la suggestion verbale pour renforcer la volonté du patient de se débarrasser de la dépendance au tabac et pour renforcer l'idée qu'il est maintenant libéré de cette dépendance.

Le professeur Erminio di Pisa avait l'habitude de soigner assidûment des dizaines de personnes chaque semaine, au sein de son cabinet, dans le cadre de son activité professionnelle régulière. Il traitait la plupart des types de douleurs neuromusculaires, des capsulites, des maux de tête, certains problèmes gastriques, des acouphènes, etc.

Selon les pathologies, la plupart de ces personnes étaient guéries ou accompagnées dans un meilleur confort en une seule séance d'une dizaine de secondes. Même les personnes les plus susceptibles de rechutes récurrentes n'avaient pas eu besoin de plus de deux à trois séances avant que les effets bénéfiques de la fascination accomplis par le regard s'incrustent fermement dans leur organisme.

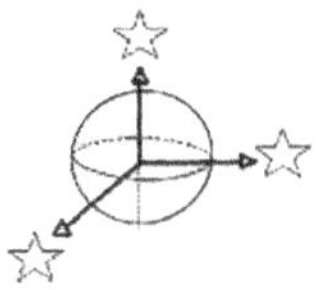

Une explication peut justifier un tel résultat. Parfois, l'esprit est pris par ce qu'on appelle les « idées fixes ». Nous continuons à penser les mêmes choses, être poursuivi par le fantôme des anciennes pensées, et nous retourner sans cesse autour des mêmes concepts. La fascination du regard brise alors ces idées fixes. La raison pour laquelle une fascination rapide peut aider à laisser aller la tension passe par l'état de stupéfaction qu'on crée avec un mouvement rapide de l'opérateur. À ce point, le cerveau du sujet laisse aller les schémas musculaires qu'il utilisait. Car l'état de stupéfaction se caractérise par un abandon de l'activité des lobes frontaux et c'est ensuite l'impossibilité de se rapporter à une situation nouvelle et inattendue qui produit le résultat. À ce point tous les schémas se laissent aller et la personne va dans un type de point zéro. Par ailleurs, le réveil rapide du sujet permet d'éviter qu'en se réveillant il rentre à nouveau dans les schémas précédents et bloquants. Il se libère alors des tensions précédentes de façon irréversible. C'est une sorte de « *reset* » mental déclenché par les yeux.

En contactant directement les symptômes et en demandant au patient d'éprouver le symptôme, l'hypnotiseur active vraisemblablement certains processus de l'hémisphère droit qui ont un accès immédiat à l'encodage du problème. Cela est suivi d'un état de « vide » où le symptôme n'existe plus, qui peut être atteint par la fascination par le regard.

Exemple de transcription de thérapie « Di Pisa »

La durée totale de l'interaction était de 20 à 25 secondes.
— *Où ressens-tu la douleur ? Ici ?* [Dialogue avec le symptôme en termes ericksoniens.]
— *Je comprends.* [Avec un sourire, Erminio Di Pisa se mettait toujours rapidement en rapport emphatique positif avec le sujet.]
— *Mets-toi ici.* [Crée une légère distraction.]
[Ici commence la partie « opérationnelle ».]
— *Regarde-moi dans les yeux.* [Crée la stupeur.]
— *1, 2, 3. C'est parti* [suggestion positive]. *Oui c'est parti !* [Renforce la suggestion en regardant dans les yeux.]

Même si ce type de thérapie était extrêmement bref, les résultats étaient souvent immédiats et parfois conservés à long terme.

Le même principe s'applique aussi dans le cas des acouphènes (perception d'un son continu dans l'oreille) qui parfois sont caractérisés par une hyper-concentration du sujet sur le son, ce qui augmente l'effet dépressif psychologique.

Voici un autre exemple dans le cas d'acouphènes. Là encore, une fascination rapide produit un état de stupéfaction qui est brisé par un mouvement rapide du fascinateur, produisant la surprise. L'état de stupéfaction organise un abandon de l'activité des lobes frontaux. C'est l'impossibilité de se rapporter à une sollicitation inattendue qui peut gommer instantanément la perception des acouphènes.

Acouphène voyez-vous !

Carine se désole d'avoir des acouphènes et explique longuement son problème...
Il l'interrompt et il la prend fermement par les épaules.
— *Regardez-moi dans les yeux.*
Rapidement elle montre un regard statique. Elle est fascinée... Le fascinateur lui intime l'ordre mental d'avancer puis de reculer. Rapidement elle se synchronise et bouge d'avant en arrière en rythme.
À ce moment le fascinateur la secoue par les épaules et lui souffle sur le visage en approchant rapidement ses yeux à quelques centimètres...
Elle est saisie de surprise.
C'est terminé l'acouphène a disparu sous le choc de la surprise.

Cliente en fin de séance :
— *C'est incroyable, c'est formidable, je n'ai plus rien.*

La méthode de « guérir à travers le symptôme » ou « utiliser la crise comme un remède », telle que décrite ci-dessus, pourrait être utile pour un hypnotiseur ericksonien car elle permet d'activer les processus de l'hémisphère droit du cerveau, qui ont un accès plus immédiat à l'encodage du problème lié à l'état de la personne. Cela peut rendre le processus de guérison plus rapide et plus efficace. En demandant au patient d'éprouver le symptôme et en le suivant immédiatement d'un état de « vide » où le symptôme n'existe plus, l'hypnotiseur ericksonien peut aider la personne à se débarrasser de son problème de manière plus efficace. Cela pourrait être particulièrement utile dans les cas où les mécanismes mentaux sous-jacents au symptôme sont profondément enracinés et difficiles à éliminer par d'autres méthodes.

Et si vous concluiez votre séance par une de ces interruptions de *pattern* très rapide réalisée avec le regard pour glisser une suggestion post-hypnotique bienveillante pour accompagner le client entre les séances...

— *Permettez-moi de vous souhaiter bonne chance pour* (tel événement prévisible) [en prenant le client par les épaules]. *Comment allez-vous mettre en pratique tout ce que vous avez appris inconsciemment* (induction introspective) *?*

[Fixez-le dans les yeux.]

— *Regardez-moi dans les yeux...*

[Il est rapidement fasciné.]

— *Allez-y !* [En secouant les épaules brusquement puis en soufflant[1] sur son front...]

— *Maintenant.*

21. Fascination avec magnétisme animal

Le magnétiseur franco-suisse Charles Lafontaine croyait au fluide magnétique décrit par Mesmer mais utilisait aussi le regard. C'est ainsi que le magnétisme a souvent été complémentaire de la fascination. Son induction est en fait une méthode de fascination qui incorpore une méthode magnétique.Voici une description de sa méthode :

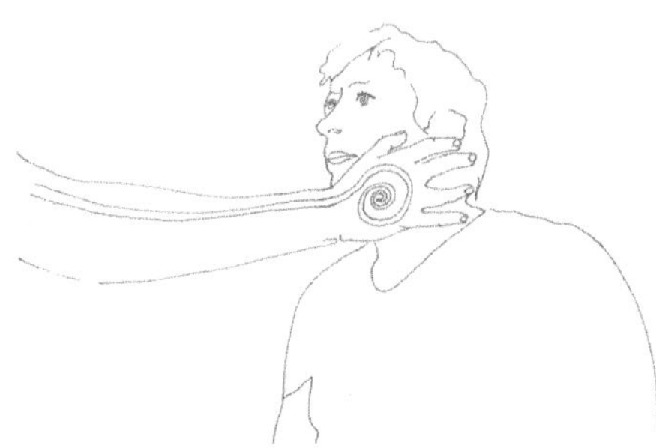

« Il est essentiel qu'au moment de l'opération, le magnétiseur et son sujet ne soient pas distraits, et que le magnétiseur concentre toute sa volonté, toute son attention sur le résultat qu'il veut obtenir. Le patient et le magnétiseur s'assoient presque

1. Souffler est très efficace pour sortir de la fascination et, lorsque la période ou le contexte (pandémie) ne le permet pas, on peut toucher le front ou faire du vent avec la main en éventail.

en face l'un de l'autre, genoux contre genoux, le magnétiseur sur un siège beaucoup plus élevé que celui du patient, afin de pouvoir atteindre facilement et sans fatigue le sommet de la tête du sujet. Après avoir fait deux ou trois passes du sommet de la tête aux genoux pour établir et régulariser le courant magnétique, il touche légèrement l'extrémité des pouces du patient avec l'extrémité des siens à l'opposé des ongles ; ce contact, imitant le rôle d'un siphon, met en rapport direct le cerveau du magnétiseur avec celui du patient, qui va être envahi par le fluide. »

Le magnétiseur fixe les yeux sur son sujet qui, en le regardant fixement à son tour, finit par être ébloui, fasciné, sent ses paupières s'abaisser et se fermer. Quand les yeux sont fermés ou singulièrement appesantis, il peut lâcher les pouces, éloigner lentement les mains en les fermant, les élever de chaque côté du patient jusqu'au sommet de la tête ; puis imposer durant quelques secondes, les mains au-dessus du cerveau pour les ramener derrière les oreilles, le long des bras jusqu'aux extrémités des doigts. Il fait huit ou dix passes semblables d'une minute chacune devant et derrière le sujet, de la longueur du buste. Les impositions et les passes sont faites sans attouchements.

Le magnétisme animal, c'est-à-dire celui émanant du magnétiseur vers le magnétisé, peut entraîner une transe profonde dans laquelle la personne se sent plus en contact avec son corps et rentre en elle-même. Cela peut se manifester par une dissociation de la conscience de son environnement extérieur et une concentration accrue sur ses sensations internes. La personne peut également ressentir une relaxation profonde et une libération de la tension mentale et physique.

Dans certains cas, le magnétisme animal peut également provoquer une analgésie, voire une anesthésie, c'est-à-dire une absence de sensibilité à la douleur. Cela peut être utilisé pour soulager les maux et les douleurs physiques.

Il est important de noter que chaque individu réagit différemment au magnétisme animal et que l'expérience de transe peut varier d'une personne à l'autre ainsi que selon l'intention du magnétiseur.

Ces pratiques de magnétisme thérapeutique peuvent avoir de multiples utilisations, allant des soins pour les douleurs physiques, les troubles mentaux et les maladies chroniques, jusqu'à l'aide à la relaxation et à l'endormissement. Les magnétiseurs peuvent également apporter plus de confort aux personnes souffrant de stress, d'anxiété et de dépression, en utilisant leur capacité à manipuler l'énergie pour rétablir l'équilibre énergétique du corps. Les techniques de magnétisme peuvent également être utilisées en combinaison avec d'autres méthodes thérapeutiques pour augmenter leur efficacité. Il est important de noter que, bien que le magnétisme puisse être bénéfique et apporter un meilleur confort de vie, il ne doit pas remplacer les soins médicaux traditionnels mais les compléter.

Le magnétisme animal peut être considéré comme une technique vitaliste, c'est-à-dire qui met l'accent sur la force vitale et l'énergie de la vie. Cette idée de force vitale est présente dans de nombreuses cultures depuis l'Antiquité, des Grecs à l'hermétisme et à la Renaissance, et a été reprise dans le romantisme avec la « Naturphilosophie » qui met l'accent sur la connexion de l'homme avec la Nature. Le magnétisme animal vise à rétablir cette connexion et à développer de puissantes énergies et qualités internes pour atteindre un équilibre, ce qui peut améliorer la santé mentale et physique et aider à résoudre des problèmes psychologiques.

Bien que l'idée de force vitale ait été largement acceptée dans les cercles artistiques et même par les élites, elle a eu du mal à être reconnue par les cercles universitaires qui concluent généralement sur l'inexistence de ce fluide et son probable effet placebo dans les cas d'amélioration de la santé. Cependant, elle a été étudiée par les ethnologues dans les cultures diverses du monde, comme l'Indonésie et la Polynésie, et a été considérée comme un principe essentiel dans la plupart de ces cultures. Selon Marcel Mauss, il est important de comprendre que ces études peuvent être menées sans avoir à prouver l'existence de cette « énergie vitale » au niveau physique, mais plutôt en se basant sur les effets immédiats qu'elle a sur l'être humain. Par exemple lorsque le client sent un effet de chaleur sous l'imposition du magnétisme des mains.

Le magnétiseur lève les mains qui se ferment, et il opère lentement, avec une grande énergie de volonté concentrée, son intention provoquant l'émission du fluide. Et lorsqu'il abaisse les mains, celles-ci s'ouvrent. Il est à noter que lui aussi ressent les effets du fluide magnétique. Concrètement, il met la main en forme de cuillère pour mieux ressentir l'échange magnétique avec le corps du client. C'est d'ailleurs cette sensation qui le guidera sur les trajets exacts de ses passes magnétiques, car il insiste aux endroits où le magnétisme est le plus prégnant. Après avoir ainsi opéré pendant un certain temps, lequel dépend des dispositions de l'agent et du sujet, si ce dernier paraît plongé dans le sommeil, on le constate en l'appelant. S'il se réveille, c'est la somnolence ou bien le sommeil naturel. S'il reste sourd et muet, c'est le sommeil magnétique. Il faut alors continuer les passes jusqu'à ce que le magnétisé réponde à l'appel du magnétiseur. Quand il répond endormi, c'est le somnambulisme.

Le magnétisme peut apporter une nouvelle perspective à la pratique de l'hypnose verbale à la manière de Milton Erickson. Il met l'accent sur la suggestion de l'importance de la connexion avec la nature et de l'éveil de puissantes énergies intérieures, ce qui peut être utile pour renforcer l'hypnose et rendre la transe plus profonde. De plus, en se concentrant sur la dimension transpersonnelle de l'être humain, le magnétisme peut aider à explorer de nouvelles avenues de suggestion et de traitement des problèmes mentaux et émotionnels. Enfin, le magnétisme met aussi l'accent sur l'importance de l'immédiateté et de l'abandon des structures mentales, ce qui peut être utile pour adopter une approche plus flexible et adaptée à chaque individu dans l'hypnose. Finalement il facilite l'attention corporelle puisqu'il n'utilise pas de mots.

Avec l'utilisation du magnétisme dans la pratique de l'hypnose ericksonienne, on peut ajouter un niveau de profondeur supplémentaire à la transe hypnotique, tout en bannissant les mots. C'est un moyen alternatif d'induction qui permet au client de se concentrer sur les sensations physiques plutôt que sur les mots. Il peut s'agir d'un test de suggestibilité en utilisant l'induction magnétique, suivi d'une induction éricksonienne plus classique, qui sera probablement plus efficace grâce à l'expérience précédente du client dans la transe hypnotique. Ce genre de mélange peut être particulièrement utile pour permettre une exploration plus poussée des problèmes inconscients et aider à libérer des blocages émotionnels.

Par exemple, on peut utiliser cette induction magnétique en guise de test de suggestibilité puis faire revenir le client en lui soufflant sur les yeux et enchaîner avec une induction ericksonienne conversationnelle qui sera probablement plus profonde que si elle avait été proposée seule car le client connaît alors le chemin et bénéficie de la première expérience d'entrée en hypnose.

La boussole du stress

Carole souffre de stress et d'anxiété. Elle a perdu le nord. Dans la discussion, vous pouvez dire en pré-induction :
— *On dit parfois que le stress, c'est être coupé de sa source.*
Puis parlez de nature et de champ magnétique. Faites des passes magnétiques quelques minutes jusqu'à la fermeture des yeux.
Vous pouvez alors utiliser des techniques de magnétisme pour aider Carole à se connecter à sa force vitale et à ses énergies intérieures. Une mise en transe par le magnétisme sur ces présupposés sera une expérience introspective forte pour lui permettre d'aller chercher ses ressources intérieures en connexion avec la nature. Et finalement retrouver sa capacité à régler son propre niveau de stress.
Le résultat sera un renforcement de sa confiance en elle et l'obtention des moyens de gérer son stress de manière plus efficace.

22. Somnambulisme magnétique

— *Croyez et veuillez que votre sujet rentre en somnambulisme.*

Armand Marie Jacques Chastenet (1751-1825), marquis de Puységur, est un général d'artillerie français devenu célèbre par ses travaux sur le magnétisme animal et humain. Élève de Mesmer, il s'en distingue en affirmant que son action magnétique n'est qu'un vecteur important pour les patients qui, finalement, se guérissent eux-mêmes. Grand découvreur d'état hypnotique, il met en avant l'état particulier de somnambulisme qu'il découvre et peut reproduire à souhait grâce à son patient Victor Race.

Le somnambulisme magnétique, également appelé sommeil magnétique, est un état de transe dans lequel une personne est complètement endormie mais consciente et réceptive à des suggestions. Selon Puységur, cet état de transe pouvait être provoqué par l'application de pression sur le plexus solaire et par la concentration et l'intention du magnétiseur.

Cet état peut donner accès à des dons de clairvoyance afin de guérir certaines maladies et lever certains problèmes. Parfois, dès la première séance, grâce à une organisation exceptionnelle, le somnambule se trouve lucide, non seulement sur sa santé, mais sur celle d'autrui, ou sur les événements de la vie, etc. Il y a autant et même plus de genres et de degrés somnambuliques que de somnambules.

Cependant, en règle générale, le sujet magnétisé pour la première fois n'est que son médecin sans être encore celui des autres. C'est là qu'il convient de lui demander ce qu'il doit faire pour quitter sa problématique. Autrement dit une fois le somnambulisme atteint, demandez au sujet, et notez-le, ce qu'il doit faire pour aller mieux.

Ensuite le réveil s'obtient ordinairement par des passes transversales devant la tête et la poitrine par des insufflations vigoureuses, à froid, sur le cœur, les yeux, le front et par de longues passes de la tête aux pieds. Souvent il ne faut qu'un geste dirigé vers les yeux qu'on touche légèrement en disant vivement : réveillez-vous. Et le somnambule se réveille subitement.

Observez et regardez attentivement le visage du sujet. Progressivement, le sujet commence à respirer involontairement comme le praticien. Avant de commencer l'induction, soit vous expliquez ce qui va se passer et cela alimente la prophétie auto-réalisante, soit vous ne dites rien et le sujet rentre en transe car ce type d'induction est éminemment non verbal. Puis selon Puységur :

— *Mettez votre main sur un gros plexus et au même temps : croyez et veillez que votre sujet rentre en somnambulisme.*

Il rajoute aussi :

« Lorsque vous touchez un malade, avec le désir de le soulager et de le guérir de ses maux (on ne doit pas le toucher autrement), commencez d'abord par poser une main ou toutes les deux, sur l'endroit de son corps où il ressent la douleur ; ou, s'il ne souffre pas, posez une main sur son estomac et l'autre en opposition sur son dos. Cet attouchement préliminaire est nécessaire pour établir la communication entre le fluide du magnétisant et celui du magnétisé. Lorsqu'après avoir tenu quelques instants vos mains sur la tête et devant les yeux du malade, vous vous apercevrez que ses paupières s'appesantissent, ce devra toujours être pour vous une preuve non équivoque de la pénétration de votre salutaire influence. »

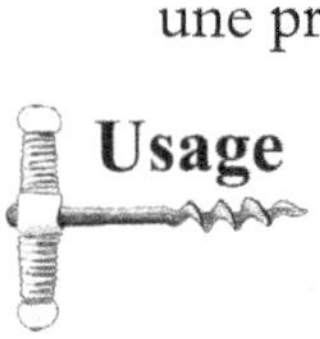

Bon nombre de problèmes et d'attitudes de la vie peuvent être adoucis par le passage en état de somnambulisme. Cela permet de dissoudre le conditionnement de la personnalité habituelle afin de favoriser l'apparition de nouvelles sensitivités bien supérieures.

Par ce type de magnétisme, on crée un type particulier d'activation cérébrale qui tend à annihiler l'ego. C'est, comme en hypnose profonde, une occasion de converser avec l'inconscient du client et de le mettre en action pour la proposition de solutions.

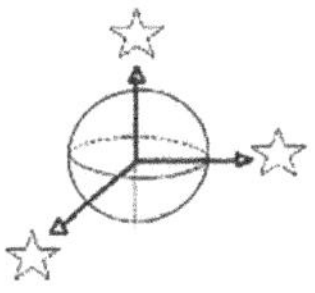

Le référentiel est corporel. Tandis que le magnétisme est ressenti comme une chaleur transmise, les yeux désactivent les lobes frontaux et la programmation mentale. Le passage suivant avec les passes augmente la conscience corporelle jusqu'à un point où la personne perd la notion du temps et de l'espace. C'est une sorte de transe très complète qui concerne le corps par le biais de l'énergie magnétique.

Lorsque Mesmer proposa le magnétisme comme un remède aux maladies, il ne parla point de l'état somnambulique : il s'agissait purement et simplement de la communication des forces vitales d'un homme à un autre homme. Le médecin allemand a guéri en France un grand nombre de malades, en laissant couler sur eux la matière subtile dont son corps était imprégné, c'est-à-dire, en touchant médiatement ou immédiatement les malades. Une centaine de personnes, parmi lesquelles se trouvait M. de Puységur, suivirent les cours du maître. À la théorie, les disciples voulurent joindre la pratique. Curieux de juger les effets de la méthode mesmérienne, M. de Puységur magnétisa chez lui la fille de son régisseur qui avait un violent mal de dents : en moins de dix minutes les douleurs cessèrent sans retour. Encouragé par ce succès, le gentilhomme essaya d'être utile à un jeune paysan alité depuis quatre jours et atteint d'une fluxion de poitrine. Quelle fut sa surprise de voir, après quelques minutes de magnétisation, le jeune homme tomber dans un profond sommeil, sans convulsions ni douleurs ! M. de Puységur lui parla, et bien qu'endormi, les yeux fermés, le malade répondit et se fit médecin. Avec une précision remarquable, il indiqua le siège, la cause du mal et le remède qu'il fallait appliquer. Son ordonnance fut aussitôt suivie de point en point et le malade guérit. Le somnambulisme était découvert. Il est désormais reconnu que l'agent magnétique de Mesmer, indépendamment de son action curative à l'état de veille, provoque souvent un sommeil pendant lequel les facultés humaines surexcitées peuvent être spécialement employées, comme le mesmérisme ordinaire, à la guérison des maladies. Ainsi, soit que Mesmer eut voulu cacher à ses élèves ce côté du magnétisme pour empêcher les funestes effets de l'enthousiasme, ou par crainte, comme il l'a dit, de fâcheux rapprochements avec les jongleries mêlées aux faits réels, attestés dans toute l'antiquité ; soit qu'il n'eut fait entrevoir le somnambulisme et qu'il eût différé à l'approfondir, il est certain qu'avant M. de Puységur, le grand phénomène du somnambulisme n'était point connu. « Lorsque pour la première fois, dit ce dernier, j'ai magnétisé un malade, je l'ai vu tomber entre mes mains dans un état qui m'était inconnu ; mon étonnement et ma surprise étaient extrêmes... Je continuai à magnétiser le même homme pendant plusieurs jours et j'obtins le même effet. Non content de cet essai, j'essayai ma puissance sur quantité d'autres individus, et, en moins de quinze jours, j'en trouvai plus d'une vingtaine, qui, comme s'ils s'étaient donné le mot, devinrent dans le même état extraordinaire de mon premier malade. »

Ce qui ressort de la relation de cette découverte c'est que la transe prend la forme que l'on en attend : une crise convulsive pour Mesmer, un somnambulisme permettant la discussion pour Puységur, la magie de l'hypnose pour un autre hypnotiseur, celle qu'il est capable de décrire et d'appeler de son intention.

Pour mettre en œuvre le somnambulisme magnétique, il est nécessaire de suivre une certaine méthode, qui a été décrite par le Marquis de Puységur lui-même.

La première étape consiste à trouver un sujet disposé à se plonger dans cet état de transe. Il est important que cette personne soit en bonne santé, et qu'elle ait par ailleurs une forte confiance en la capacité du magnétiseur à l'y amener. Il est en effet probable que la suggestion de réussite a une bonne part dans la réussite de l'opération. C'est la raison pour laquelle, en pré-induction, il est bon de raconter comment cela se passe en règle générale ou par exemple de raconter l'expérience d'un autre client.

Une fois que le sujet est prêt, le magnétiseur doit alors s'assurer que celui-ci est installé confortablement, étendu sur un lit ou un canapé, et que la pièce dans laquelle il se trouve est calme et dénuée de distractions.

Ensuite, le magnétiseur concentre son intention et sa volonté sur le sujet, en lui appliquant une pression sur le plexus solaire. Il utilise également des paroles rassurantes (mais pas trop de mots) pour aider le sujet à se détendre et à entrer dans l'état de transe.

Le sujet en transe est alors réceptif aux suggestions du magnétiseur, qui peut alors utiliser cet état pour l'aider à résoudre des problèmes psychologiques, à améliorer sa santé ou même à développer des capacités de clairvoyance.

Il est important de noter que, pour obtenir des résultats efficaces, le magnétiseur doit avoir une bonne maîtrise de cette technique, et de ses propres émotions. Il doit également être suffisamment expérimenté pour savoir comment utiliser les suggestions de façon appropriée, pour obtenir les résultats souhaités.

Monsieur Jourdan fait de l'arthrose sans le savoir

Charles souffrant de douleurs articulaires chroniques a consulté un magnétiseur pour tenter de soulager ses symptômes. Le magnétiseur a commencé par poser des questions sur les antécédents médicaux et les symptômes du patient, puis l'a fait s'allonger sur une table confortable. Il a ensuite posé ses mains sur les articulations douloureuses du patient, en utilisant des mouvements lents et circulaires pour transmettre de l'énergie curative. Rapidement, Charles décrit une sensation de chaleur dans les zones touchées, accompagnée d'une sensation de détente et tout d'un coup, il ne ressent plus la sensation désagréable.

Après la séance, Charles s'étonne que ses douleurs articulaires aient considérablement diminué et qu'il se sente beaucoup plus mobile. Cet étonnement sur les douleurs disparues, sur cette étonnante anesthésie lui permet d'activer le médecin interne. Le magnétiseur lui propose de revenir pour des séances supplémentaires, en fonction de l'évolution de ses symptômes suggérant ainsi une capacité de contrôle sur le symptôme. Par la suite, Charles expérimente en séance que ses douleurs ont la capacité de disparaître le temps d'une séance et à diminuer entre les séances.

Selon lui, les soins magnétiques l'ont aidé à retrouver une vie plus active et plus confortable.

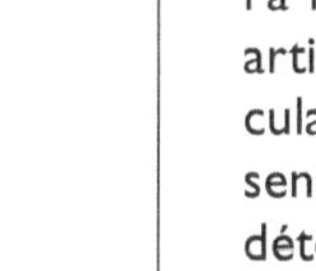

La connaissance du somnambulisme magnétique peut être très utile pour un hypnotiseur ericksonien, car cela lui permet de comprendre les différents états d'hypnose, la nature des différentes transes et les différentes façons de les induire. Le somnambulisme magnétique, en tant qu'état de transe profonde, peut offrir un accès direct aux processus inconscients de la personne, ce qui peut faciliter l'élaboration de suggestions et l'installation de changements comportementaux durables.

Et si une fois de temps en temps, vous proposiez cette aventure à un client qui part en transe facilement ?

— *Je ne vais pas faire comme d'habitude, je vais essayer une manière très ancienne qui permettait parfois d'atteindre pour le patient des dons de clairvoyance. Voulez-vous essayer ?*

— *Euh, expliquez-moi ce que c'est.*

— *Eh bien voilà au* XVIIIe *siècle* [etc.]. *C'est pour cela que je vais vous mettre en transe simplement en touchant votre plexus solaire quelques minutes et en faisant sans vous toucher des passes magnétiques lentes. On essaye ?*

6

HYPNOSES DE GROUPE

EN MATIÈRE DE GROUPE, le pluriel commence à partir de deux. Et l'hypnose est contagieuse car la transe passe facilement d'un sujet à l'autre. Lorsqu'un hypnotiseur parle à un groupe, il parle à chacun des cerveaux en présence et notamment à chacune des parties inconscientes.

— *Observez bien votre voisin... maintenant observez à l'intérieur de vous. Et maintenant observez votre voisin qui entre à l'intérieur de lui-même, comme vous faites en ce moment, à l'intérieur de vous... et quand les paupières se ferment, les yeux s'ouvrent à l'intérieur.*

23. Hypnose de spectacle

— *Show must go !*

L'hypnose a souvent servi de divertissement. Pour s'en convaincre, il suffit d'observer que durant le siècle dernier, la majorité des ouvrages sur l'hypnose traitent de la manière d'organiser une séance d'hypnose de salon, de choisir la personne la plus sensible pour divertir ses invités alors qu'il n'y a presque pas d'ouvrage d'hypnose médicale.

En hypnose de spectacle, héritière de l'hypnose de salon, on travaille avec la matière à la fois la plus changeante et la moins déterminée du monde, l'humain. C'est que l'hypnose pour le spectacle demande une fine connaissance des groupes d'êtres humains. Par ailleurs, l'hypnotiseur de spectacle se doit de développer un sens de la démonstration et un sens de la gestion des personnes dans une dynamique de groupe. Pour qu'un sujet entre dans un état hypnotique devant un public sans paniquer, il est essentiel d'avoir mis en place auparavant un contrôle absolu de la pré-induction, de la scène et de chaque situation qui pourrait se produire. Pour la suite, l'hypnose est essentiellement une communication efficace qui s'adresse à plusieurs niveaux de l'individu dans la foule ou sur la scène.

Il convient de distinguer la transe du public et la transe du volontaire qui accepte ou propose de monter sur scène.

Le public. La masse du public a un fort effet multiplicateur. Les anciens hypnotiseurs s'en servaient souvent par exemple en suggérant des transes de groupe provoquant des hallucinations collectives. Cependant comme vous devez en permanence être et rester en mesure de contrôler la situation, nous vous déconseillons d'utiliser la masse de la foule. Lakenar[1], hypnotiseur de spectacle au siècle dernier, a suggéré une fois une inondation dans un théâtre en disant que l'eau arrivait et beaucoup ont eu de très fortes réactions, ils ont vraiment vu l'eau et cela a provoqué des mouvements de paniques dangereux.

Cependant, les principes d'hypnotisation d'un public entier peuvent être utilisés par un orateur ou par un présentateur qui maîtrise son action pour créer de l'émotion et enjoliver une histoire. Il y a parfois des spectacles de concerts musicaux sous hypnose qui proposent d'amplifier votre perception jusqu'à percevoir des sensations de synesthésie[2] comme le gout du morceau de saxophone que vous entendez.

Le volontaire. Celui-ci est à la fois désireux de se montrer sur scène donc de participer à l'expérience et sélectionné par l'hypnotiseur pour sa forte suggestibilité à la suite des tests proposés à l'ensemble du public.

La combinaison des deux donne un personnage facile à mettre en transe et disposé à suivre les directives de l'hypnotiseur. Il ne doit pas être farouche et fera semblant aisément de se comporter comme dans les situations proposées. Il jouera le jeu autant pour essayer l'hypnose que pour faire le beau devant ses amis dans la salle et pour se lâcher comme il en avait le projet.

---

1. Mentionné dans le livre *Guardami negli Occhi* de Otello Ghigi.
2. Un mélange des sens conduisant par exemple à sentir le goût d'une odeur ou la couleur d'un chiffre. La synesthésie est la capacité à vivre des passages secrets entre les perceptions des sens.

C'est une des raisons pour laquelle il faut être sûr de ce que l'on fait et avoir confiance en soi pour faire du spectacle. Une partie de la formation en hypnose de spectacle consiste justement à bâtir une confiance irrésistible chez le praticien pour ne jamais se laisser démonter. Cette compétence d'ailleurs peut être ensuite utile dans d'autres moments de la vie ou d'autres styles d'hypnose.

Organiser un spectacle, c'est rendre concret et démonstratif des effets de l'hypnose qui est réputée intérieure et subjective pour justifier le prix des billets d'entrée. Il s'agit aussi indirectement de populariser certains aspects de l'hypnose.

Cependant, au-delà d'un spectacle formel d'hypnose, quiconque se présente devant le public pour parler d'hypnose se frotte automatiquement à des capacités d'orateur et de meneur de foule. Ces connaissances peuvent ensuite être utiles à un coach ou à un motivateur par exemple dans l'organisation d'un *team building*. Il s'agit alors d'hypnose conversationnelle sans transe (voir **56**) dans le cadre d'une dynamique de groupe.

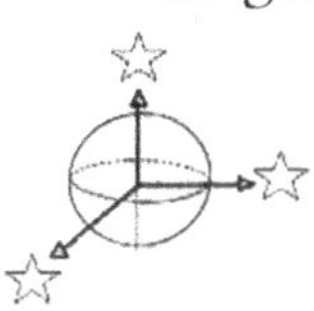

C'est un référentiel d'hypnose autoritaire, utilisant des suggestions directes. Il est utile de rappeler que de nombreux hypnotiseurs américains très célèbres tels que Gil Boyne (voir **19**), Ormond Mc Gill et Dave Elman (voir **4**) sont issus de l'hypnose scénique. Cette hypnose directive, qui va au-delà de l'hypnose ericksonienne conversationnelle, produit des transes somnambuliques profondes (voir **22**). C'est par ailleurs, une excellente école pour comprendre le phénomène de l'induction et de la transe.

Un véritable hypnotiseur de scène sait mieux que les autres se motiver et pratiquer l'hypnose même sur lui-même pour amplifier sa confiance en soi. Le mécanisme de son spectacle d'hypnose est ensuite assez simple :

- Organiser une pré-induction qui apprend aux volontaires ce que l'on attend d'eux.
- Proposer un test de suggestibilité.
- Accepter en les sélectionnant les volontaires ayant réussi le test.
- Les placer sur scène en gérant le groupe et sa capacité d'auto-entraînement par la suggestion du groupe.

- Les mettre en transe l'un après l'autre du plus facile au plus résistant.
- Leur demander des actes démonstratifs pour prouver l'état d'hypnose.

La connaissance de l'hypnose de spectacle peut apporter plusieurs éléments thérapeutiques à un hypnotiseur ericksonien.

De plus l'hypnose de spectacle peut être un excellent moyen de sensibiliser le public à l'hypnose et de montrer comment elle peut être utilisée de manière bénéfique. Cela peut aider à dissiper les mythes et les stéréotypes qui entourent l'hypnose et inciter les gens à essayer l'hypnose thérapeutique.

En observant les hypnotiseurs de spectacle, vous pouvez apprendre de nouvelles techniques de communication et de persuasion qui peuvent être utiles dans votre pratique thérapeutique. Par exemple, vous pouvez apprendre comment susciter l'intérêt et la participation du client, comment utiliser l'humour et la démonstration de compétences pour renforcer votre crédibilité, etc.

L'hypnose de spectacle peut également vous aider à développer votre présence scénique et votre confiance en vous. Si vous êtes à l'aise et en confiance sur scène, vous serez en mesure de mieux communiquer avec vos clients et de leur offrir une expérience thérapeutique plus positive.

Voici un exemple d'exercice qui pourrait être utile pour un hypnotiseur verbal dans son cabinet et qui est inspiré de l'hypnose de spectacle.

Exemple d'une hypnose inspirée d'un spectacle

Imaginez-vous sur scène et déroulez la pré-induction comme lorsqu'un hypnotiseur de spectacle sélectionne ses volontaires.
Proposez à votre client plusieurs tests de suggestibilité qui doivent le laisser étonné ou même perplexe :

- lévitation du bras,
- main collée,
- test d'involontarité (main qui lévite et volonté qui ne peut pas l'empêcher).

— *Tandis que la main monte essayez de la plaquer contre la cuisse. Impossible n'est-ce pas ?*
Félicitez votre client, choisissez le test où il a le mieux réussi et dites-lui qu'il est très doué. Dans votre tête vous le sélectionnez et vous lui demandez de monter sur scène. Ensuite commencez l'induction en la construisant sur sa meilleure performance au test. Puis demandez à votre client de s'allonger confortablement sur un lit ou un canapé et de fermer les yeux.

Commencez à parler d'une voix douce et rassurante et utilisez des phrases d'ancrage pour aider votre client à se détendre et à se concentrer sur votre voix. Ces phrases du type « *plus tu fais ça, plus ça se passe comme ça* » sont dérivées de l'hypnose de spectacle.

Par exemple, vous pouvez dire :

— *Chaque fois que vous entendez ma voix, vous vous sentez de plus en plus détendu et calme.*

— *Chaque fois que vous entendez le mot « relaxation », vous vous sentez de plus en plus détendu et relaxé.*

Une fois que votre client est détendu, si vous voulez faire comme les hypnotiseurs de spectacle, utilisez des techniques de suggestion pour l'aider à atteindre l'état d'hypnose. Par exemple, vous pouvez dire :

— *Imaginez que vous êtes dans un endroit paisible et tranquille, peut-être sur une plage ou dans un jardin. Sentez l'air frais sur votre peau et entendez le bruit apaisant des vagues ou des oiseaux. Laissez-vous aller complètement et laissez votre esprit s'envoler vers cet endroit paisible.*

C'est la même chose que fait l'hypnotiseur de spectacle avec son public, seulement lui, il le fait avec un peu plus de mouvement !

Une fois que votre client est en hypnose, vous pouvez utiliser des techniques de suggestion pour l'aider à atteindre ses objectifs thérapeutiques. Par exemple, si votre client souhaite arrêter de fumer, vous pouvez lui suggérer :

— *À chaque fois que vous avez envie de fumer, vous pensez à tous les avantages de ne pas fumer, comme une meilleure santé et un meilleur souffle. Vous êtes de plus en plus déterminé à arrêter de fumer et vous savez que vous pouvez y arriver.*

24. Hypnose de rue

En octobre 2013 paraît *La Voix de l'inconscient*[1], un manifeste et un manuel de l'hypnose de rue qui explique à la fois comment faire et avec quelle éthique l'auteur propose de pratiquer ce nouveau divertissement.

— *Il fait beau et vous voulez essayer l'hypnose !*

Ce courant de l'hypnose est très récent puisque l'idée germe en 2008 chez le créateur de cette nouvelle proposition à base d'hypnose. Jean-Emmanuel Combe part du constat qu'il y a un manque d'information concernant l'hypnose et son apprentissage. Il descend

1. Jean-Emmanuel Combes, *La Voix de l'inconscient : Devenez hypnotiseur en quelques minutes seulement*, AFNIL, Paris, 2013.

donc dans la rue à la rencontre du promeneur lambda et lui propose des expériences ludiques d'hypnose. Rapidement il offre alors des formations à l'hypnose de rue (aussi appelée *street hypnose*), ce qui cristallise un noyau d'hypnotiseurs passionnés se retrouvant en centre-ville le samedi après-midi pour pratiquer l'hypnose. Au niveau sémantique, l'hypnotisé est appelé « le partenaire » car, même si on lui fait la proposition alors qu'il n'y pensait pas du tout, il est nécessaire qu'il ait accepté de tenter l'expérience. À bien y réfléchir, ce phénomène n'est pas si nouveau car il hérite en droite ligne de l'hypnotisme de salon. Aux XIXe et au début du XXe siècles, quantité de manuels d'hypnotiseurs faisaient état quasiment des mêmes préoccupations[1] pour organiser un usage ludique de l'hypnose lors d'une soirée.

On commence toujours doucement mais, pour les routines spectaculaires, il faut un niveau de transe assez profond. C'est en général facile à obtenir par le fractionnement qui se met en place à chaque suggestion de repartir en transe entre deux routines. Ordinairement l'hypnotiseur de rue commence par un pré-talk puis passe rapidement à quelques tests de suggestibilité comme autant de pré-inductions qui lui permettent de démarrer l'induction et de s'adapter à la réponse du partenaire.

La pré-induction s'appelle pré-talk en hypnose de rue. C'est l'une des parties les plus importantes de la séquence. Il s'agit de démystifier l'hypnose et de répondre aux questions en anticipant d'éventuelles peurs. Le but est d'éviter que la personne soit surprise par l'état dans lequel elle se verra, ou qu'elle s'attende à quelque chose d'autre. Il faut faire comprendre que l'état est naturel, sans dangers, et qu'on ne peut pas forcer les gens à faire des choses qu'ils ne voudraient pas. Sous hypnose, on est relaxé et c'est un état agréable avant tout. Les phénomènes hypnotiques se produisent si la personne le veut : il faut lui donner envie de jouer au jeu ce qui est un facteur de réussite des routines, toujours en expliquant que les suggestions ne restent pas dans le temps et que, bien sûr, on ne peut pas rester bloqué sous hypnose. C'est aussi à ce moment qu'on glisse finement les premières suggestions et notamment les fusibles pour la sécurité du partenaire :

1. Comment choisir un sujet qui se laisse hypnotiser facilement en premier, comment impressionner l'assemblée par un phénomène hypnotique, comment travailler sa confiance en soi au point de paraître absolument sûr de parvenir à hypnotiser quiconque, etc.

— *Lorsque je dirai « Dors » pour la troisième fois, tu rentreras à l'intérieur de toi-même, mais cela ne sera pas du sommeil et tout ce que nous ferons dans ces exercices sera très agréable.*

Le fusible est une suggestion qui cadre tout ce qui va se passer dans un univers très agréable.

Un mot de la sécurité : malgré la proposition ludique de ce type d'hypnose, il arrive parfois qu'une montée d'émotion soit si vive qu'elle dérange ou qu'elle effraye la personne sous hypnose. L'hypnotiseur doit alors l'accompagner car c'est sa responsabilité d'assurer le confort et la sécurité. Par exemple à la suggestion apparemment anodine :

— *Et vous descendez un escalier pour approfondir l'hypnose...*

Pour une personne qui, par exemple, a eu la mauvaise expérience d'être enfermé dans une cave, il peut y avoir une soudaine frayeur quasiment imprévisible. Il convient alors de rassurer en rappelant à la personne qu'elle est maintenant en sécurité dans le lieu agréable où se passe l'expérience d'hypnose. Pour ces raisons, il est souhaitable que toutes les formations à l'hypnose comportent une étude de la notion d'abréaction[1] ainsi qu'un entraînement à la manière d'accompagner cet accident qui est rare, mais peut cependant survenir avec violence. C'est la raison pour laquelle l'éthique de l'hypnose de rue précise que les routines ludiques ne font jamais appel spécifiquement à la mémoire ou à des souvenirs afin d'éviter les abréactions.

Usage

À la différence d'un hypnotiseur de spectacle qui va hypnotiser uniquement les personnes les plus réceptives d'une salle et se servir de leurs réactions pour impressionner les spectateurs, l'hypnotiseur de rue doit composer avec chaque volontaire et lui faire vivre un moment agréable et/ou surprenant. Cela ne le dispense pas d'être stratégique et de commencer par les plus suggestibles pour donner l'exemple.

1. Décharge émotionnelle liée à des souvenirs qui survient spontanément sous hypnose. Elle se caractérise majoritairement par des émotions négatives, comme des pleurs, des malaises. Elle peut aussi se manifester par des émotions positives comme de la joie. Il n'y a pas de règles en la matière et plusieurs émotions peuvent resurgir en même temps. En psychanalyse, c'est une décharge émotionnelle par laquelle un analysant se libère de l'affect attaché au souvenir d'un événement traumatique.

En suggérant des phénomènes hypnotiques choisis, vous pouvez surprendre le volontaire par l'amnésie de son prénom, la paralysie temporaire de son bras, la lourdeur qui le cloue sur le trottoir sans qu'il puisse avancer d'un pas, etc. Toutes ces manifestations sont encadrées de bonne humeur et d'un caractère ludique et temporaire. Et lorsque la personne a bien joué avec les phénomènes hypnotiques, elle est correctement réassociée, libérée d'éventuels ancrages et ramenée dans l'ici et maintenant avec en guise de cadeau hypnotique une sensation de bien-être et de repos.

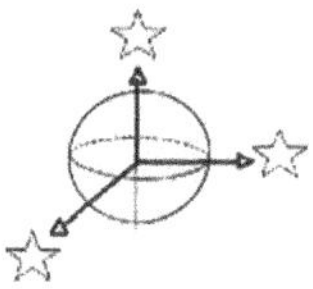

Le référentiel est pour le moins multiple à cheval entre la présentation de l'hypnose au public, le spectacle de rue, la pédagogie de l'apprentissage de l'hypnose, la démythification de l'usage de l'hypnose, la recherche de nouveaux modes d'induction, etc.

À noter une innovation dans le modèle économique avec ce nouvel usage. Avant 2008, les formations payantes à l'hypnose étaient soit médicales, soit orientées vers la pratique de la relation d'aide pour en faire un métier où l'on fait payer au client pour sa séance d'hypnose. L'hypnose de rue ouvre un espace où l'on peut expérimenter l'hypnose gratuitement, certes conduit par un animateur qui sera celui qui paye pour obtenir sa formation et devenir hypnotiseur avec les éventuels effets sur son ego.

L'hypnose de rue impose de travailler avec un·e inconnu·e. C'est la raison pour laquelle même avec une orientation ludique comportant l'invocation de quelques phénomènes hypnotiques, il faut impérativement soigner la pré-talk (pré-induction). Une routine est une séquence d'hypnose que cherchent à dérouler les hypnotiseurs de rue pour atteindre un résultat spectaculaire. En voici un exemple.

Exemple : La routine Play/Pause

Carine accepte de découvrir l'hypnose au coin d'une rue ensoleillée.
Pré-talk
— *Je suppose que tu as déjà vu ces acteurs qui se tiennent immobiles comme des statues dans la rue…*

Après les tests et la primo induction :
— À partir de maintenant, à chaque fois que je dis « pause », tu restes immobile comme une statue. Seules tes paupières bougeront pour humidifier tes yeux mais tu seras immobile jusqu'à ce que je dise « play ». Et à chaque fois que je dis « play », tu pourras bouger, mais tu auras oublié tout ce qui s'est passé depuis que j'ai dit « pause ».
Pause. [Le sujet s'immobilise.]
Play. [Le sujet bouge.]
Une fois ces deux suggestions acceptées, on considère que la routine est en place et que l'on peut l'utiliser pour différents usages. Par exemple, on peut mettre en scène ainsi la multiplication des petits pains.
— Tendez la main la paume ouverte vers le haut.
[Le sujet tend la main et vous y placez une chocolatine puis vous demandez :]
— *Combien y a-t-il de chocolatines ?*
— *Eh ben une !*
— *Pause.* [Le sujet s'immobilise.]
[Vous ajoutez à son insu plusieurs chocolatines en équilibre sur sa main.]
— *Play.* [Le sujet bouge et regarde sa main, éberlué.]

Pourquoi ne pas architecturer certaines de vos séances comme une progression ludique derrière laquelle vous réalisez un superbe approfondissement par fractionnement ? Pour ce faire, il faut aller vite d'exercice en exercice pour ne pas gâcher de temps avant le travail en transe. Et c'est bien sûr en vous formant à l'hypnose de rue que vous acquérez cette sûreté de soi et cette vitesse dans la réalisation de vos routines dans la joie et la bonne humeur.

Force est de reconnaître que la pratique de l'hypnose de rue apporte aux thérapeutes en cabinet une assurance, une confiance en soi et des idées d'induction sans doute apportée par les heures de vol.

Car quand vous hypnotisez à la chaîne, vous apprenez à vous débrouiller, quelle que soit la situation.

25. Hypnose parentale

— *C'est une solution à la graisse de chevaux de bois !*

(Les expressions parentales contiennent plus que leur contenu.)

Eric Berne[1] fonde l'analyse transactionnelle dans les années 1960 et pose le concept de transaction. Un peu plus tard, le psychologue Taibi Kahler propose le concept de *driver* établi dans le paradigme de l'analyse transactionnelle.

Les *drivers* sont des messages qui, à force d'être répétés par nos parents et nos éducateurs, influencent inconsciemment notre comportement depuis notre enfance. Chacun d'entre nous possède un ou deux *drivers* dominants, ceux qui furent prépondérants dans son éducation. Le fait de les décrire aujourd'hui vous permettra de les identifier et de transformer certains de leurs aspects négatifs en aspects positifs.

Les *drivers* fonctionnent lorsque nous avons un choix à faire, comme une transe instantanée accompagnant une suggestion post-hypnotique. Il y en a cinq :

1. Sois parfait,
2. Fais plaisir,
3. Sois fort,
4. Fais des efforts,
5. Dépêche-toi.

Tout se passe comme si de multiples suggestions nous avaient programmés à les suivre, comme autant de suggestions post-hypnotiques à l'échelle d'une vie.

Par exemple pour le n° 2 : *Fais plaisir*, les suggestions multiples qui le génèrent peuvent être variées et souvent très indirectes :

— Tu veux vraiment me faire de la peine ?

— Sois sage.

Ou directes :

— Tu seras gentil si…

— Je n'ai pas envie que tu fasses cela.

— Tu crois que je ne le mérite pas (chantage affectif) ?

---

1. L'analyse transactionnelle repose sur le présupposé que chaque personne possède trois facettes qui façonnent sa personnalité : l'Enfant, le Parent et l'Adulte. La psychothérapie qui en suit consiste à améliorer les capacités transactionnelles de la personne, c'est-à-dire son aptitude à améliorer les échanges et les comportements qu'il entretient et adopte avec les autres.

— Fais-moi plaisir.

— Une cuillère pour papa, une cuillère pour maman (insidieuse).

Mais la somme finale de toutes ces suggestions, longuement répétées, forme le *driver* qui s'installe pour de bon dans la personnalité de l'enfant devenu adulte. Un tel *driver* aura pour inconvénient de susciter :

- la peur de décevoir,
- l'incapacité à dire non,
- la négligence de ses propres besoins/envies,
- la culpabilité,
- une faible estime personnelle.

Et accessoirement pour avantage de permettre :

- une grande capacité d'écoute,
- l'altruisme,
- empathie.

Raconter des histoires aux enfants est un réservoir d'hypnose parentale. C'est finalement en choisissant le livre culte, celui que vous allez raconter un million de fois, que vous prenez des décisions de suggestions majeures, voire d'implantation de *drivers* au sens de l'analyse transactionnelle que vous allez faire passer à vos enfants. Si vous avez des enfants, réfléchissez à ce livre que vous leur avez lu jusqu'à plus soif, que contient-il au-delà de l'histoire qu'il raconte ? Si vous n'avez pas d'enfant, remémorez-vous ce livre qui a bercé votre enfance, de quoi parlait-il déjà ? Cette hypnose est en phase avec les contes merveilleux et la manière de transmettre des valeurs en racontant des histoires aux enfants (par exemple, connaissez-vous l'histoire de la petite mandarine ? … voir **60**).

À quoi sert cette hypnose parentale ? Sinon à transmettre des valeurs familiales ou personnelles.

Ainsi les petites phrases seront entendues et resteront encore plus longtemps que celles des hommes politiques à l'échelle d'une vie.

— *Payer et mourir, on a toujours le temps !*

Il y a transmission de connaissance :

— *Café bouillu, café foutu !*

D'érudition :

— *Jamais deux « P » ne se sont aperçus dans le verbe apercevoir !*

De principes :

— *Un sou est un sou.*

Des conseils :

— *Et sur son lit de mort, le vieux citron recommande à ses enfants : dans la vie ne soyez jamais pressés !*

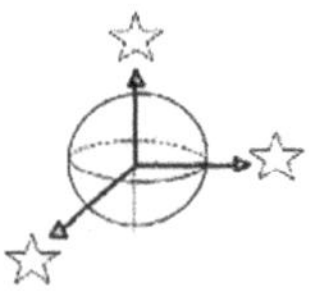

L'éducation, l'amour filial, la formation de la personnalité, l'individuation… lorsqu'on passe plus de dix heures par jour avec les mêmes personnes, fussent-elles vos parents, il est commun de vivre divers niveaux de communication – l'état d'éveil et la transe, même naturelle –, pour que les suggestions passent durablement en profondeur.

Il ne suffit pas de raconter les histoires des autres, soyez utilisationnel et incorporez vos enfants à l'univers des histoires que vous racontez. Ratifiez et félicitez leurs compétences, utilisez la surprise et la confusion, c'est le moment de leur suggérer la confiance en eux qui leur servira toute la vie ou simplement le jour de l'épreuve du bac.

Que dire le jour du bac ?

Les parents aimeraient bien savoir quoi dire à leur enfant le jour du BAC au moment où ils vont seuls vers leur épreuve. Carine utilise l'hypnose parentale le jour du bac et transmet un état de ressource propre au succès à sa fille au moment exact où elle descend de voiture :

— Ne réussis pas trop !

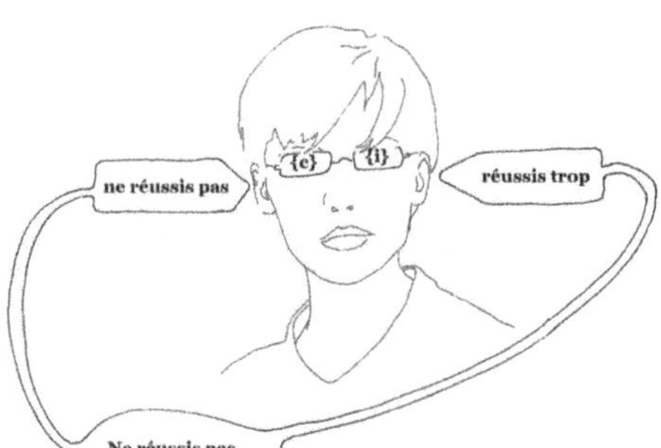

Sur l'illustration voyez comment son curieux message fonctionne :
Il se scinde en un message vers l'inconscient :
— *Réussis trop ;*
et un vers le conscient :
— *Ne réussis pas.*
C'est la confusion (*pourquoi ma mère me demande de ne pas réussir ?*) qui est utilisée pour contourner le facteur critique et provoquer une recherche trans-dérivationnelle. Il s'agit de bloquer le conscient grâce à un élément du discours qui n'est pas logique, mais qui semble cependant avoir du sens (et par ailleurs qui est énoncé avec le plus grand sérieux à un moment où il n'est pas possible de demander un complément d'information).
Dans cet exemple, la recherche trans-dérivationnelle (inconsciente) peut tourner autour de cette suggestion, c'est quoi :
— Réussis trop ?
— Avoir une mention ?
— Avoir plus de 20/20 ?
— Etc.
ce qui va occuper une grande partie inconsciente du train de pensées récurrentes. Avec l'avantage de pousser dans un coin les pensées récurrentes de la veille (*pourvu que cela ne tombe pas sur mes impasses, etc.*) et produire un état de ressource positif (*évocation de la mention, de 20/20, etc.*).

En cabinet, pauvre ericksonien, vous ne disposez pas de tout le temps du monde avec le client puisque vous ne vivez pas avec lui. Cependant vous pouvez utiliser une hypnose conversationnelle sans transe qui s'apparente à de l'hypnose parentale. Un simple petit mot au bon moment qui produit comme un dévalement de toboggan. Forgez-vous des petites phrases porteuses de changement :

— *Finalement vous avez un boulot parapluie !*

— *Euh parapluie ?*

— *Ce genre de boulot qu'on apprécie lorsqu'on s'en dégoûte.*

Ou attendez le moment ou le client quitte le cabinet pour le rappeler en provoquant une rupture de *pattern* cognitif.

— *Au fait…* [le client se retourne] savez-*vous combien de jours, il faut pour changer une ampoule ?*

— Euh.

— *Le nombre de jours n'est pas important, il suffit que l'ampoule ait envie de changer !*

26. *Nudge*

Le *nudge* est un outil d'économie dite « comportementale » qui utilise les données neurologiques et psychologiques pour inciter à adopter des comportements plus rationnels. La petite mouche en plastique dans l'urinoir est devenue le symbole de cette hypnose de groupe qui vise à conduire les masses.

La notion apparaît avec Richard Thaler, professeur d'économie comportementale à l'Université de Chicago, et Cass Sunstein, professeur de droit à l'Université d'Harvard, qui écrivent en 2008, *Nudge : la méthode douce pour inspirer la bonne décision*. Littéralement, il s'agit de donner un coup de pouce au bon moment pour court-circuiter le mécanisme de décision consciente.

Le fonctionnement humain de type Métro, Boulot, Dodo produit une sorte de transe usuelle d'autant plus que l'on est fatigué et enclin à prendre des décisions mécaniques sans en parler à notre conscience. C'est ainsi que viser la mouche dans un urinoir n'est pas une vraie décision mûrie et réfléchie, ce serait plutôt du domaine de l'atavisme, du réflexe inscrit dans nos comportements. Et celui ou celle qui a placé cette mouche en plastique peut être certain du mouvement de masse qui fera finalement que le nettoyage des sanitaires sera moins coûteux.

La pré-induction du *nudge* doit être prévue en amont de la situation lorsque le client n'est pas encore avec vous ! C'est en quelque sorte un piège dans une situation que vous devez concevoir pendant les longues attentes entre les clients.

Par exemple :

— Séance du matin avant 10 heures : −10 %,

— Offre limitée à 4 packs par famille.

L'usage est de faire pencher la balance d'un côté, encore faut-il que vous ayez prévu la balance dans votre stratégie et dans votre rhétorique. À noter que ce type d'hypnose se marie bien avec une double contrainte :

— *Vous voulez arrêter de fumer en 7 jours ou en 9 jours ?*

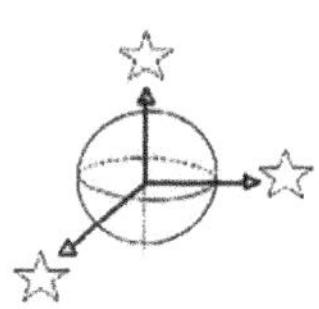

La psychologie et l'économie comportementale expliquent que les choix des individus sont globalement irrationnels mais prévisibles. En effet, il existe un écart entre ce que les consommateurs déclarent avoir comme intention, et leur comportement dans la réalité. Ce courant de pensée est à l'origine de nombreuses études pour étayer la démarche *Nudge*. À l'origine, la théorie du Nudge s'intéresse à l'étude de la résistance aux changements. Selon Daniel Kahnemanlui, la pensée fonctionne de deux manières distinctes : le premier système de pensée est rapide car il est gouverné par les émotions et l'instinct, le second, plus lent, utilise la conscience en se basant sur l'analyse et la réflexion.

Il y a longtemps que, dans les supermarchés, le trajet que vous croyez faire de votre propre initiative en faisant vos courses a été prévu par des analystes qui vous suggèrent de passer devant le whisky pour aller acheter le pain. À vous d'être l'architecte d'un système de choix dont vous pouvez prévoir l'issue par le mécanisme des neurosciences.

Offrir plus d'un fauteuil

Carine rencontre son hypnothérapeute pour la première fois :
— *Entrez et asseyez-vous où vous voulez, mais avant écoutez l'histoire de chaque siège dans ce bureau !*
— *Euh…* [Elle hésite.]
— *Sur ce tabouret, les clients font généralement une hypnose active et ils se mettent en mouvement et trouvent leur solution rapidement !*
Sur ce fauteuil confortable les hypnoses sont généralement plus relaxantes, moins participatives et conduisent à plus de relaxation que d'action vers le changement.
[Elle hésite et va sur le fauteuil.]
N'entrez pas en transe avant d'être le plus confortablement installée sur le fauteuil !
[Un peu plus tard dans la séance.]
— *Bien, il est temps maintenant de changer de siège et d'essayer le tabouret !*
[Peu importe le choix initial, la cliente est désormais sur le tabouret où ça bouge.]

Cliente en retour de transe :
— *La fin de la séance a été très riche et active pour mes solutions.*

Pourquoi ne pas organiser votre cabinet avec une logique de *nudge* digne d'un supermarché ? Gardez dans un coin un siège étriqué, visiblement mal commode et peu engageant, et présentez-le comme le siège de ceux qui n'arrivent à rien en séance. Pensez votre mobilier comme la boîte de petits pois en bas du rayon et celle à hauteur d'yeux. Ce siège qui ne sert à rien ni à personne se retrouve être le repoussoir, la boîte de petit pois à 12,50 euros, le moteur de la suggestion des séances rapides et efficaces.

27. Cinéma

Walter Murch, célèbre monteur et réalisateur d'*Apocalypse Now* et du *Patient anglais*, explique qu'un bon montage de film fait respirer les spectateurs en même temps que le personnage, et même cligner des yeux simultanément. Le cinéma est une hypnose de groupe et la suggestion est alors cinématographique et en salle obscure.

On considère généralement que le cinéma est né lors de la première projection publique donnée par les frères Lumière au Salon indien du Café de Paris le 28 décembre 1895. À la différence d'autres appareils de projection, le Cinématographe Lumière permet à la fois de filmer et de projeter des images animées. Ce début du cinéma est d'inspiration théâtrale et utilise rapidement l'illusion (par exemple les truquages du voyage dans la Lune).

Alors que la salle commence à plonger dans la pénombre, la petite lumière verte qui matérialise l'issue de secours vous accroche l'œil. Puis la salle devient progressivement complètement sombre. Votre voisin qui gigotait il y a un instant disparaît car votre attention est focalisée sur l'écran. Quant à la petite lampe, vous ne la voyez plus. Et pourtant elle va rester allumée tout au long du spectacle (hallucination négative). Votre cerveau a gommé ce qui ne sert à rien pour l'instant ou plutôt ce qui altère la raison (l'hallucination positive) pour laquelle votre cerveau sait que vous êtes venu ici, pour la magie du cinéma. Et si d'aventure, le voisin se lève et s'en va en cours de film, vous ne vous en apercevrez pas non plus jusqu'à la fin du film et l'allumage des lustres. Ensuite ce sera une transe de plus d'une heure par absorption que l'on nomme « la magie du cinéma » et qui consiste à oublier la salle obscure pour vivre dans la lumière du film, pour s'identifier au personnage complètement absorbé et vivre par procuration une aventure dans la peau d'un autre.

L'affiche en premier lieu mais aussi le synopsis, les critiques de vos amis, l'écoute du « Masque et la plume » ou d'une autre émission sur le cinéma sont autant de préparation à la transe commune, celle qui est ancrée aux salles obscures. Les acteurs et leur présence dans d'autres films du répertoire sont aussi des messages de pré-induction. L'écran s'anime du *jingle* que vous connaissez si bien. Ce *jingle* serait-il un ancrage vous préparant à voir un bon film du même producteur ? Il vous ramène en tout cas à un endroit très agréable, à l'expérience de voir un bon film.

Le cinéma, comme la littérature est la preuve que la vie ne suffit pas. Faire fonctionner les émotions dans une salle d'entraînement (ou plutôt d'*entertainment*) est très proche de ce que l'on fait en hypnose ericksonienne. Mettez un peu d'effet Koulechov[1] par-dessus et vous serez encore meilleur public la larme à l'œil pour accepter la suggestion des messages véhiculés par le film.

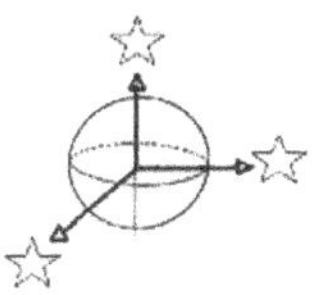

Il y a indubitablement un référentiel du cinéma avec les films d'action qui ont des méchants habillés en couleur sombre, le héros vêtu de clair et de nombreuses habitudes par exemple pour l'interprétation des flash-back en noir et blanc au sein de la réalité en couleur. Depuis *L'Arrivée d'un train en gare de La Ciotat* qui a vu la salle entière partir en abréaction, en proie à une appréhension nerveuse et un mouvement de recul, près de 126 ans d'ancrages et de suggestions post-hypnotiques ont été réalisés pour calibrer le public des salles obscures.

Je ne vous dirais pas ici comment faire un bon film, mais c'est un travail complexe, coûteux et faisant intervenir beaucoup de personnel. Il faut avoir fait des études et il y a des codes à suivre. On ne fait pas entrer les spectateurs en transe n'importe comment et par n'importe quel chemin car ils ont des habitudes…

---

1. Koulechov choisit dans un film trois gros plans assez neutres de l'acteur Ivan Mosjoukine, le regard porté vers le hors-champ, qu'il monta avant trois plans représentant :
1) Une assiette de soupe sur une table.
2) Une jeune femme morte gisant dans un cercueil.
3) Une fillette en train de jouer.
Les spectateurs, écrit-il, admirèrent le jeu de Mosjoukine qui savait merveilleusement exprimer : 1. L'appétit. 2.La tristesse. 3. La tendresse… »

Résumer un film en 5 minutes

Carine est capable de raconter un film de 2 h 40 en 5 minutes. Vous pouvez lui faire remarquer qu'elle possède là une compétence utile à la pratique de l'hypnose !

— *Vous savez raconter et vivre un film de plus de deux heures en cinq minutes ! Sous hypnose vous allez pouvoir le revivre avec tous les détails en une minute d'horloge.*

Pourquoi ne pas faire revivre à vos clients une journée entière en une minute d'horloge ? Puisque vous savez le faire pour un film qui vous a passionné.

[Après avoir mis en place un signaling des doigts.]

— *Parfois en hypnose on peut vivre une journée entière en une minute avec tous les détails. C'est comme lorsque vous racontez un film en quelques minutes.,*

Je vais vous donner un top chrono pour revivre ces journées d'examen plusieurs fois en changeant à chaque fois des petits détails et lorsque vous aurez terminé alors ce doigt va bouger.

Top allez-y !

Le doigt bouge, la journée est terminée.

7

HYPNOSES THÉRAPEUTIQUES

L'HYPNOSE EN TANT que telle n'est pas une thérapeutique, cependant plusieurs branches de la médecine l'ont expérimenté. Elle est parfois considérée en milieu hospitalier comme une manière de bâtir une communication thérapeutique de qualité et peut être employée pour le soin. Certaines branches s'en servent parfois comme un outil, une technique en complément de soins plus classiques et notamment, pour le volet anesthésique (voir **28, 29, 30**) mais aussi pour d'autres interventions au niveau de l'inconscient du patient. Les techniques de fascination du chapitre 5 peuvent aussi donner des résultats étonnants (voir **21** et **22**).

28. Hypnose comme aide médicale

Outre l'anesthésie et les pratiques dentaires traitées à part, l'hypnose est utilisée dans de nombreuses spécialités médicales.

L'hypnose serait utilisée depuis la nuit des temps. Des temples de guérison grecs utilisaient des rituels invoquant Asclépios, dieu de la médecine pour susciter des rêves à vocation thérapeutiques.

De l'hypnose conversationnelle sans transe (voir **56**) comme dans l'exemple *supra* à la transe profonde que peuvent visiter spontanément certains patients, les niveaux de transes sont variables. C'est surtout la stratégie déployée par le médecin qui bénéficie par ailleurs de l'effet blouse blanche qui fait la différence.

Une consultation médicale d'hypnose gagne à être proposée sans être imposée, ce qui œuvre à la pré-induction et par la suite aux résultats de la prophétie autoréalisante. Certains médecins ne pratiquent d'ailleurs l'hypnose qu'à la seconde séance pour bénéficier de l'effet de suggestion et de futurisation que se programme seul le patient dans l'attente de la visite.

Citons sans être exhasutifs de nombreux domaines d'application de l'hypnose médicale :

- Dermatologie : verrues, dermatites, etc.
- Obstétrique : préparation à l'accouchement.
- Traumatologie : réduction de fracture, luxations.
- Kiné : rééducation.
- Cicatrisation : brûlures, plaies.
- Gastrologie : syndrome du côlon irritable.
- Douleur chronique, aiguë, bobologie (gestion de la douleur des petites blessures).
- TCA (troubles comportements alimentaires) : anorexie, boulimie.
- Certains problèmes psychosomatiques : migraines, asthme, allergie.
- Troubles du sommeil : insomnie, asthénie, etc.

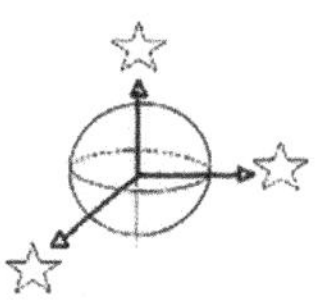

C'est le référentiel du placebo et, comme lorsque l'hypnose est annoncée, elle a pu être qualifiée d'honnête placebo. Le suivi des prescriptions peut être amélioré par ces techniques. Les maladies psychiques, que l'on appelait parfois l'hystérie sont une cible privilégiée.

Dans cet exemple, voyez un très court mais très efficace dialogue d'hypnose conversationnelle sans transe. Cela pourrait aussi être sous forme plus conventionnelle d'hypnose formelle pour des verrues où il est possible de réaliser un conditionnement sensoriel, c'est-à-dire de provoquer sous hypnose une hyperesthésie, une chaleur, une froideur, ou autre chose localisée dans la zone de la verrue, qui va avoir pour objet de la faire disparaître.

> ***Un exemple de teigne qui disparaît***
>
> Charles se désole d'avoir une tache de barbe où les poils ne poussent plus. Il consulte une dermatologue qui n'hésite pas à utiliser l'hypnose conversationnelle sans transe. Elle lâche spontanément :
> — *Je connais bien ce que vous avez, j'ai fait ma thèse dessus, cela s'appelle une alopécie et au Moyen Âge on disait que c'était la teigne. C'est une maladie auto-immune avec vos propres globules blancs qui attaquent les racines des poils et cela disparaît spontanément entre 3 et 63 mois.*
>
> Cette stratégie s'appuie sur une suggestion cachée dans cette formule qui surprend le sujet et se charge de dépotentialiser le conscient. Pendant qu'il est choqué par l'annonce de la nature auto-immune de la maladie, pendant qu'il calcule avec inquiétude combien d'années font 63 mois, la suggestion principale et cachée, à savoir — *cela disparaît spontanément* — est passée. À noter l'argument d'autorité avec la blouse blanche et la thèse sur le sujet.
> Remarque : Ensuite on peut toujours négocier sur la vitesse du départ spontané avec une autre suggestion.
> — *Je vais vous prescrire une pommade, mais elle ne sert à rien. Quelques fois les patients n'ont pas le temps de finir le tube.*

Et si vous achetiez une blouse blanche ou pour le moins un uniforme suggérant une autorité quelconque ?

Je me souviens de mon instituteur en blouse grise et du respect que cela m'inspirait. Avec le recul, je mesure les suggestions non verbales que cela représente.

Que se passerait-il si vous suggériez en fonction de votre manière vestimentaire ?

29. Hypno-anesthésie

L'hypno-anesthésie couvre tous les domaines de l'hypnose servant à pratiquer des analgésies pour atténuer certaines douleurs ou réaliser des anesthésies utilisables seules ou en complément d'anesthésies chimiques dans le cadre de certaines chirurgies ! Il existe deux grandes familles d'anesthésie selon son obtention : l'hypnose animale (ou magnétisme, voir **21**) et la suggestion verbale. C'est la première qui a été utilisée par James Braid ; la seconde est par exemple utilisée en hypnose dentaire (voir **30**).

Vers 1843, James Braid définit l'hypnose comme un « état de sommeil nerveux » dans lequel il est facile de plonger une personne en utilisant l'induction par la fixation sur un objet brillant. Il utilise cette méthode, notamment pour obtenir l'anesthésie lors d'interventions chirurgicales. De même vers la même époque en Inde, le médecin écossais James Esdaile (1808-1859) pratique le magnétisme animal de Mesmer aux fins d'anesthésiologie chirurgicale via l'obtention de l'état qui sera nommé « état Esdaile ». Rappelons que l'éther en anesthésie ne sera utilisé pour la première fois aux États-Unis qu'en 1842 et en France qu'en 1847. Ensuite l'hypnose retombera en désuétude en ce qui concerne les anesthésies.

Pour James Braid, il faut prendre le temps (parfois plusieurs heures) pour faire des passes magnétiques et faire accéder le sujet à l'état de coma hypnotique. Il en est de même pour James Esdaile pour qui une induction doit être relativement longue pour se stabiliser et démontrer une parfaite insensibilité.

La préparation de l'hypno-anesthésie se fait en plusieurs séances avant le jour de l'opération, ce qui permet de placer des ancrages afin de retourner quasi instantanément à l'état d'anesthésie prédéfini. Un entraînement est toujours une bonne chose dans ce domaine.

Ce type d'hypnose est capable d'installer une anesthésie complète pour pratiquer de petites chirurgies (abcès, point de suture, etc.)

Certaines opérations où l'anxiété doit être traitée en complément d'une anesthésie générale sont aussi une indication.

Les personnels soignants en salle de réveil observent souvent que le patient se réveille dans le même état d'esprit qu'au moment de l'endormissement. Ainsi, il est judicieux de lui faire un peu d'hypnose et des suggestions choisies juste avant de l'endormir avec l'anesthésie chimique, comme par exemple :

— *Je cicatrise très vite.*

— *Je collabore avec le chirurgien.*

— *Je me réveille en pleine forme.*

Il y a aussi des utilisations en dentaire, obstétrique, en rééducation, contre la douleur en général pour des actes médicaux douloureux, etc.

N'oublions pas qu'avant l'utilisation du chloroforme et de l'éther, ce type d'hypnose a servi pour accompagner des amputations.

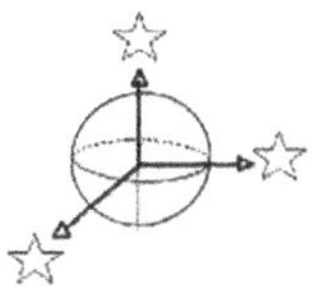

Ce référentiel place l'analgésie puis l'anesthésie dans le cercle des phénomènes hypnotiques que l'on peut suggérer notamment par des passes magnétiques. On peut les essayer lors d'une simple transe, et ils peuvent aussi faire l'objet d'un entraînement de manière à être plus profond et plus faciles à obtenir lors d'une séance suivante.

Le niveau utilisé par James Braid, appelé coma hypnotique ou état Esdaile est plus propice à installer une anesthésie profonde et durable pour plus de confort.

Comme c'est un apprentissage, un suivi est préférable pour prévoir des séances d'apprentissage sous hypnose afin de se préparer à vivre l'anesthésie le jour de l'opération.

Un apprentissage se fait plus efficacement dans la même posture que celle du jour de l'intervention. C'est la raison pour laquelle il est préférable d'expérimenter au plus près de la réalité. Plutôt que de vivre un état d'hypnose puis une anesthésie dans un fauteuil confortable, il est judicieux de vivre cette expérience allongé sur une table, sans ses lunettes ni ses éventuels appareils auditifs car on sera ainsi au moment d'entrer au bloc sur les roulettes du chariot. Dans cette approche, la séance d'hypnose préparative de l'opération se doit d'être une sorte de répétition du jour « J » ou l'on apprend la dissociation pour aller se balader au bord du fleuve pendant l'intervention.

J'ai un ongle incarné au pied qui me fait souffrir

Carine souffre d'un ongle incarné qu'elle doit confier à son podologue pour un geste chirurgical ; cependant elle maîtrise suffisamment l'auto-hypnose pour aller se promener au bord du Danube pendant l'intervention.

— *Ne vous inquiétez pas, je vais avoir l'air absente, mais tout va bien, je serai seulement en train de me balader au bord du Danube.*

— *Euh, d'accord.*

— *Ah pour me réveiller secouez-moi par l'épaule. À tout à l'heure.*

Si vous pratiquez l'auto-hypnose, c'est un phénomène hypnotique à essayer d'urgence. Faites des expériences simples, imaginez un gant en laine, une sensation atténuée par un gant de boxe, trempez la main dans un seau d'eau glacée, ajoutez des glaçons et encore plus en avant. Anesthésiez-vous une main, puis tordez la peau du dos de la main ou pincez entre l'ongle du pouce et la lunule et si vous sentez encore quelque chose, continuez l'anesthésie. Dissociez la main du corps, faites donc en sorte que la main soit dissociée et qu'elle soit en dehors du corps. Amusez-vous à transmettre l'anesthésie sur un genou, sur la mâchoire, sur une autre partie du corps, etc.

C'est une compétence que vous ne regrettez pas d'avoir le moment venu. Ces exercices d'auto-hypnose sont très intéressants à vivre et de plus vous seront très utiles par la suite.

30. Hypnose dentaire

Tous les patients qui arrivent au cabinet dentaire rêvent juste d'être ailleurs, ils sont déjà prêts à être dissociés… Les patients sont en transe négative… Ainsi tout est favorable à l'induction d'un état hypnotique, il suffit de changer la polarité de la transe[1]…

L'usage de l'hypnose en anesthésie dentaire est cité relativement tôt avec par exemple Le Baron du Potet qui magnétise en 1819 les patients de son dentiste Martorel pour qu'il pratique des soins et extractions sans douleur[2]. Cependant, avec l'invention du chloroforme en 1846, l'hypnose quitte ensuite les situations de bloc opératoire près d'un siècle. Lorsque l'hypnose est utilisée en psychothérapies, l'hypno-anesthésie est alors en perte de vitesse. De nos jours l'hypnose qui reste une alternative pour diminuer les risques ou les doses de l'anesthésie est de retour avec une proposition de meilleur confort sur le fauteuil du dentiste.

1. Brice Lemaire et Valérie Pouysségur, *Hypnose dentaire : Opératoire et thérapeutique*, Satas, Bruxelles, 2019.
2. Jacques Prieur, *Pourquoi et comment introduire l'hypnose au cabinet dentaire*, Thèse d'université, Nancy, 2010.

La transe utilisée est une transe stuporeuse pour les travaux opératoire, cependant elle doit être maintenue à un bon niveau de profondeur pendant la séance. Il est important de l'alimenter et de la maintenir soit par des encouragements réguliers, soit par un processus d'approfondissement qui peut être confié au patient. La transe somnambulique (voir **22**) est aussi recherchée pour les travaux thérapeutiques de résolutions de symptôme plus en profondeur.

Un pré-talk ou un discours de pré-induction est indispensable pour désactiver les éventuelles peurs et méconnaissances autour de l'hypnose. Certains praticiens confessent ne faire de l'hypnose qu'à la deuxième séance. Ceci leur apporte une possibilité, celle de proposer au patient l'usage de l'hypnose en expliquant tout d'abord en première séance la nature de l'hypnose qu'il va expérimenter. Mais par ailleurs cela donne l'avantage non négligeable de constituer une pré-induction durant toute l'inter-séance qui forge l'attente et l'intérêt de la partie inconsciente pour ce qui va se passer à la séance suivante.

Les indications sont nombreuses autour du travail du dentiste :

- confort opératoire,
- anxiété du dentiste,
- anesthésie,
- saignement,
- salivation,
- bruxisme.

L'hypnose peut accompagner un travail opératoire pour plus de confort ou être utilisé en thérapeutique pour aider à résoudre des symptômes.

Le référentiel est l'hypnose elmanienne dont la spécificité convient au travail en cabinet dentaire. Ce n'est pas pour rien que Dave Elman formait des médecins et des dentistes alors que lui-même n'appartenait pas au monde médical.

Commencez une induction d'Elman sur le fauteuil en utilisant le « comme si » des enfants qui jouent.

— *Pour plus de confort, savez-vous fermer les paupières en les serrant fort… Et maintenant je vais vous demander de faire comme si…*

Induction d'Elman pour une transe stuporeuse

Carine est anxieuse pour cette intervention sur la dent.

— *Nous allons nous occuper d'abord du confort. Pouvez-vous fermer les paupières en les serrant fort et très bien… et maintenant détendez-les sans les ouvrir. Et maintenant, je vais vous demander de faire comme si vous ne pouvez pas les ouvrir. Et comme vous ne pouvez pas les ouvrir, profitez-en pour étendre leur détente à tout le visage et même à tout le corps et quand cela sera arrivé au gros orteil, vous me le dites…*

— *Oui.*

— *C'est très bien, je vous félicite… Je vais prendre votre bras et vous donner l'occasion de vous détendre encore plus profond en le laissant tomber sur votre cuisse comme une serviette mouillée, lourdement plus profondément…*

Et maintenant que la détente musculaire est totale occupons-nous de la détente mentale et vous allez écrire le chiffre « 100 » avec la main ou avec la tête ou même avec vos yeux et prononcer « 100 ». Ensuite effacez-le avec un effaceur magique et écrivez le suivant « 99 » Et quand vous arriverez à 97 peut-être même, avant vous ne pourrez plus dire le chiffre, vous ne pourrez plus penser le chiffre et vous me ferez un signe de la main.

La patiente est en transe stuporeuse, il reste à approfondir et lui confier une tâche pour entretenir la transe pendant le travail :

— *Vous savez réciter l'alphabet du bonheur ; pour chaque lettre trouvez un mot du bonheur et faites-en le tour.*

A comme apaisé.

B comme bien-être.

À vous de continuer.

Cette tâche lui est confiée pour maintenir un bon niveau de transe tandis que le dentiste n'a pas à parler pour l'entretenir.

Peut-on rester ericksonien en faisant une induction d'Elman de temps en temps ? C'est une vraie question !

Mais franchement, elle est tellement pratique cette induction et reposante et rapide ! Elle n'a que des avantages.

Qu'est-ce qui vous empêche de la faire et de reprendre ensuite le cours de la séance avec votre savoir-être ericksonien ?

Vous pouvez aussi vous poser une question beaucoup plus futile :

— *Pourquoi ne pas acheter un fauteuil inclinable électrique comme si j'étais un dentiste et utiliser le mouvement du fauteuil pour approfondir mes inductions ?*

Si votre fauteuil est capable de basculer en arrière comme un fauteuil électrique saisissez la télécommande et appuyez sur le bouton qui place le client en position de séance en disant :

— *Et tandis que le fauteuil bascule, descendez en transe encore plus bas encore plus profondément.*

31. Hypno-analyse

Cette démarche reste psychanalytique avant tout et s'inscrit dans l'une des approches freudienne, winnicottienne ou jungienne ou autre.

Le psychiatre français Léon Chertok (1911-1991) l'a pratiqué de même que Sigmund Freud en son temps avant de l'abandonner. L'hypno-analyse s'inscrit dans la continuité d'un courant américain influencé par Morton Prince (1854-1929) médecin spécialisé dans la neurologie et la psychopathologie.

L'état hypnotique est guidé par le thérapeute qui l'induit intentionnellement soit en début de séance, soit à des moments précis au cours de la séance. Cette transe annoncée permet de faciliter le travail d'association libre, d'approcher autrement la question des défenses visibles alors sur un plan symbolique, et enfin permet une utilisation plus riche du matériel apporté par les patients : rêves, contenus fantasmatiques…

— *Asseyez-vous confortablement.*

Vous n'avez pas besoin de dire « *Prenez place dans ce divan* », le divan le dit pour vous et le client s'y installe tout seul. La pré-induction est commencée, avec l'odeur du cuir et l'ambiance de votre cabinet…

La méthode psychanalytique augmentée par l'hypnose permet un travail spécifique autour des ressentis corporels. Elle est susceptible de provoquer l'abréaction plus facilement que lors d'une cure classique en psychanalyse. Elle facilite également un travail autour du processus de régression plus axé autour du champ expérientiel dont l'accès est facilité par l'hypnose. Ces séances ouvrent plus largement à la sensorialité. Cette hypnothérapie analytique s'occupe moins des symptômes que de l'expérience d'introspection dont la finalité est de parvenir à une autre position existentielle. Elle est utile en principe notamment sur :

- certaines dépressions,
- les troubles du comportement alimentaires, anorexie, boulimie,
- les problèmes psychosomatiques tels que migraines, asthme, allergie, insomnie…,
- les angoisses, les phobies, etc.

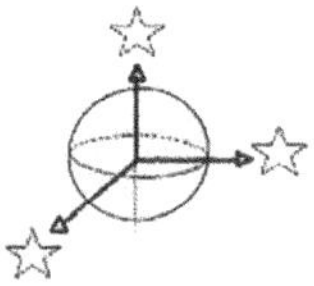

Ces pratiques utilisent des stratégies mises en œuvre pendant la séance, à l'initiative du thérapeute dans le cadre de son hypothèse théorique de référence. Il s'agit donc d'un référentiel de co-stratégie annoncée puis conjointement menée par le patient et le thérapeute.

Concrètement induisez une transe dans la continuité de la transe légère du divan.

Arrangez-vous pour privilégier un état hypnotique permettant un échange aisé de paroles. Utilisez par exemple une technique conversationnelle ericksonienne pour aller en hypnose et suggérez une locution fluide et intelligible.

Ce chef est un abruti qui me met en colère à chaque fois

Christelle est en conflit avec son chef de service. Elle évoque une impression diffuse mais prégnante.

— *Je ne sais pas pourquoi, mais je ne peux pas le supporter !*

Le travail par association libre, facilité par l'état hypnotique, a permis à Christelle de réactualiser un trauma ancien qui la tenait pour dépositaire d'un secret de famille.

L'impression diffuse et exagérée contre ce chef de service a pris un sens dans ce nouveau contexte, permettant le recadrage de la situation décrite, devenue plus claire et rapidement moins conflictuelle.

Christelle à la séance suivante :

— *J'ai l'impression que cela va beaucoup mieux.*

Peut-on rester ericksonien en changeant son fauteuil contre un divan ?

Si vous avez dans votre bureau un fauteuil et un canapé, c'est une bonne idée que de faire expérimenter à votre client la transe sur l'un puis sur l'autre. Ensuite, en guise d'approfondissement, proposez une induction à votre client debout sur ses jambes. C'est ainsi que l'on vogue vers l'autonomie.

Un thérapeute bref, selon l'école de Palo Alto, doit avoir un divan dans son bureau. Il s'en sert quand il a une théorie sur le cas d'un patient pour se coucher le temps que cette idée lui passe.

32. Hypnose rêve éveillé

Le rêve est la salle d'entraînement de l'esprit nocturne. Nous pouvons faire tout ce que nous voulons dans notre imagination et même si l'esprit conscient sait que ce n'est pas réel, le subconscient réagit comme si c'était réel. N'est-ce pas pour cela que nous pouvons pleurer devant un bon film[1] ?

Le rêve diurne est différent du rêve nocturne mais repose sur les mêmes bases théoriques que la psychanalyse quant à l'interprétation du contenu du message. Pour autant :

— *Ne prenez pas vos rêves pour la banalité !*

Le rêve éveillé dirigé est une méthode psychothérapeutique élaborée par Robert Desoille en 1930. Cette méthode utilise la fonction imaginative qui, à l'état de veille, se manifeste spontanément par la rêverie somnolente par exemple après un bon repas. Dans les années 1980, Georges Romey[2] utilise le rêve éveillé selon une orientation encore plus libre. La forme de directivité va disparaître pour permettre au patient de trouver lui-même l'issue positive d'un rêve. On parle alors de « rêve éveillé libre ». Il s'agit d'activer la fonction imaginative artificiellement chez un sujet auquel le psychothérapeute a proposé cette méthode en lui demandant d'associer des images à une information suggérée pour initier le rêve.

Le rêve éveillé utilise une transe légère correspondant à la rêverie diurne comme en été lorsque s'amorce la sieste alors que l'on est toujours sur le canapé après un repas arrosé.

Pour favoriser le travail de l'imaginaire, il est important que le patient soit bien détendu, installé sur un fauteuil de relaxation ou allongé sur un divan, dans un cadre qui permet cette détente : il s'agit en général d'une pièce calme, silencieuse, faiblement éclairée, ou tout au moins sans lumière vive. Dès que les images oniriques apparaissent dans l'esprit du patient, le thérapeute les note au fur et à mesure, ainsi que leurs mouvements, leur évolution, et le scénario que le sujet va lui décrire.

1. Roy C. Hunter, *L'Art de l'hypnose*, Satas, Bruxelles, 2022.
2. Georges Romey, *Le Rêve éveillé libre : Une Nouvelle Voix thérapeutique*, Albin Michel, Paris, 2001.

Usage

Il s'agit le plus souvent de résoudre les blocages psychologiques et déclencher un processus de transformation psychique grâce aux symboles des rêves. Rien à voir avec les démarches conventionnelles – freudiennes ou jungiennes – de l'analyse des songes de nos nuits : ici, on rêve « en direct » et sans dormir ! Si, pour les premières séances, et parfois lors de séances ultérieures, le thérapeute propose une image de départ à son patient, celui-ci peut très vite être amené à laisser venir celles qui émergent spontanément. Au thérapeute ensuite de travailler ultérieurement avec son client sur le matériel qui aura été noté durant la séance.

C'est une technique issue de la psychanalyse, même si elle s'en écarte sur de nombreux points. Cette méthode repose sur les mêmes bases théoriques que la psychanalyse et, à ce titre, elle fait partie de l'héritage de Freud.

Comme il y a des différences notables entre rêve nocturne et rêve diurne, on a pu sous-estimer cet enracinement du rêve éveillé dans la psychanalyse. Et pourtant, la place de ce que Freud appelait le rêve diurne[1] est nettement marquée dans son ouvrage *L'Interprétation des rêves*.

Une fois en position allongée sur le divan après un moment de détente les yeux fermés, énoncez la règle qui est de dire toutes les images, les pensées et les émotions qui vous passent par la tête.

Un rêve éveillé est caractérisé par trois critères, dits les « 3 V » :

- Voir. Il s'agit pour le patient de voir quelque chose : paysage, animaux, personnages, objets, etc.
- Vivre. Le rêve éveillé suscite des sentiments et des émotions chez le patient, ce qui le distingue des méthodes projectives.
- Verbaliser. Le patient met en mots tout ce qu'il vit et voit au fil de son rêve éveillé.

Le thérapeute intervient principalement pour permettre le bon déroulement du rêve éveillé. Il peut faire au patient certaines propositions, par exemple changer de point de vue, se déplacer, regarder autour de lui… Le patient est sollicité pour vivre son rêve éveillé dans l'ici et

1. « *Tagtraum* », mot à mot, rêve de jour.

maintenant, il n'associe durant ce temps-là ni souvenirs ni interprétations aux images du rêve éveillé.

Il est établi que, pour permettre un développement optimal de l'imaginaire du patient dans son rêve éveillé, le travail d'interprétation et d'association des images avec des souvenirs du sujet sera en principe réservé à la séance suivante. Les perceptions ne sont pas seulement visuelles, mais aussi auditives, olfactives, kinesthésiques, etc. et s'accompagnent de ressentis émotionnels (tristesse, peur, admiration, colère, etc.).

Parfois certains rêves éveillés partent d'une pensée ou d'une image surgissant en cours de séance. Dans ce cas, le thérapeute propose au patient d'élaborer un rêve éveillé à partir de cette image spécifique.

À quoi cela vous fait-il rêver ?

Carine évoque en séance un élément onirique :
— *C'est comme dans un rêve.*
— *À quoi cela vous fait-il rêver ?*
— *Je suis dans un long couloir.*
— *Et... comment rêvez-vous ce couloir ?*
Le thérapeute note les détails, pour la séance suivante.

Sujet en début de séance suivante :
— *C'était un drôle de rêve, mardi dernier. Regardons les symboles...*
Le rêve éveillé fait l'objet lors de la/des séance(s) suivante(s) d'un travail d'association avec les symboles qui y sont apparus. Le thérapeute peut alors plus ou moins intervenir pour proposer ses propres associations.

Qu'est-ce qui vous empêche en séance de suggérer au client de faire des rêves ?

Nocturnes :

— *Et votre inconscient peut vous proposer des rêves dans les nuits suivantes sur ce sujet et comportant des solutions et des renseignements utiles sur ces sujets...*

Et pourquoi pas diurnes :

— *Et comme on fait parfois des rêves dans la nuit, vous pouvez prendre quelques minutes pour en faire un ou deux et vous en rappeler pour me les raconter en revenant dans l'ici et maintenant.*

Et si vous n'avez pas lu *L'Interprétation des rêves* de Freud ou si vous ne voulez pas vous fatiguer à donner du sens aux nuages, pourquoi ne pas proposer ce travail à l'inconscient du sujet ?

— *Et votre inconscient peut prendre une minute d'horloge pour interpréter ce rêve et en tirer toutes les conclusions qui vous seraient nécessaires, je vais lui donner le top chrono en disant « allez » et dans une minute, lorsque toutes les interprétations seront faites, je dirai simplement « terminé »...*

33. EFT

— *J'ai la phobie des piqûres !*

— *Avez-vous essayé l'acupuncture, il paraît que cela marche très bien ?*

Savez-vous qu'en médecine traditionnelle chinoise, il existe une acupuncture sans aiguilles appelée moxibution[1]. Plus encore récemment est apparue cette acupuncture émotionnelle sans aiguille et sans feu avec de simples tapotages (*tapping*) suivant les points d'acupuncture des méridiens de la médecine chinoise.

EFT est l'acronyme de *Emotional Freedom Techniques* ou Techniques de liberté émotionnelle.

Cette méthode d'auto-guérison a été créée par Gary Graig, ingénieur touche à tout de l'Université de Stanford, et par ailleurs coach fortement intéressé par les problématiques de blocage émotionnel.

Si, en acupuncture, c'est l'opérateur qui applique les aiguilles en séance, pour l'EFT, c'est presque toujours la personne elle-même qui réalise le traitement, après avoir suivi un cours pour apprendre à le faire. C'est pourquoi on parle d'auto-thérapie qui redonne le pouvoir au client. Généralement, pour apprendre la technique, vous devez suivre un cours de quelques jours. On dit souvent que c'est une thérapie d'apaisement car une séance apporte généralement le calme similaire à une méditation, voire une transe autoprovo-

1. Cette technique stimule des points d'acupuncture par la chaleur sur des zones déterminées de la peau. Les femmes, qui cuisinaient au feu de bois, auraient empiriquement constaté que leurs douleurs disparaissaient lorsque des braises venaient à tomber sur les parties du corps concernées. C'est l'origine de cette pratique ancestrale qu'on retrouve dans les plus anciens ouvrages de médecine traditionnelle chinoise (MTC).

quée. L'état où l'on se place soi-même est en effet, au choix de l'utilisateur, une transe très légère ou un état de calme dans un registre personnel d'attention porté à soi-même pendant lequel les suggestions répétées comme des mantras passent vers le corps.

L'EFT stimule les méridiens à certains endroits afin de permettre à l'énergie vitale de progresser sans entrave. C'est le même principe de fonctionnement que l'acupuncture ; seulement dans ce cas on n'utilise pas des aiguilles mais les doigts. En intervenant sur certains points du corps qu'il convient d'apprendre comme une routine et qui sont situés le long des méridiens énergétiques, l'EFT fonctionne précisément en éliminant les blocages.

En pratique, il faut tapoter les points le long des méridiens avec le bout de l'index, de l'annulaire et du majeur, de préférence avec la main dominante et en continuant quelques secondes. Cela résout le déséquilibre énergétique qui cause des émotions négatives ou des maux physiques en permettant à l'énergie vitale de circuler librement, avec pour résultat l'amélioration de l'état psychophysique. La technique EFT permet de se clarifier et de rééquilibrer les réactions et les émotions du corps. Après l'avoir pratiqué, la personne se sent soulagée, à tous les niveaux et à tous les points de vue. Une fois qu'elle a pratiqué et intériorisé la méthode, elle peut ensuite l'utiliser chaque fois qu'elle en a besoin, par exemple avant de prononcer un discours important ou si elle ressent des maux particuliers.

L'EFT est utilisé pour les problèmes suivant :

- inconfort émotionnel,
- anxiété,
- dépression,
- souffrance psychologique en général,
- allergies,
- intolérances alimentaires,
- fortes dépendances,
- douleurs de toutes sortes.

Les problèmes qui viennent d'être énumérés ne sont que quelques-uns de ceux qui peuvent être surmontés ou du moins améliorés avec l'EFT.

Cette méthode a en effet de nombreux domaines d'application. Au départ, elle était surtout utilisée pour aider les personnes souffrant de phobies de divers types, mais au fil du temps, on s'est rendu compte qu'elle pouvait être utile dans de nombreuses autres situations. Elle peut aider à surmonter les états de tension, les inquiétudes excessives, la mélancolie, la faible confiance en soi, les difficultés relationnelles et autres détresses psychologiques. Elle est également parfaite pour les douleurs et les tensions musculaires et osseuses, les allergies, les dépendances aux substances nocives et bien d'autres maladies.

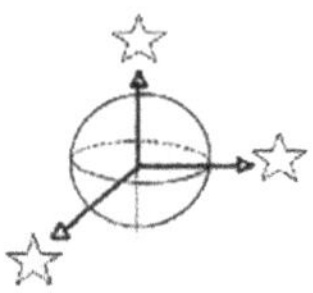

La médecine traditionnelle chinoise affirme que, dans le corps, passent des méridiens, des voies ou des canaux lesquels circule l'énergie vitale, le *Qi*. Elle appartient donc à la famille des méthodes énergétiques. La théorie de l'énergie stipule que lorsque l'énergie est libre de circuler librement dans les canaux et le corps, la personne est en bonne santé et n'a pas de problèmes particuliers. Les blocages de la circulation de l'énergie et les déséquilibres du système énergétique, en revanche, produisent des perturbations physiques ou des problèmes émotionnels. Dans ce cas, il faut intervenir en supprimant les obstacles, pour que le *Qi* revienne circuler librement.

L'EFT se déroule en quatre étapes :

1. Mise en place : cette étape consiste à préparer le système énergétique en utilisant une phrase d'acceptation telle que « Je m'aime et je m'accepte même si j'ai ce problème » tout en tapotant le centre de l'extérieur de la main (entre le poignet et la base de l'auriculaire).
2. Séquence : pendant cette étape, vous tapotez sur les points sélectionnés et en même temps vous prononcez des phrases décrivant l'inconfort que vous traitez.
3. Procédure 9 Gamma : cette étape consiste à tapoter un point précis (sur le dos de la main) tout en réalisant neuf exercices oculaires et d'équilibrage des hémisphères cérébraux.
4. Séquence : la deuxième phase est à nouveau répétée.

Lorsque vous vous familiarisez avec la technique, vous n'avez plus besoin de répéter les quatre étapes dans l'ordre. Tout se passera de manière plus fluide et naturelle, moins schématique.

> **_Comment faire l'EFT simplement pour un mal de dos_**
>
> Selon ceux qui pratiquent l'EFT pour que cela soit vraiment efficace, le tapotement n'a pas besoin d'être une fin en soi. Il doit toujours être associé à un changement d'attitude mentale.
> Tout en stimulant les points énergétiques, la personne doit donc se concentrer sur son inconfort, sans se laisser distraire. Par exemple, si vous avez des problèmes de dos, vous ne devriez pas essayer de ne pas y penser, comme vous avez l'habitude de le faire. Au contraire, elle doit rester focalisée sur la sensation douloureuse. Parfois, cela vaut aussi la peine de répéter des affirmations positives d'acceptation de soi, telles que « Même si j'ai ce mal de dos sévère, je m'accepte » ou « Même si j'ai mal au dos, je m'aime ».

Les effets bénéfiques de l'EFT s'expriment à la fois physiquement et psychologiquement. Pourquoi ne pas proposer cette petite routine en fin de séance pour consolider le travail thérapeutique et donner un outil pratique contre l'anxiété en dehors des séances ?

— *Même si je suis très anxieuse, je m'aime et je m'accepte complètement !*

Donner le pouvoir sans le prendre est un pilier de la thérapie efficace.

34. EMDR

L'EMDR[1], *Eye Movement Desiensitization and Reprocessing*, est une désensibilisation et un retraitement par les mouvements oculaires. Cette méthode de psychothérapie structurée facilite le traitement de diverses psychopathologies et problèmes liés à la fois à des événements traumatisants et à des expériences plus courantes mais émotionnellement stressantes.

Cette thérapie a été découverte par la thérapeute Francine Shapiro, selon son récit, en faisant une promenade autour d'un lac et grâce à la lumière qui lui avait fait balancer de gauche à droite son regard. À noter cependant que John Grinder,

1. D'autres techniques RITMO pour retraitement de l'information traumatique par les mouvements oculaires ; IMO pour intégration des mouvements oculaires sur une base de PNL (EMI en anglais) sont issus de cette découverte de l'utilisation des mouvements oculaires.

l'un des fondateurs de la PNL (voir **54**), affirme que la méthode est en partie basée sur le travail sur les mouvements oculaires qu'il enseignait en formation PNL. Il estime qu'il a contribué à la méthode puisqu'il lui a enseigné la partie « mouvement des yeux » à Francine Shapiro lorsqu'elle travaillait pour son bureau en tant qu'administrateur dans les années 1980.

On peut considérer qu'il s'agit d'une micro-transe d'accompagnement du cerveau déclenchée par les mouvements de l'œil. En effet l'EMDR est une technique thérapeutique dans laquelle le patient déplace ses yeux d'un côté et de l'autre et parfois d'avant en arrière, ici et là, tout en se concentrant sur le problème. Le thérapeute agite un bâton ou une lumière devant le patient et le patient est censé suivre le bâton ou la lumière en mouvement avec ses yeux. Une stimulation physique qui va éliminer le trauma !

Le client ressent alors que le problème se réduit et disparaît.

Cela commence par une préparation au traitement comportant des entretiens préliminaires pour construire une relation thérapeutique de confiance et apprendre des moyens de stabilisation émotionnelle qui seront utilisés en cours de séance.

Ensuite le retraitement commence et les souvenirs perturbants à l'origine de la problématique sont alors traités, l'un après l'autre.

Après un traitement réussi avec la thérapie EMDR, la détresse affective est soulagée, les croyances négatives sont reformulées et l'excitation physiologique est réduite. Au cours de la thérapie EMDR, le client assiste à un matériel émotionnellement perturbant à de brèves doses séquentielles tout en se concentrant simultanément sur un stimulus externe. Les mouvements oculaires latéraux dirigés par le thérapeute sont le stimulus externe le plus couramment utilisé, mais une variété d'autres stimuli, y compris le tapotement manuel et la stimulation audio, sont souvent utilisés. Francine Shapiro émet l'hypothèse que la thérapie EMDR facilite l'accès au réseau de la mémoire traumatique, de sorte que le traitement de l'information est amélioré, avec de nouvelles associations forgées entre la mémoire traumatique et des souvenirs ou informations plus adaptatifs. On pense que ces nouvelles associations se traduisent par un traitement complet de l'information, un nouvel apprentissage, l'élimination de la détresse émotionnelle et le développement de connaissances cognitives.

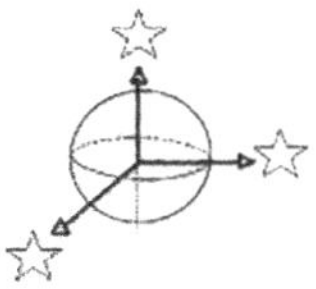

Selon ses auteurs, la thérapie EMDR a pour base théorique le modèle TAI (traitement adaptatif de l'information) qui s'adresse aux mémoires brutes pouvant donner lieu à de nombreux dysfonctionnements. Ce modèle postule que la thérapie EMDR facilite l'accès et le traitement des souvenirs traumatisants et d'autres expériences de vie défavorables pour les amener à une résolution adaptative. On est vraisemblablement proche de la fascination de l'utilisation des phosphènes, des exercices d'orthoptiste et de toutes les techniques qui utilisent les yeux comme porte d'entrée ou comme une sorte de clé du cerveau. Plus de 44 études contrôlées randomisées menées sur des patients traumatisés et des centaines de publications rapportent son efficacité dans le traitement de nombreuses psychopathologies dont la dépression, l'anxiété, les phobies, le deuil aigu, les symptômes somatiques. Et aussi les dépendances.

Le patient est invité à se concentrer sur le souvenir traumatisant et toutes ses composantes (sensation, émotion, pensée négative sur lui), puis à suivre le mouvement des doigts du thérapeute en laissant venir ce qui lui vient spontanément. C'est un processus de libre association des idées, sensations, émotions, pensées, qui se déroule alors, comme durant les rêves. Entre chaque série de stimulations, le patient participe et dit ce qui lui vient spontanément à l'esprit. Le praticien continue les séries de stimulations jusqu'à ce que le souvenir ne génère plus de perturbation.

On termine généralement par l'installation d'une pensée positive calibrée.

La thérapie EMDR utilise un protocole à trois volets :

1. Traitement des événements passés qui ont jeté les bases du dysfonctionnement, en forgeant de nouveaux liens associatifs avec des informations adaptatives.

2. Ciblage des circonstances actuelles qui suscitent la détresse et désensibilisation des déclencheurs internes et externes.

3. Incorporation des modèles imaginaux d'événements futurs pour aider le client à acquérir les compétences nécessaires au fonctionnement adaptatif.

Comment pratiquer l'EMDR sur soi-même

Une simple méthode anti-stress basée sur l'EMDR est la suivante :

- Regardez en face de vous.
- Regardez votre doigt dressé.
- Bougez-le de droite à gauche plusieurs fois en le suivant avec les yeux.

Cette simple technique peut baisser votre niveau de stress.

Carine est très énervée et stressée avant d'entrer en réunion au boulot :
— *Je prends 30 secondes pour regarder devant moi...*
Elle fait sa petite routine avec le doigt devant ses yeux et se calme rapidement.

Si vous connaissez la PNL, vous remarquerez que certains exercices de PNL sont proches de l'EMDR. Faire un *switch* d'une image jusqu'à la ligne d'horizon aide à relativiser un problème. En hypnose ericksonienne, pourquoi ne pas hybrider l'usage de l'EMDR sur des ancrages simples qui ne concernent pas de traumas comme pour engrammer la confiance en soi par exemple ?

Durant la séance, demandez à l'inconscient du client de donner un mot qui résume la solution du problème, puis après avoir ramené le client dans l'ici et maintenant, en fin de la séance proposez un bilan récapitulatif :

- *Regardez en face de vous.*
- *Regardez votre doigt dressé.*
- *Bougez-le de droite à gauche plusieurs fois en le suivant avec les yeux et en prononçant plusieurs fois le mot qui résume la solution.*

8

HYPNOSES TRADITIONNELLES

Les rituels existent dans toutes les cultures depuis les premiers âges, comme en témoignent les grottes ornées de la préhistoire. Des statuettes antiques, de l'Égypte à la Gaule portent des sorts de malédictions, ou de guérison. Nous allons voir comment fonctionnent ces hypnoses en général et aborder ensuite quelques cas particuliers.

35. Hypnoses rituelles

Certaines personnes entrent dans des états de conscience particuliers dans certaines situations. À chaque fois, il s'agit de quelque chose qui se passe dans certaines conditions sociales assimilables à un rituel. Pour cette théorie sociologique, ce sont nos relations sociales qui déterminent nos réactions intérieures plutôt que le contraire. Dans un certain contexte social, un rituel active subliminalement une série d'adaptations et nous devenons différents.

Physiologiquement cette perception du rituel se passe dans nos lobes frontaux surtout, parce que c'est là que nous nous fixons nos buts et nos objectifs. La vie quotidienne est en général caractérisée par une activation spécifique et intense de ces zones. Un aspect intéressant de cette théorie est que le vrai état hypnotique n'est pas seulement pendant la transe, mais plutôt dans le cours de la vie quotidienne, lorsque nous nous façonnons un masque avec réalisme en fonction des situations extérieures, des rituels, pour rejoindre certains buts.

Pour commencer, certains rituels, certaines gestuelles créent des réactions. Et typiquement une série de gestuelles ritualisées ou de phrases consacrées dans des ambiances spécifiques peuvent créer des états hypnotiques :

— *Vous ferez ce geste en mémoire de moi…*
— *Je vous déclare mari et femme.*
— etc.

Usage

Un rituel est un apprentissage qui s'apparente à un ancrage en hypnose. Il est possible d'en créer un par la répétition à l'état conscient ou sous hypnose par la suggestion.

Même les phénoménologies les plus étranges (par exemple l'anesthésie ou la régression) peuvent être obtenues sans utiliser tous les concepts liés à l'idée d'hypnose formelle et apparaissent donc comme le champ d'un potentiel humain normal accessible à l'état de veille comme un ensemble de compétences, de super-pouvoirs normaux, voire ordinaires. La question se pose alors de savoir si le soi-disant « état hypnotique » n'est rien d'autre qu'un nom utilisé dans certaines circonstances pour désigner certains comportements lorsqu'ils surviennent dans certaines circonstances sociales, mais qui sont cependant en eux-mêmes absolument naturels et adaptés à ce contexte.

La survenue de phénomènes qualifiés d'« hypnotiques » peut toujours être vue comme un phénomène de contexte qui dépend avant tout de circonstances extérieures. Avec l'induction, on se contente d'ouvrir la porte du temple, c'est-à-dire que l'on crée un contexte favorable à cette expression de pouvoir.

L'hypnose rituelle n'est qu'un nom donné aux comportements cachés de l'humanité, révélés grâce à un contexte social approprié. Et c'est dans cette révélation que se trouve une véritable hypnose, celle qui nous permet de dévoiler nos potentialités les plus profondes.

Prenons l'exemple d'un orateur inspirant, qui, grâce à son charisme et à sa puissance de persuasion, réussit à convaincre une foule de personnes de se joindre à sa cause. Il utilise des gestuelles ritualisées et une ambiance spécifique pour amener les individus à entrer dans un état d'esprit qui peut être considéré comme hypnotique. Il n'est pas nécessaire de présupposer un état particulier pour comprendre comment l'hypnose rituelle peut être utilisée dans un contexte social pour influencer les comportements humains.

On peut aussi penser à des séances de méditation guidée dans un groupe, qui, par le biais de techniques de respiration et de visualisation, amènent les participants à un état modifié de conscience hypnotique. Dans ces contextes, les gestuelles ritualisées et l'ambiance spécifique créée permettent aux individus de dépasser les limites de leur vie quotidienne et de réaliser leur plein potentiel.

Dans ces exemples, on peut voir comment l'hypnose rituelle est un phénomène d'induction sociale normale qui peut être obtenu grâce à des rituels. Alors pourquoi ne pas se servir de la puissance du phénomène ?

Suggérer la cérémonie libératoire

Christi demande l'aide de l'hypnose pour se détacher d'un contexte familial lourd de loyautés qui l'empêche de réaliser les projets qu'elle rêve de vivre.
Après avoir longuement parlé des projets de Christi, évoquez une cérémonie spéciale qui va lui servir à se donner l'autorisation et de prévenir toutes les personnes importantes.
— *Vous êtes sous hypnose, et c'est facile pour vous d'organiser la fameuse cérémonie. Prenez votre temps et calculez tous les détails*
— *Euh oui...*
— *Je vous laisse le loisir d'organiser la cérémonie, vous pouvez prévoir le lieu, les invités, les vêtements, le protocole et les discours de chaque personne qui va parler et enfin la manière que la cérémonie aura de vous donner l'autorisation de foncer...*
— *Oui, je prends mon temps...*
— *Et je vous laisse tout le temps du monde pour que la cérémonie soit parfaitement préparée.*
Et au moment où vous trouvez que cela est possible, que cela est prêt alors vous pouvez donner le coup d'envoi. La cérémonie débute !
Et vous pouvez revenir dans l'ici et maintenant quand tout cela s'est bien terminé et vous allez pouvoir me raconter ou pas...

Christi la semaine suivante :
— *Qu'est-ce qui vous a rapproché de vos objectifs depuis la semaine précédente ?*
— *Il s'est passé plein de choses ! Je vous raconte...*

Au lieu de donner des instructions précises, l'hypnothérapie ericksonienne utilise une approche plus indirecte en utilisant des phrases suggestives pour aider les individus à utiliser leurs propres ressources. Elle n'est pas liée à un état particulier, mais à une compréhension générale du dynamisme de la personne humaine dans son interaction avec les autres. Cependant, il est parfois nécessaire de libérer les individus de leurs contraintes sociales pour qu'ils puissent utiliser ces ressources de manière efficace. Par ailleurs, l'hypnose rituelle peut être obtenue grâce à des gestuelles provenant de rites existants ou imaginaires. Et si vous ajoutiez une cérémonie à chacune de vos séances ? Il est toujours bon de célébrer car cela aide à boucler les cycles de vie. Cependant on ne sait pas toujours ce qu'il faut célébrer, alors pourquoi ne pas le demander à l'inconscient ?

— *Et je demande à ton cerveau, à ton inconscient qui a plus de finesse et d'observation que nous deux réunis de dire ce qu'il faut célébrer cette semaine.*

[Le client dit un mot par exemple : MOT nous allons l'utiliser dans la suite.]

— *Et avant de revenir dans l'ici et maintenant, je te laisse quelques minutes d'horloge où tu auras tout le temps du monde pour organiser cette célébration pour « MOT » avec tous ses détails. Et lorsque tu seras prêt alors la célébration pourra commencer et tu pourras revenir dès qu'elle sera convenablement terminée.*

36. Vaudou

— *Le Vaudou, c'est bénin !*

Le vaudou est une religion et une cosmogonie, une réflexion avant tout mystique, une magie évoquant le lien entre les vivants et les morts, les hommes et la divinité ou encore le visible et l'invisible. Originaire du Bénin, il se diffuse par la suite avec la traite des esclaves vers les Caraïbes et en Amérique. Selon les lieux, des modifications apparaissent influencées par le déracinement des peuples et l'esclavage, souvent assimilé au christianisme. Il se retrouve donc sous différentes formes à Cuba, à Haïti (vaudou haïtien), au Brésil ou encore aux États-Unis (notamment en Louisiane). Vaudou signifie « être en accord avec ce qui est » c'est une magie du monde du ressenti.

Par opposition à la transe stuporeuse, les transes utilisées en vaudou sont plutôt somnambuliques[1] et s'appuient sur une excitation au niveau du nerf sympathique[2]. Les crises vaudoues sont déclenchées dans certaines cérémonies par les tambours qui ont fait monter l'adrénaline en pré-induction. Lorsque les tambours sont en fond sonore permanent, les personnes mises en transe se mettent à danser dans un type d'hypnose en mouvement. Des crises agitées, parfois extatiques, voire orgasmiques sont possibles lorsqu'elles sont pré-induites par des mouvements syncopés de la zone cérébrospinale (entre le coccyx et l'occiput).

En Haïti, les habitants se définissent comme 100 % chrétiens et 400 % Vaudou !

La connaissance culturelle du système vaudou agit comme une pré-induction au niveau des croyances générales de la population. Dans cet égrégore, l'efficacité des actes et des cérémonies vaudous est décuplée. De même, la présentation des fondamentaux du vaudou à un groupe rend son membre beaucoup plus susceptible d'être bon public et d'une sensibilité importante aux suggestions verbales et non verbales. Autrement dit, annoncer que l'on va faire du vaudou appelle le mécanisme du vaudou.

Le vaudou a de nombreux usages :

- usage thérapeutique pour les maladies, les douleurs : par exemple nettoyer les maladies chroniques ;
- usage magique : envoûtement, désenvoûtements, attribution de sceaux (talismans, médailles chargées de pouvoir magique, etc.) ;
- développement personnel : manipuler son conjoint, son patron, etc. ;
- réussite en affaire : faire descendre des esprits en vous pour aller plus vite en besogne et en succès ;
- activation de sceaux : pour permettre à la personne d'aller plus loin en utilisant son pouvoir personnel.

Des objets magiques peuvent être utilisés : passage de seuils de porte ou de dessins initiatiques, objets magiques, talisman, etc. Plus près de

1. *Versus* stuporeuse avec un individu inactif.
2. Par opposition au nerf parasympathique qui aurait tendance à produire des transes stuporeuses beaucoup plus passives.

nous, des poupées sont utilisées en service hospitalier pour les urgences pédiatriques[1] car la poupée qu'elle soit vaudou ou d'une autre magie enfantine est un médium de communication.

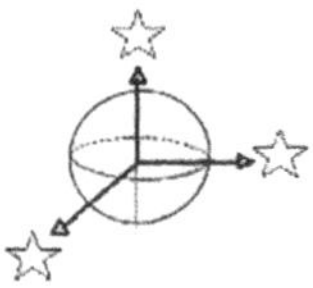

Le panthéon très riche du vaudou original est avant tout constitué des forces de la nature, comme dans le chamanisme. Il renvoie aux puissances naturelles que sont la foudre, la mer, la maladie, etc. Mais le culte vaudou utilise aussi les ancêtres divinisés et les monstres. En se déplaçant vers les Caraïbes et l'Amérique, il se modifie et simplifie sa cohorte de divinités.

Les cérémonies ont lieu le plus souvent la nuit et le contexte est très important pour influencer les participants, la notoriété, le prestige du maître vaudou qui se met parfois en transe pour faire l'oracle avec une voix d'outre-tombe, le choc produit par le coq qui a le cou tranché et le sang qui permet de réactiver les objets vaudous sont autant de suggestions en pré-induction pour aller en transe sans retenue.

Il faut avant tout cultiver le regard magnétique et le magnétisme (voir **21**) et la posture de celui qui fait du vaudou. Pour aiguiser le magnétisme du regard, les pratiquants conseillent des exercices de vitalisation par exemple en faisant des ondulations du segment cérébrospinal entre le coccyx et le menton. La pratique du Zouk qui sollicite le segment cérébrospinal est un entraînement de plus pour activer cette zone cérébrospinale ☺. Ensuite, commencez par activer avec le client la synchronisation magnétique qui est différente de la synchronisation à la sauce PNL en ce qu'elle fonctionne inconsciemment au lieu de la produire par des comportements en miroir. La base de l'intervention utilise le regard fascinateur, le magnétisme (voir chapitre 5) et éventuellement des objets magiques : talisman, sceaux, passage de seuil et même poupée vaudoue comme dans l'exemple ci-dessous. Pour cette demande d'arrêt de tabac il est possible de réaliser devant le client une poupée vaudoue le représentant.

1. Des poupées vaudoues à l'hôpital ? Elle a deux bras, deux jambes et deux oreilles de lapin du même côté. En coton, toute blanche, la poupée est offerte aux enfants hospitalisés pour qu'ils communiquent leur douleur en dessinant dessus. Depuis cinq ans, 10 000 de ces poupées baptisées Plume ont été distribuées dans une soixantaine de services pédiatriques en France par l'association pour l'amélioration des conditions d'hospitalisation des enfants (APACHE) et la fondation MACSF. Source figaro.fr Anne-Laure Lebrun.

La poupée qui fume

— *Je fume, tu fumes... nous fûmes.*

Christi demande l'aide d'un pratiquant vaudou pour arrêter de fumer. Une fois la poupée vaudoue réalisée en sa présence, la séance commence :

- Fascination du sujet par le regard et mise en transe.
- Lui montrer la poupée et commencer à la connecter par des suggestions non verbales. Par exemple lever lentement un bras de la poupée jusqu'à ce que le sujet lève le bras.
- Une fois la poupée connectée, lui mettre une cigarette aux lèvres et demander au sujet de piquer la poupée pour se venger de la partie de la poupée qui fume. C'est une vengeance symbolique avec une aiguille pour piquer la poupée et la cigarette. [La vengeance symbolique est un acte de libération, une catharsis de la colère contre la cigarette et la partie du moi qui ne peut pas s'empêcher de fumer.]

Lorsque la colère est passée, que le sujet ne se venge plus de la poupée, on arrache la cigarette et on la jette à l'eau. Puis la grande permission est donnée pour amplifier le pouvoir personnel.
Le retour se fait ensuite à l'état normal en soufflant sur le visage du sujet.

Christi la semaine suivante :
— *Je n'ai pas fumé une seule cigarette.*

Pourquoi ne pas se placer à l'écoute des sensations magnétiques et s'inspirer de l'hypnose en mouvement des crises vaudou ? Pensez, pour changer, à proposer des exercices d'hypnose en mouvement par opposition à des transes stuporeuses et relaxantes au fond d'un fauteuil. Dans le cadre d'un coaching sportif en salle de gym, c'est facile le client pourra faire dix minutes d'exercices intense avant de se voir mis en transe et vivre une crise en accord avec sa pratique sportive. Ou bien pour un client ordinaire en cabinet, vous avez la possibilité d'utiliser une micro-danse.

La micro-danse est une induction qui produit une transe active. Elle se déclenche sur le mouvement des bras et plus particulièrement sur le changement de sens du mouvement alternatif. Les mains bougent et lorsqu'une main descend, l'autre monte. Elles sont liées comme deux ascenseurs jumelés dans un mouvement automatique qui les fait monter et descendre ensemble. Et le corps peut se mettre à danser s'il y a de la musique.

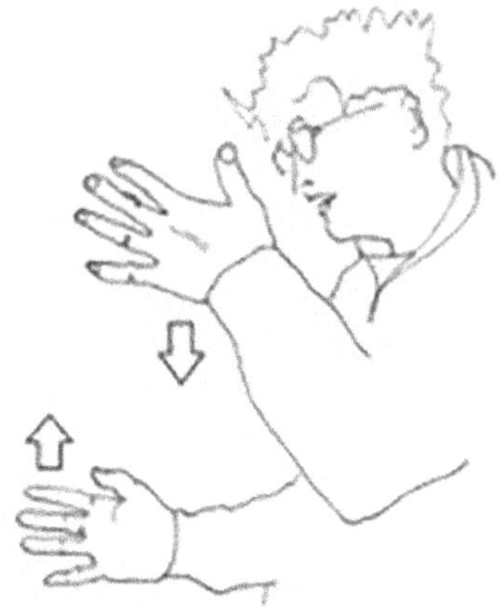

Voici comment la présenter au client :

— La micro-danse se pratique debout, bien en équilibre sur ses pieds et en plaçant les mains comme sur le dessin. Commence par mettre les mains en mouvement alternatif lorsque la main droite arrive en haut, les deux mains s'arrêtent un bref instant et repartent dans l'autre sens. Le mouvement devient automatique. Le mouvement est continuel. La seule chose qui peut changer c'est la vitesse et l'amplitude c'est-à-dire le moment où l'endroit où le mouvement s'inverse.

La micro-danse en musique :

— Pour cet exercice, mets un fond sonore de musique qui te plaît et tiens-toi debout dans un endroit dégagé. Commence la micro-danse en initialisant consciemment ce mouvement particulier des mains. Fais plusieurs allers-retours, puis laisse ce mouvement devenir automatique. Au lieu d'inverser le mouvement consciemment, observe et sois spectateur et curieux de voir à quel moment les mains changent de sens. Demande-toi simplement :

— Je ne sais pas à quel moment les mains change de sens

Témoignage du client :

— Pour ma première micro-danse j'ai eu un peu honte de bouger sans conscience, heureusement ; j'étais seul avec mon corps qui parlait. Je me souviendrai toujours de cette étrange sensation d'habiter un corps qui bouge comme un somnambule… trop bon !

37. Hypnose chamanique

L'hypnose chamanique est un art complexe qui a traversé les siècles et les continents. Depuis l'aube des temps, l'homme aspire à communiquer avec le monde des esprits, des divinités qui régissent les forces de la nature. Bien que le chamanisme soit souvent associé aux peuples indigènes d'Amérique du Sud, comme les Amérindiens, et qu'on retrouve également des traditions similaires chez les peuples de l'Himalaya, l'origine de ce terme est à rechercher dans les cultures d'Asie centrale et sibérienne qui donne le nom de « chaman » à un individu capable de communiquer avec les puissances surnaturelles. Aujourd'hui, le mot est galvaudé, mais il convient de ne pas oublier qu'il désigne un art subtil, une technique de guérison qui repose sur un lien profond avec les forces de l'au-delà. Il est préférable de parler de néo-chamanisme, d'une réadaptation de ces pratiques ancestrales pour les faire dialoguer avec notre époque, notre civilisation. Les légendes nous racontent que les chamans d'antan étaient capables de maîtriser le temps, de parcourir de grandes distances à la vitesse de la pensée, de s'élever dans les airs grâce à l'union de leur âme avec celle des esprits.

L'hypnose chamanique est également un art de la communication avec les esprits des morts et des ancêtres, un art de la divination et de l'intercession auprès des puissances surnaturelles. Les chamans sont des guides spirituels, des gardiens des mythes et des croyances, des intermédiaires entre le monde des vivants et celui des morts. Ils sont les gardiens de la mémoire collective et des traditions.

C'est pourquoi l'hypnose chamanique peut être vue comme un savoir qui réveille les potentialités cachées de l'esprit et qui transcende les limites de la raison et de la logique.

TRANSE

L'expérience d'hypnose chamanique comprend notamment des voyages dans d'autres mondes. On peut alors récupérer des parties de soi laissées dans le passé. Les traumatismes ont « fracturé » la personne qui va apprendre à récupérer des parties de soi en faisant un voyage jusqu'à l'endroit où elle a oublié cette partie. Que ce soient les Mongols, les Bouriates et les Touvans et même les Corses avec le Mazzeru, les rituels diffèrent selon l'ethnie, mais chacun d'eux a sa propre interprétation des esprits. À chaque fois, tous doivent atteindre un état d'extase lors des cérémonies, entrant progressivement en transe au rythme du tambour et des danses. Si ce type de transe hypnotique était utilisée comme moyen de guérir les maladies physiques et mentales, elle est encore utilisée aujourd'hui pour aider les patients à libérer des émotions et des souvenirs refoulés dans un autre monde.

Pour commencer, les chamans demandent souvent à la personne malade d'apporter une bouteille de vodka de chez elle. En regardant à l'intérieur de la bouteille, ils ont des visions, ils posent des questions à la personne et consultent parfois un système de nombres fabriqué à partir d'os d'animaux. Ils travaillent avec une idée que nous définirions aujourd'hui en Occident comme une représentation systémique ou une constellation familiale. Si un ancêtre a créé une disharmonie dans l'univers, ou a offensé la nature, il faudra faire la paix. Les descendants et leur acte seront donc présents, cela servira à rétablir l'équilibre et par conséquent la guérison.

L'hypnose chamanique peut être vue comme une forme d'hypnose-méditation qui utilise le son, le rythme et les images pour aider le patient à se détendre et à accéder à son subconscient. On peut ensuite réharmoniser le système énergétique de la personne en l'amenant dans un état de relaxation. Ce type d'hypnose peut avoir des effets très forts. Il peut être utilisé en cas d'anxiété, de stress et de dépression.

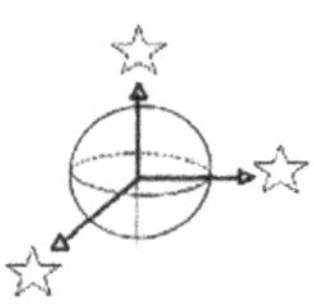

L'étude du cerveau des chamans avec les neurosciences lors des cérémonies montre que les lobes frontaux responsables de la pensée créatrice et l'hémisphère gauche sont activés. À ce stade, c'est comme si certains personnages ou « esprits » sont visualisés avec l'œil de l'esprit jusqu'à ce qu'ils prennent possession de son corps.

Le visage du chaman reste couvert car on dit que regarder dans ses yeux peut être très dangereux. En fait, lorsqu'un observateur se risque à regarder, c'est tout simplement impressionnant car, comme dans certaines hypnoses, les yeux sont révulsés vers le haut. Lorsque le rythme s'accélère convulsivement avec le mouvement puis se tait, cela signifie que l'esprit est entré, alors le guérisseur sublime son énergie en rétrécissant l'âme, pour laisser place à l'esprit et devenir un canal. Généralement des esprits spécifiques seront invoqués, un peu comme nos archanges qui ont des fonctions spécifiques. Souvent les esprits des lieux sacrés sont rappelés aussi avec les chants ; ils aideront à guérir la personne qui subit le traitement. Beaucoup de ces rituels ont un effet psychothérapeutique. La cérémonie peut durer une nuit entière. À l'aube, il faudra remercier les esprits, le soleil, la mère terre et le ciel. Les chants gutturaux, (chants de la terre), serviront aussi à éloigner les esprits qui voudront s'emparer du malade. Le rituel se poursuivra avec des braises, amenées près du visage de « l'esprit incarné » qui prendra une braise brûlante, la mâchera et la recrachera. Puisque la braise représente la maladie ou le nœud karmique, cela vaincra la maladie. Le chaman dévore le mal et le transforme en bien.

L'hypnose chamanique peut être utilisée en induction de manière complémentaire à l'hypnose verbale, en particulier pour créer un état de transe profonde avec musique, tambours, etc., permettant ainsi à la personne de se connecter à ses propres ressources intérieures et de trouver des solutions à ses problèmes.

Mais une façon plus simple d'utiliser l'hypnose chamanique dans le cadre de l'hypnose ericksonienne serait de suggérer à la personne d'emprunter un escalier pour se rendre dans son « monde d'en bas », c'est-à-dire dans un endroit intérieur où elle peut retrouver ses contrats de loyauté. Ces contrats sont des croyances ou des valeurs qui peuvent être conscientes ou inconscientes, et qui guident les actions et les comportements de la personne. En accédant à cet endroit, elle peut prendre conscience de ses contrats et des règles qu'elle s'était imposés et de la façon dont ils peuvent influencer sa vie. Elle peut alors choisir de les modifier ou de les laisser tels quels, selon ce qui lui convient le mieux. C'est la suggestion de l'existence du monde d'en bas qui sert de moteur au changement du client.

Pour injecter une lueur de chamanisme dans votre séance, il vous suffit de suggérer un escalier qui descend. C'est d'ailleurs une pratique courante en hypnose eriksonienne pour l'approfondissement de l'hypnose.

En bas de l'escalier, soyez simple et suggérez quatre portes sur un palier.

— *Et en bas de l'escalier il y a une porte rouge, ou verte ou fermée et une autre jaune et encore deux autres* (un brin de confusion).

[Vous avez déjà installé le monde d'en bas, il vous reste à le spécialiser avec ce palais mental initié par ces quelques portes.]

— *Derrière la porte rouge, il y a tout ce qui concerne le fonctionnement du cerveau. Vous irez tout à l'heure mais pas maintenant…* (du potentiel pour les addictions, les phobies, etc.).

[Poussez une autre porte et vous êtes dans les contrats de loyauté au bon endroit pour les renégocier…]

— Derrière la porte jaune, il y a votre supplément d'âme qui vous appartient, mais que vous aviez laissé rangé sans vous en servir jusqu'à présent.

C'est bien pratique pour faire la cueillette des ressources et des compétences nécessaires pour affronter la réalité du monde d'en haut. Et ainsi de suite avec la possibilité de créer l'architecture et le nombre de portes et donc de salles que vous souhaitez.

Il s'agit, à travers la suggestion de la visite d'un monde d'en bas, de fournir à la personne des outils et des ressources pour explorer ses propres croyances et valeurs, et pour prendre des décisions éclairées concernant son bien-être émotionnel. Cela peut l'aider à atteindre ses objectifs de vie et améliorer sa qualité de vie de manière significative.

Du retour du monde d'en bas

Carine raconte son expérience chamanique…
— Finalement, penser que l'univers est un, tout est un, sans séparation, puisque la séparation est créée par nous avec notre esprit, ne croyant pas pleinement au bien, l'Un donc, pour moi, est une forêt où tout être se réjouit avec la création.
Ce voyage m'a appris qu'il faut toujours croire à la bonté et à l'harmonie que l'intention d'amour peut manifester dans ce que nous disons être la réalité. Dans ma transformation de ces pratiques occidentalisées, j'ai saisi quelques concepts de base. L'un d'eux est que, dans l'expérience de l'hypnose chamanique, je suis devenu un arbre, un vent, une rivière et je me suis envolée avec un aigle et un Apu. Cela peut se traduire par un exercice qui conduit à un état de grande relaxation, qui conduit à une expansion de conscience, cette expansion incorpore l'objet que nous observons et devient l'objet lui-même. Une barbe de papa spirituelle !
Dans le cas du voyage chamanique, un peu comme Alice au pays des merveilles, la pratique consiste à descendre dans un piège secret dans la terre, dans une grotte, ou sous les racines d'un arbre.
Ou au contraire, s'élever vers le monde d'en haut.

38. Derviches tourneurs

Le soufisme est un courant mystique de l'islam dont les membres sont souvent appelés « derviches tourneurs » en référence à leur danse. Il serait plus juste de parler de derviches tournants, ou bien d'induction rotative, ou encore de transe extatique.

L'ordre Mevlevi est un ordre musulman soufi fondé au XIIIe siècle par Jalal al-Din Rumi à Konya dans le sultanat de Roum (actuelle Turquie). Les mouvements de la danse appelée *sama*, de ces derviches tourneurs rappellent ceux d'une toupie qui fait tourner leur robe.

Le danseur tourne d'abord lentement puis très rapidement, jusqu'à ce qu'il atteigne une forme de transe, durant laquelle il déploie les bras, la paume de la main droite dirigée vers le ciel dans le but de recueillir la grâce divine, celle de la main gauche dirigée vers la terre pour l'y répandre. Il reste ensuite dans cette gestuelle et continue à tourner. La sensation de vertige est naturelle. C'est un élément essentiel à l'apprentissage de la danse soufie car, par cette sensation de vertige ou de nausée, le danseur prépare son corps à l'état d'extase ou d'ivresse mystique.

La longue jupe, le plus souvent de couleur blanche, symbole de pureté, permet de mettre en valeur le mouvement circulaire du danseur, elle s'ouvre doucement dans le mouvement au fur et à mesure de l'accélération de la danse.

La musique soufie est répétitive, souvent construite autour de Zekr qui désigne à la fois le souvenir et la pratique qui ravive ce souvenir, une sorte d'induction par le souvenir de la transe. Les rythmes rappellent le battement du cœur et les boucles musicales sont prévues pour mener au Samâ c'est-à-dire à l'ivresse mystique. Il s'agit d'une sorte de prière mécanique pour mettre en relation la terre et le divin.

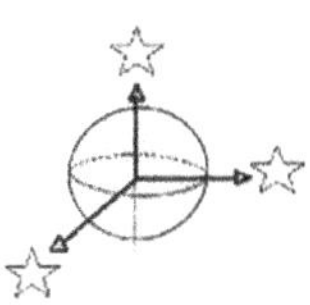

La méthode s'inspire fortement de l'auto-hypnose mais elle utilise le mouvement du corps et la musique répétitive de la danse en guise d'induction. Le danseur tourne comme la terre tourne autour du soleil, il atteint alors l'osmose avec l'univers en suivant la rotation du mouvement des planètes, il tourne d'ailleurs du côté gauche, côté du cœur. C'est une transe en mouvement qui est obtenue, très différente d'une transe stuporeuse de relaxation. La persévérance et le dépassement de soi sont des étapes pour atteindre cette voie spirituelle où l'esprit et le corps s'unissent pour libérer l'âme. Avec le temps, le danseur acquiert une maîtrise de son corps et la sensation de vertige ou nausée disparaît pour laisser place à une sensation de plénitude sorte de transe extatique.

Les pratiquants se mettent à tourner lentement au début et de plus en plus vite. Les robes prennent des formes de tulipes et glissent comme des corolles. La danse soufie est une danse instinctive. Remarquez que les enfants se mettent souvent à tourner spontanément et prennent plaisir à cette sensation de vertige.

Exercice d'auto-hypnose du corps et de l'esprit

Carine qui est sportive souhaite faire de l'auto-hypnose qui engage le corps plus ou au moins autant que l'esprit.
Une séance d'auto-hypnose va lui permettre de mêler une induction de type « derviche tourneur » qui produit du mouvement corporel à une induction plus classique qui produit plutôt de la détente. C'est l'addition des deux qui est innovante et va permettre une séance extraordinaire, hybride et engageant le corps et l'esprit.
— *Placez-vous devant un canapé et esquissez lentement quelques pas de danse soufie en tournoyant de plus en plus vite. Lorsque vous avez fait une dizaine de tours, continuez et attendez que la tête vous tourne...*
Regagnez maintenant le canapé.
Puis au moment de passer devant le canapé, laissez-vous aller dans le canapé et enchaînez immédiatement votre induction usuelle qui vous sert à aller en auto-hypnose.
Quelque chose est vraiment différent, n'est-ce pas ? Ressentez le mélange de cette sensation de tourbillon et de plongée en auto-hypnose.
Cela arrive en même temps, menant à une transe nouvelle et très différente où le corps participe autant ou plus que l'esprit.

Voici une piste pour essayer des transes de nature différentes à ce que vous ou vos clients avez l'habitude.

C'est très intéressant pour coacher un sportif et lui faire essayer une transe expérientielle au niveau du corps. Créez des inductions hybrides ou mixtes à partir de quelques flexions, d'une hyper-ventilation puis de l'enchaînement de ce que vous aviez prévu comme induction. Observez des transes différentes et écoutez ensuite le retour de vos clients. Soyez utilisationnel, questionnez le client sur ses pratiques corporelles et faites avec ce qu'il vous livre. S'il ne pratique pas de sport, utilisez la marche, un mouvement des bras ou des mains, etc. et utilisez l'esprit de l'hypnose des derviches tourneurs dans vos séances.

39. Hypnose à distance (numérique)

L'hypnose à distance a été un grand classique des manuels du XIXe siècle et fait l'objet de nombreux ouvrages : influence à distance, transmission de pensée, télékinésie, télépsychie, etc. En 2020, la pandémie de Covid-19 notamment, en raison des périodes de confinement, a suscité un boom des consultations en ligne et de ce fait du nombre de séances d'hypnose à distance. Cette modification des relations aura permis à de nombreux hypnotiseurs de revoir leurs discours, leur cadre, leurs pratiques, leurs inductions et finalement leur référentiel, c'est-à-dire comment ils voient le rituel et la mécanique de l'hypnose à distance.

Les racines de cette hypnose à distance trempent dans la sorcellerie, magie blanche ou magie noire, susceptible d'intervenir malgré la distance (voir **36**). Par exemple, dans nos campagnes, encore en Ariège et en Bretagne il n'y a pas si longtemps, pour menacer un sujet de lui jeter un sort, il était bon d'avoir une partie de lui (cheveux, rognure d'ongles, vêtement ayant été porté, etc.). S'il a perdu une dent et que vous l'avez récupérée, vous pouvez tranquillement aller voir une sorcière qui sera à l'aise pour lui jeter un sort. Dès lors, vous pouvez le menacer en disant :

— *Fais attention, j'ai une dent contre toi !*

Même à distance, c'est toujours et encore la transe du client, lorsque vous avez déjà vu le sujet en séance. Cette hypnose à distance est le royaume de la suggestion post-hypnotique. Intervenir à distance, certes, c'est bien plus facile avec un sujet que l'on a déjà eu à portée de main si l'on a anticipé la future induction à distance en posant une suggestion post-hypnotique ou un ancrage de réinduction rapide.

— *À chaque fois que je dirai « TRUC » vous entrerez en transe facilement et deux fois plus profondément !*

Il reste le cas de la personne que l'on n'a jamais vue, qui prend rendez-vous par Internet et fait l'objet d'une séance vidéo en guise de première séance. Et là aussi la transe peut être au rendez-vous car vous pouvez lui demander de s'isoler, ce qui amplifie le pouvoir de votre voix qui lui arrive dans le casque ou le haut-parleur. Pour la suite soyez utilisationnel, donnez le contrôle sans le prendre. C'est à partir de ce que dit le client que vous pouvez improviser son induction.

Dans le cas d'une première séance par vidéo, la pré-induction se limite aux échanges téléphoniques ou par écrit qu'il convient alors de soigner en écrivant par exemple pour forger l'attente :

— *C'est convenu, vous avez rdv avec votre séance d'hypnose le mardi 12 à 14 heures.*

Ou par téléphone en commençant la sychronisation :

— *Je vous attends le mardi 12 à 1'heure, venez juste avec votre imagination* ☺ (créer de l'attente, confusionner).

De plus, le client constitue aussi lui-même sa pré-induction sur la base de ses croyances, de ce qu'il a cru comprendre, de l'humeur de votre échange et cela peut être ensuite évoqué en début de séance pour débuter une séance en allant chercher la pré-induction existante :

— *Avez-vous déjà été hypnotisé officiellement ?*

Les séances d'hypnose de quasi n'importe quel sujet peuvent se faire presque de la même manière en visioconférence. C'est une vraie découverte de la période de pandémie qui corrobore le fait que c'est le client qui agit et qui travaille, l'hypnothérapeute ou le coach n'étant qu'un catalyseur. À distance, le catalyseur passe par la voix, mais aussi les images (utilisez une caméra qui peut montrer votre bras en lévitation).

La distance n'empêche pas de travailler la plupart des sujets abordés en séance physique sauf peut-être le coaching sportif qui mérite parfois de vivre plus intensément les gestes sportifs physiquement sur le terrain des opérations.

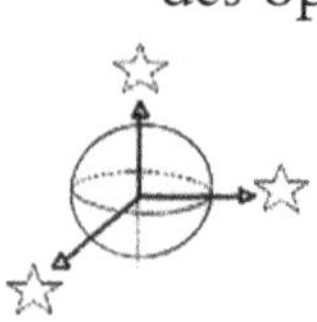

Même si la communication ne porte pas sur les mêmes canaux qu'en présentiel, la distance n'empêche pas de travailler la plupart des sujets abordés en séance physique. Vous pouvez évoquer en pré-induction le cas des coupeurs de feu qui agissent même à distance par téléphone. L'efficacité de l'hypnose à distance est dépendante des suggestions que vous faites sur son cadre. Si la visio est plus confortable, il est possible d'utiliser l'hypnose par téléphone en la codifiant. Par exemple pour une séance par téléphone, il faut poser un cadre strict contenant une description de la séance qui consistera en brèves séquences de mise en transe puis de retour dans l'ici et maintenant pour débriefer et avancer sous forme de coaching d'apprentissage.

— Durant cette séance, chaque fois que je dirai le mot « téléphone », vous reviendrez dans l'ici et maintenant. Pour des raisons de sécurité, je vais noter votre numéro de portable, Je vous demande de le laisser sur sonnerie et à côté de vous. Si vous ne vous réveillez pas avec le mot « téléphone » je le ferai sonner pour un fort signal de retour. (Suggestion : vous allez aller en transe profonde.)

Car le référentiel se construit par la suggestion du référentiel.

Techniquement, il convient de demander au client de régler sa caméra correctement afin de pouvoir suivre les mouvements idéomoteurs que vous prévoyez dans la séance. Par exemple :

- Si vous prévoyez une lévitation, il vaut mieux une caméra montrant le buste avec les mains posées sur les cuisses et la tête dans le même cadrage.
- Si vous voulez enchaîner une micro-sieste avec la séance sur le sujet du sommeil, il vaut mieux un client assis sur le bord de son lit pour qu'il puisse conclure la séance en tombant en arrière pour rejoindre les bras de morphée.

Il est possible de demander plusieurs réglages de caméra dans la séance, mais ce n'est pas idéal et il est préférable, si possible, de faire faire au client un réglage définitif[1] pour toute la durée de la séance.

L'insomnie se règle à distance par visio

Obtenez la preuve de la capacité à dormir par une véritable sieste qui continue la séance par une vraie sieste.

Carine se désole de connaître l'insomnie chaque soir. En amont de la séance, vous lui avez demandé de prévoir au moins trente minutes de libre après l'horaire de fin de la séance et de s'installer assise sur un lit avec son ordinateur portable sur un tabouret.

Après une séance classique :

— Vos mains se rapprochent…

1. À noter que les caméras d'ordinateurs offrent bien peu de réglages du fait de leur intégration sur l'ordinateur. Demandez au client d'utiliser des livres de différentes épaisseurs pour constituer un support à l'ordinateur plaçant la caméra au bon point de vue. Le réglage consiste alors dans la position de la pile de livre et sa hauteur ainsi que l'inclinaison de l'écran dans un angle adéquat.

Quelle main va se lever en premier ? Etc.
Entrez à l'intérieur de vous-même…

Suite de la séance. Et après la séance :
— *Maintenant que vous avez appris à entrer en auto-hypnose, vous allez conclure cette séance en allant en auto-hypnose pour 20 minutes. Et lorsque vous serez en transe, vous imaginez un sommeil au plafond, et vous demandez à votre cerveau :*
— *Je me demande à quel moment le nuage du sommeil descend et à quel endroit il me touche en premier.*

La cliente tombe en arrière sur le lit.
La séance est terminée, mais si vous n'avez pas besoin de l'ordinateur, par curiosité, coupez le son et laissez la visio en route quelque temps. Un quart d'heure après, bravo, elle fait encore la sieste. Vous coupez la visio.

Pourquoi ne pas utiliser les fusibles pour amplifier la transe du client ? Sous couvert de sécurité puisque vous prenez en charge la cliente pour sa première séance à distance, demandez quelques aménagements avec la caméra, obtenez un réglage qui vous convienne pour observer une lévitation du bras et suggérez l'usage d'un casque pour isoler le client dans l'emprise de votre canal voix. Ensuite convenez d'un mot clé par exemple « téléphone » pour sortir de transe :

— *Chaque fois que je dirai « téléphone », vous sortirez de transe et nous discuterons ? D'accord ?* [Obtenez un acquiescement.] *C'est important parce que nous allons faire une séance avec des entrées en transes multiples et surtout gardez votre téléphone mobile près de vous parce que, si vous êtes en transe trop profonde, je le ferai sonner pour vous faire revenir. Je vérifie votre numéro, c'est bien le 0607…*

9

HYPNOSES DE BIEN-ÊTRE

40. Hypnose Roustang

L'art véritable est sans but, sans intention. Plus vous vous obstinez à lâcher la flèche en vue d'atteindre sûrement un objectif, moins vous y réussirez. Ce qui pour vous est un obstacle, c'est votre volupté trop tendue vers une fin. Vous pensez que ce que vous ne faites pas par vous-même ne se produira pas[1].

François Roustang a fait des études de philosophie, de théologie puis de psychopathologie, Il est par ailleurs membre de la Compagnie de Jésus. Dans les années 1970, il est un membre de l'École freudienne de Paris de Jacques Lacan. Suite à un écrit scandaleux dans une revue jésuite, il quitte l'institution catholique et devient psychanalyste. Il constate l'esprit de soumission qui règne au sein de l'école freudienne, ce qui le fait s'intéresser à la question des relations maître-disciple dans l'histoire de la psychanalyse.

En 1978, François Roustang publie dans la *Nouvelle Revue de Psychanalyse* « Suggestion au long cours », dans lequel il souligne le rôle de la suggestion dans la cure analytique. Cela signe sa prise de distance progressive avec la psychanalyse et son intérêt croissant pour l'hypnose. En 1983, François Roustang se forme à l'hypnose avec des hypnothéra-

1. Eugen Herrigel, *Le Zen dans l'art chevaleresque du tir à l'arc*, « L'être et l'esprit », Dervy, Paris, 1997.

peutes américains formés par Milton Erickson. En 1986 il confirme la rupture avec la psychanalyse et l'héritage de Lacan avec la publication de « Lacan, de l'équivoque à l'impasse ».

En 1994 il publie *Qu'est-ce que l'hypnose ?* et s'impose peu à peu comme une référence francophone des théoriciens de la pratique de l'hypnose.

C'est une transe qui s'instaure par elle-même, que le patient découvre et provoque de son propre chef. Elle le plonge dans un état d'indistinction des êtres et des choses. Elle remet l'ensemble de ses capacités en mouvement et le symptôme est alors lui-même pris dans le mouvement ; il perd son isolation et peut ainsi disparaître. Cela suppose que l'on cesse de penser et que l'on se laisse aller à sentir de la façon la plus ouverte possible. François Roustang insiste sur la nécessité de la posture hypnotique du thérapeute comme condition *sine qua non* pour que le patient expérimente cette transe dynamique salvatrice. L'hypnothérapeute précède le patient dans la transe. Plongé dans la sensorialité élargie, il se contente d'y inviter ce dernier en le faisant passer de la veille restreinte vers la perceptude[1].

En pré-induction le discours peut être :

— *Asseyez-vous le plus confortablement possible et ne faites rien. L'efficacité de l'hypnose est dans le « ne rien faire ». Si on fait quelque chose, ce n'est pas efficace. Quand on n'a plus de préoccupation déterminée, on est comme en suspens et on atteint de ce fait une certaine disponibilité.*

Cette hypnose couvre le vaste champ de la psychothérapie et de la psychanalyse. Sur l'efficacité ou les résultats obtenus, François Roustang précise :

— *Pendant longtemps, j'ai voulu obtenir un résultat. Sans doute que je le veux encore aujourd'hui. Mais ce désir passe par le renoncement à obtenir autre chose que ce que veut ou désire le patient. Je ne m'attribue pas le succès, je ne me chagrine pas de l'échec. Je vérifie seulement si je suis vraiment prêt à n'importe quoi de ce qui peut arriver. Il m'a certainement fallu des années avant de m'être senti aussi libre du succès que de l'échec.*

1. Notion proposée par François Roustang qui désigne l'état d'une personne plongée dans son univers perceptif, sans intervention de l'intellect ou des émotions.

Sa pratique clinique est à la source de ses écrits. Elle se complète de l'influence de philosophes : Friedrich Nietzsche et Ludwig Wittgenstein. François Roustang cultive d'ailleurs une proximité avec celle des anciens « magnétiseurs ». Il s'est notamment intéressé aux théories de philosophes tels Wilhelm Hegel ou Maine de Biran sur le magnétisme animal. Roustang s'inspire aussi bien entendu de ses contemporains Milton Erickson, Léon Chertok, Michel Henry ainsi que Gregory Bateson pour sa pensée.

— *Si vous ne faites rien, vous allez trouver la bonne place.*

Des écoles telles que l'eïnothérapie (voir **46**) se revendiquent de l'approche de François Roustang. Il s'agit de laisser l'environnement enlever les blocages qui créent le mal-être, qu'ils soient liés à une image de soi, un traumatisme, une tension dans le corps, etc.

— *Si vous étiez certain que, quoi que vous fassiez, quoi que vous tentiez, quoi que vous essayiez pour atteindre votre objectif, il ne se réaliserait jamais, que feriez-vous alors ?*

L'hypnose Roustang demande la collaboration du patient pour qu'il ne fasse rien, qu'il n'attende rien. Sa volonté n'est mise à contribution seulement que pour vouloir ne pas vouloir.

Francois Roustang utilise la métaphore de la barre fixe. Le sportif est accroché et ce qu'il peut faire, c'est « ouvrir les mains », c'est-à-dire « lâcher prise ». Ouvrir les mains est le dernier acte volontaire, comme accepter d'entrer en hypnose et ensuite on se laisse aller à ne rien faire avec sa volonté pour vivre un état d'hypnose efficace.

Apprenez à ne rien faire

Carine se désole… (et quelle que soit sa plainte)
— *Installez-vous confortablement, vous êtes bien et le son de ma voix vous parvient facilement. Peut-être sentez-vous votre corps et… quelque part… une certaine tension ou désagrément. Ne faites rien de spécial, laissez-vous…*
Vous n'avez rien à faire, surtout pas l'effort de ne pas faire d'effort. Vous pouvez même ne pas faire attention à ce que je vais dire…
Etc.
Le thérapeute entre en transe. Etc.

Pourquoi ne pas ajouter à vos séances à l'essai pour voir ce que cela peut donner un moment de *farniente*. Ceux-ci peuvent être de deux sortes :

Farniente du client :

— *Vous ne faites rien. Expérimentez-le « ne rien faire ».*

Farniente du thérapeute :

— *C'est de fait un apprentissage. Avec le temps et l'expérience, on sait que l'on ne peut pas produire un changement à la place du patient. Il est même contre-productif de vouloir quelque chose à sa place.*

Par ailleurs, le patient ne demande pas l'apitoiement. Alors que reste-t-il ? Une présence intense qui nécessite de la part du thérapeute un abandon de tout souci de soi, une attention à l'autre qui vide de toute prétention à savoir. Une attente qui n'attend rien de particulier, mais tout ce qui voudra bien advenir. Et si vous ne savez pas, entrez en transe vous aussi.

41. Hypnose Brosseau (Gaston Brosseau)

Une réinitialisation des cinq sens, c'est le résumé de l'hypnose originale ou peut-être originelle que propose ce psychologue québécois. Il parle aussi d'hypnose 2.0 en filant la métaphore informatique.

Gaston Brosseau[1] propose, un peu dans le sillage de François Roustang (voir **40**), une vision de l'hypnothérapie ramenée à sa plus simple expression. C'est une vision humaniste qui part du postulat que l'être humain peut se réinitialiser, faire un *reset* de ses cinq sens. Ainsi on compte sur ses ressources existantes pour atteindre sa zone de confort, son mieux-être et sa qualité de vie.

Les transes proposées sont très particulières car elles naissent de nano-inductions, un concept défendu par Gaston Brosseau. Une nano-induction dure parfois un quart de seconde et suffit à changer la perspective du patient. Par exemple, lorsque l'on doit rattraper un double décimètre qui tombe à la verticale entre le pouce et l'index, on met en général 0,4 seconde en moyenne. Cette nano-induction est organisée pour que, pendant ce temps, l'inconscient ait le temps de se

1. Gaston Brosseau, *L'Hypnose, une réinitialisation de cinq sens : Vers l'hypnose 2.0*, interéditions, Malakoff, 2023.

restructurer. Le créateur parle volontiers d'hypnose instantanée les yeux ouverts et précise que la profondeur de transe n'a pas de sens dans sa pratique. Il s'agit plutôt d'une sidération instantanée se rapprochant de la fascination par le regard intérieur que porte le client sur lui-même (voir **17**).

De manière surprenante et un peu provocatrice, l'induction commence par la suggestion de « ne rien faire » qui est présentée comme une méthode « d'anti-relaxation ».

Puis, pour ajouter au côté déroutant, il demande à son client de nommer ses cinq doigts, et bien souvent le symptôme est déjà estompé par la réinitialisation produite par l'émergence de sa conscience efficiente. Cependant la confiance en soi doit pré-exister dans l'attitude du thérapeute et il ne nie pas que la réputation agit fortement en guise de pré-induction.

Selon son créateur, les usages sont les mêmes que pour des séances d'hypnothérapie (voir **32**). Cette manière d'obtenir un changement instantané est précieuse et doit être jugée à l'aune des résultats.

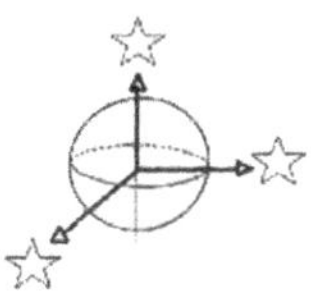

Dans le sillage de François Roustang, de l'humanisme de Milton Erickson, de la Nouvelle Hypnose participative (voir **48**), cette hypnose se distingue en fait par le facteur temps qu'elle ramène à un point d'une seconde sur la ligne de temps perçue culturellement par les humains. Elle reconnaît la capacité de changement immédiat de l'inconscient et lui en offre la possibilité par une nano-induction.

— *Asseyez-vous et ne faites rien, rien, même ne pas m'écouter, rien mais parfaitement. Savez-vous que les recherches en neurosciences ont mesuré que l'on prend une décision en 0,27 seconde ?*

En même temps, brandissez un double décimètre de préférence de 30 cm, et faites la démonstration de le saisir entre pouce et index, puis de le lâcher et enfin de le rattraper. Puis expliquez l'exercice.

— *Mettez les doigts comme ceci, je place la règle au-dessus et quand le la lâche vous aurez juste à la rattraper, la plupart des gens l'attrapent en 0,4 sec c'est-à-dire entre 17 et 24 cm… mais c'est de votre ressort de vous donner tout le temps du monde pour rattraper la règle*

— *Euh d'accord.*

— *Vous aurez le loisir de vous retrouver ou vous voulez au moment où vous attraperez la règle et c'est à vous de déterminer le temps que vous vous donnez pour vous assurer votre propre pris en charge.*

— *Euh d'accord.*

— *Êtes-vous prêt ? je peux lâcher la règle ?*

— *Oui.*

[Il attend un peu et lâche la règle.]

À chaque fois les clients ferment les yeux en attrapant la règle bien que personne ne leur ait demandé et restent un moment en recueillement.

Le thérapeute attend que son client ouvre les yeux, il arrive que cela dure quelques dizaines de minutes[1] et il se trouve d'ailleurs dans la posture d'un client au moment de l'émergence ou du retour dans l'ici et maintenant.

— *C'est comment ?*

Un univers dans un mouchoir...

Carlos est déprimé (ici expliquer son problème).
Vous lui présentez un mouchoir en papier en l'invitant à en faire une description exhaustive au plan sensoriel sans donner d'autres indications.
Observez-le client.
S'il vous répond sans tenir compte des cinq sens, précisez-lui les dimensions sensorielles qu'il omet. Accompagnez-le alors pour revenir sur les cinq sens :
Vision : couleur, forme.
Audition : en froissant le mouchoir.
Odorat : en appréciant la fragrance.
Goût : que se passe-t-il en bouche ?
Toucher : quelle texture ?

Posez ensuite des questions sur son état actuel par rapport à comment il se sentait avant l'exercice.
— *C'est comment maintenant ?*

Il semblerait qu'il y ait une corrélation directe entre le nombre de sens invoqués spontanément et la capacité du client à se réinitialiser instantanément et obtenir le bénéfice thérapeutique attendu :
— *C'est étrange, c'est comme si cela avait changé.*

1. Remarque de l'auteur : Ce qui se rapproche du point de vue du temps au fonctionnement de la crise mesmérique (voir **16**).

Cette appellation d'hypnose 2.0 filait la métaphore du Web, un concept à la mode pour se poser en innovation de rupture. Elle est en effet très différente de l'ericksonienne. Je n'ai pas pu m'empêcher de me questionner sur les présupposés que contient cette appellation.

Elle est en rupture comme peut l'être une nouvelle version du Web, mais son appellation présuppose qu'elle sera un jour remplacée par une hypnose 3.0 qui a son tour… N'est-ce pas le lot de toutes les hypnoses qui cherchent à se distinguer du lot ?

Pourquoi ne pas égayer vos séances par une nano-induction de préférence en ré-induction pour que votre premier essai soit plus hypnotique et quasiment sans échec et après un discours de pré-induction adéquat :

— *Pour clôturer la séance, je vous propose un petit jeu* [en arborant un double décimètre ou un mouchoir en papier et un beau sourire].

42. Hypnose Pendule

Depuis longtemps, ce pendule qui bouge tout seul et répond souvent avec pertinence aux questions posée a longuement animé les salons férus d'hypnotisme. Au côté des tables tournantes, du ouija et de l'écriture automatique, il permet de passionnants dialogues… toute la question est de savoir avec qui ?

— *Regardez le pendule divinatoire et écoutez ce qu'il veut nous dire !*

Il est encore utilisé par les radiesthésistes, sourciers, parapsychologues, spiritualistes et autres adeptes *new age*… Pourtant, nous avons scientifiquement percé comment il fonctionne. En effet dès 1850 Michel-Eugène Chevreul, ce chimiste français connu pour sa découverte de la stéarine, écrivait que le pendule ne faisait que profiter de petits mouvements musculaires inconscients et que la cohérence des réponses était issue de l'autosuggestion assortie de l'écoute inconsciente. Des expériences en bloquant progressivement le bras jusqu'au poignet avec des bandes de plâtre montrent que le pendule s'arrête alors que les imperceptibles mouvements ne peuvent plus lui être transmis. Autrement dit c'est bien le sujet qui répond par un code, mais il n'en a pas conscience. Il y a donc la possibilité d'un dialogue avec sa partie inconsciente.

Cela vous paraîtra surprenant, mais savez-vous que ce pendule fonctionne même à l'état d'éveil ? Il ne nécessite pas de transe. Les micromouvements inconscients qui alimentent ses oscillations puis ses déplacements sont des phénomènes hypnotiques présents à l'état de veille. Rassurez-vous, cela fonctionne aussi sous hypnose avec de préférence un niveau de transe qui conserve les yeux ouverts pour observer les mouvements du pendule et donc la capacité de communiquer par la parole pour en discuter.

Fabriquez un pendule avec ce que vous voulez, une alliance, un écrou, un petit caillou, etc. accroché à un mince fil de 20 cm environ. Ou bien faites donc l'achat d'un pendule de quartz scintillant dans une échoppe d'ésotérisme. Qu'il soit bricolé ou acheté, il fonctionne et surtout il possède encore, sous son charme désuet, un peu vieillot, un petit parfum de soufre et de paranormal. Profitez de cette aura pour apprécier le trouble que produit ce type d'expérimentation chez un non-initié ou bien servez-vous en personnellement en connaissance de cause.

Puisque vous disposez maintenant du pendule, vous allez pouvoir discuter avec votre inconscient ou celui de votre client. Ce sera un apprentissage rapide, mais un apprentissage tout de même et il faut vous attendre à ce que cela marche de mieux en mieux à chaque fois que vous vous en servirez. Une fois le code fixé comme sur le dessin, vous pourrez explorer par « oui » et par « non » une conversation à bâtons rompus avec l'inconscient. Les usages sont multiples autour de cette possibilité de conférer avec l'inconscient :

- se confronter à la réalité de l'inconscient en lui posant des questions sur ses goûts et ses préférences qui peuvent être différents des vôtres ;
- obtenir des renseignements sur un comportement phobique ou que vous souhaitez modifier ;
- questionner l'inconscient sur son désir d'aller en transe : *en guise de pré-induction* ;
- questionner l'inconscient sur l'origine d'un trouble : *en guise de débroussaillage* ;
- etc.

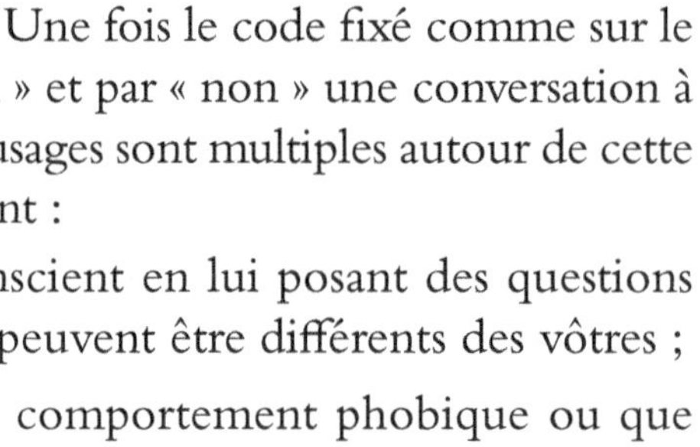

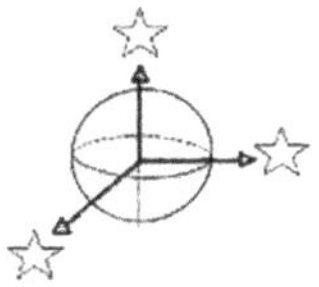

Nous sommes dans le référentiel de discussion possible avec l'inconscient d'une personne.Vous posez des questions en parlant et le corps vous répond par des mécanismes idéomoteurs qui mettent en mouvement le pendule.

Présentez le pendule puis expliquez qu'il s'agit tout d'abord de convenir d'un code pour le mouvement correspondant à « oui » et celui signifiant « non ». Faites un test et ensuite vous pouvez poser les questions à haute voix pour vous ou votre client et observer les réponses. Parfois elles demandent une seconde pour inverser le mouvement actuel du pendule, mais en définitive les réponses sont assez directes et rapides. Elles sont aussi pertinentes, ce qui en fait une expérience remarquable de communication avec son propre inconscient.

Discuter avec cette partie de vous qui a des réponses

Carine a besoin de confiance en elle pour passer un examen
Pour redonner sa confiance en elle à cette étudiante, une stratégie peut prendre le chemin de traverse de la découverte du bon vieux pendule de Chevreul.
1. En pré-induction, racontez une anecdote sur la magie du pendule et le fait qu'il apporte des réponses pour peu que l'on consacre quelques minutes pour apprendre à s'en servir.
2. Organisez un petit apprentissage et convenez d'un code pour le « oui » et d'un code pour le « non ». Commencez par des questions simples mais booléennes [oui/non] :
— *Est-ce que je suis un garçon ?*
— *Est-ce que je passe l'examen en juin ?*
3. Incitez le sujet à jouer et poser des questions de plus en plus personnelles.
7. Expliquez que ce n'est pas une lecture du futur, mais une réponse de la partie inconsciente qui dispose de plus d'informations que la partie consciente.

Certes vous n'y croyez pas, ce n'est pas ericksonien comme vous avez appris, mais si vous achetiez un pendule pour essayer, plutôt que d'en fabriquer un qui vous donnerait l'excuse facile de dire :

— *Pfff, cela ne marche pas !*

Prenez-le dans les premiers prix car il fonctionne de toute manière indépendamment de son prix, mais pensez quand même à son esthétique, à son apparence si vous le laissez traîner sur la table basse dans votre cabinet à la vue des clients.

Et si d'aventure un client vous fait une remarque, soyez utilisationnel et proposez un petit essai qui n'engage à rien que la rencontre avec son inconscient. L'autre avantage, c'est qu'entre deux clients, vous pouvez jouer avec et dialoguer avec votre autre partie…

— *Est-ce que le client suivant m'a posé un lapin ?*

43. Hypnose sexologie

La sexologie est une médecine, la sexualité un univers partageable et qui gagne à être partagé.

Peu de thérapeutes utilisant l'hypnose se sont spécialisés dans cette approche qui reste hélas relativement confidentielle. Il s'agit d'aborder avec chaque patient ce qui ne leur convient pas ou plus dans leur sexualité… Daniel L. Araoz distingue cinq parties dans la sexualité : l'identité de genre, l'orientation sexuelle, les préférences sexuelles, le fonctionnement sexuel et le contexte culturel dans lequel se situe le sujet. Pour lui, l'hypnose et l'auto-hypnose sont des indications pour la sexologie. Il prône avec la Nouvelle Hypnose (voir **48**) une attitude positive envers la personne, l'inclusion dans le traitement de la relation, voire du partenaire, et la reconnaissance positive des compétences de l'inconscient.

Elle utilise *a priori* toutes sortes de profondeurs de transe mais privilégie des transes profondes généralement somnambuliques (voir **22**) ou plus approfondies comme des états Esdaile (voir **51**) qui seront stabilisées pour faire ensuite un travail thérapeutique souvent métaphorique ou isomorphique.

Dans ce domaine, il est très appréciable d'apprendre à se relaxer car il s'agit de rejoindre des processus qui fonctionnent naturellement lorsqu'on ne les appelle pas et qui, au contraire, sont rapidement rendus dysfonctionnels lorsque l'on essaie de les rejoindre par l'action de la volonté. Des suggestions de relaxation, d'abandon du paradigme de la performance, de recentrage sur le ressenti, etc. sont donc toutes indiquées en pré-induction.

Usage

L'usage cerne des pathologies appartenant au domaine de la médecine et des dysfonctionnements que l'on peut pudiquement lister :

- éjaculation précoce,
- anéjaculation (absence d'éjaculation),
- troubles de l'érection,
- vaginisme,
- dyspareunie (douleur pendant les rapports),
- insensibilité,
- etc.

Cependant, au-delà de la plainte du sujet, la question de la normalité se pose et renvoie aux valeurs personnelles du thérapeute et donc indirectement à sa zone d'ombre. Il convient d'avancer dans ce domaine sans porter de jugement, interroger le sujet sur ses compétences avérées, ce qu'il faisait avant la plainte qu'il peut s'agir ensuite de retrouver, de réactiver, d'expérimenter à nouveau par l'hypnose.

En sexologie médicale, plus que jamais il convient de respecter le client et de ne pas chercher des solutions à sa place. L'hypnose peut servir à le détendre, lui permettre de reconsidérer sa carte du monde, lui proposer des apprentissages inconscients mais surtout sans lui imposer quoi que ce soit en matière de normalité ou de performance. Pour autant, un ensemble de suggestion utilisant l'autorité de la blouse blanche peut l'aider grandement à déconstruire ses croyances négatives (même et surtout si elles contiennent de la confusion) :

— *Savez-vous que l'on peut avoir un orgasme sans éjaculer ?*

Une autre manière de voir est d'utiliser l'hypnose pour transformer les sentiments négatifs d'un individu envers lui-même, comme le manque de confiance, en des croyances positives comme la confiance envers sa sexualité créative.

Utilisez des phénomènes hypnotiques : l'hyperesthésie qui exacerbe les sensations est une indication, une possibilité de travail sous hypnose lorsque l'on est en présence de sensation *a minima* par exemple lors des préliminaires, ou bien encore pour l'anaculation (éjaculation rendue difficile par défaut de ressenti).

À l'inverse l'analgésie est un phénomène qui peut servir d'apprentissage de la temporisation en cas d'éjaculation précoce. Par ailleurs, le cerveau est avide de nouveaux apprentissages que l'on peut lui suggérer, par exemple avec un isomorphisme entre le problème et une autre compétence avérée et prouvée dans un autre domaine (voir exemple du fou rire suivant).

Une érection comme un fou rire qui monte qui monte...

Carl se plaint d'avoir des érections chaotiques.
Placez-le sous hypnose et invoquez un phénomène isomorphe.
— *Parfois on ne sait pas pourquoi, mais on sent un fou rire qui monte et on n'y peut rien, on n'en peut pas s'empêcher de rire et de plus en plus...* [suggestion de l'impossibilité de contrôler].
Suggérez une sensation particulière comme un sourire qui devient un petit rire qui monte qui monte puis le lier à un geste :
— *Et à chaque fois que je vous touche l'épaule, le rire monte de plus en plus...*
Ancrez sur un geste de contact de l'épaule pour pouvoir le démontrer à l'état d'éveil.
— *Et chaque fois que je touche l'épaule, vous n'y pouvez rien, le rire vient et monte comme un fou rire, hochez la tête si vous avez compris* [suggestion post-hypnotique].

Au retour de transe :
— *Et dans un instant, vous allez revenir dans l'ici et maintenant et il est possible que vous ayez un fou rire après être revenu sans aucune raison* [suggestion post-hypnotique].
— *Humm...*
Sans voix, il se touche longuement le visage, s'étire et garde les yeux encore fermés pour l'instant et son soupir se transforme en petit rire...
— *Euh... je reviens de loin là... Hi Hi... Hah hah Hi hi...* [Il a un fou rire qui monte.]
Vous lui laissez vivre longtemps ce fou rire éventuellement en touchant son épaule et en arrosant de suggestions sur l'impossibilité de se contrôler et sur le caractère automatique et involontaire du phénomène.

Cette stratégie utilise un apprentissage inconscient d'un processus isomorphe à l'érection qui arrive sans l'avoir demandé, ni désiré, ni obtenu par la volonté. Après l'avoir déclenché plusieurs fois en séance par l'ancrage en touchant l'épaule, un apprentissage métaphorique peut permettre à la personne de trouver de nouvelles manières de fonctionner.

À la séance suivante, Carl avoue avec fierté et aussi un peu de gêne que cela commence à marcher et même dit-il, en baissant le ton, beaucoup mieux.
— *Parfait. Souhaitez-vous travailler à l'amplifier ?*

Appuyez-vous sur la compétence du client en matière de phénomène hypnotique. Pourquoi ne pas faire vivre une analgésie (voir **28**) puis une hyperesthésie (voir **29**) d'une main. Une fois cette compétence acquise, il sera facile au cerveau du client d'utiliser toutes les options du gradient entre l'analgésie pour ne rien sentir et l'hyperesthésie qui rendra chaque millimètre de peau hypersensible.

Ensuite une solution élégante serait de faire halluciner une salle de commande comme dans ce film avec Woody Allen[1] où l'on voit les spermatozoïdes se préparer pour le grand saut. Dans cette salle de commande, le sujet peut passer tout le temps du monde à prévoir plusieurs réglages qui lui conviennent à peu près. Et ensuite selon la situation, il pourra utiliser la gamme de réglage qui convient le mieux à la situation.

— *Dans cette salle de commande prenez le temps d'examiner toutes les manettes, tous les potentiomètres et tous les réglages de vitesse, de lenteur, de forme, de taille ou d'intensité. Je vous propose de faire trois sortes de réglages avec l'idée de pouvoir utiliser automatiquement le meilleur réglage à chaque fois en fonction de la situation.*

44. Hypnose érotique

— *L'hypnose pour faire l'amour consiste à donner du pouvoir à vos chéri(e)s sur leur sexualité*[2].

La sexualité est un univers partageable et parfois partagé. L'hypnose qui y est déjà présente, peut lui apporter beaucoup. Utiliser l'hypnose peut permettre par exemple de visiter une collection de virtualités qui peut s'adapter à chaque désir, fantasme, demande de sensations… Elle est cependant réservée au couple d'adulte consentant qui veut s'amuser et aller plus loin.

Dans bien des manuels d'hypnose appliquée, il y a un chapitre sur les dysfonctionnements sexuels. En contrepartie, il y a bien peu de littérature pour ceux qui n'ont pas lieu de se plaindre de leur sexualité mais qui veulent cependant l'améliorer.

1. Film : *Tout ce que vous avez toujours voulu savoir sur le sexe (sans jamais oser le demander)* 1972.
2. David Shade. *Secrets of Erotic Hypnosis*, MC., 2009.

Cela reste encore très tabou et peu d'ouvrages sont spécialisés dans cette approche qui reste hélas assez confidentielle. Un usage hédonique de l'érotisme et du plaisir est pourtant possible. Il est fondamentalement intime, voire personnel en cas d'auto-hypnose et, pour ce qui est d'une utilisation de l'hétérohypnose, mérite toujours de faire l'objet de discussions dans un couple afin de rester dans un contexte d'adultes consentants.

Stabilisez des transes ordinaires à tonalité relaxante de profondeur moyenne à profondes et les approfondir avant de poser des ancrages ou des suggestions post-hypnotiques. Elles seront suffisantes pour créer du contenu onirique, des futurisations, des inversions de genre, des décors particuliers, etc.

L'hypnose dans ce domaine est plus que jamais un lent et agréable glissement de la conscience vers la confiance. Avant toute action hypnotique de ce genre, il convient de proposer de la relaxation et de la confiance pour mettre en place une vraie relation intime. C'est à partir de cet état de ressource calme et confiant que des suggestions de montée du plaisir comme une montée de fou rire inextinguible peuvent se laisser suggérer (voir **54**).

La question de la normalité se pose. Par éthique, elle doit se discuter en couple et renvoie aux valeurs personnelles du praticien et du partenaire. On peut lister quelques domaines assez classiques :

- augmentation de la sensibilité (hyperesthésie) ;
- création de zones érogènes (voir la main gauche érogène) ;
- ancrages divers dont sur l'orgasme ;
- orgasme sans les mains (psychique) ;
- orgasme réel (ancrage sur un véritable orgasme) ;
- rêves érotiques conduits (en auto-hypnose ou hétéro-hypnose) ;
- étreinte dans un décor halluciné produisant un changement de décor ;
- vivre une expérience dans un corps de l'autre genre (vivre un orgasme de l'autre sexe) ;
- synesthésie (donner des couleurs aux orgasmes ou dans l'autre sens donner des sensations aux couleurs) ;

- amplifier les jeux de rôles (rendre la fiction réelle) ;
- etc.

À côté de ces usages, somme toute, ordinaires, il est possible d'expérimenter d'autres aventures. Dans ce cas, il n'y a pas vraiment de limites entre adultes consentant pour mettre en scène des fantasmes, soit sous forme onirique sans aucun danger, soit sous forme de séquence réelle de vie sous hypnose, qu'il conviendra de rendre parfaitement sécurisés et consentis avec la possibilité de dire « non » présente à chaque instant.

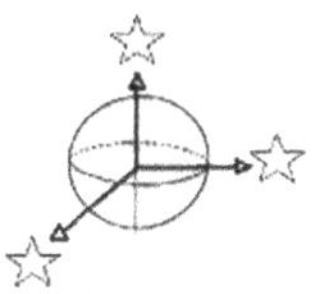

Ce référentiel humaniste qui ose aborder certaines notions taboues se caractérise par une liberté d'expression qui appelle un chat un chat, des discussions sur l'oreiller où l'écoute est assurée, des idées partagées et savourées avant de les mettre en œuvre. C'est aussi une approche graduelle de l'usage de l'hypnose, avec une possibilité de sortir de transe à tout moment et des discussions sincères sur le vécu expérienciel de chacun *a posteriori*.

— *Et quand tu fais le geste d'ancrage sur l'orgasme maintenant dans la voiture, ça te fait comment ?*

Vous avez déjà longuement parlé de cette séance et votre partenaire l'attend avec impatience.Voilà que vous annoncez le type de séance et, puisqu'il/elle est d'accord, vous commencez à l'accompagner dans un état de relaxation très agréable. Selon l'histoire à vivre, ce sera la préparation de quelques ancrages, ou la vision intérieure de certains fantasmes sous forme de rêve dans la nuit, ou encore autre chose parce que vous allez tester cette nouvelle zone érogène comme dans l'exercice suivant :

La main gauche devient érogène

Carla souhaite essayer une nouvelle zone érogène et son compagnon lui propose de lui suggérer tout d'abord une hyperesthésie de la main gauche.
Après une séance de relaxation agréable :
— *Parfois lorsqu'on attrape un coup de soleil sur le dos, on a la peau si sensible que l'on perçoit le moindre contact, on est sensible et même une mouche qui se pose sur le dos paraît une sensation amplifiée. Imagine que ta main a eu ce coup de soleil, cela ne fait pas mal mais tu gardes la sensibilité et cette sensibilité va doubler à chaque fois que je touche la main…*

— *Euh…*
— *Elle double, elle double encore, elle double à nouveau.*
— *Oui.*
— *Et maintenant, je ne sais pas à quel moment tu vas sentir une sensation bien agréable qui part de la main et qui monte dans tout le corps. Comme si la main avait le hoquet d'abord un peu et puis de plus en plus fort et tu n'y peux rien… cette sensation de plaisir monte et double à chaque fois que je claque des doigts (clac, clac, clac, etc.). Maintenant c'est une vague de plaisir qui monte et tu ne peux pas l'empêcher, elle monte de plus en plus…* [et cela monte vers l'orgasme].
Quelques minutes après la conclusion, elle est sans voix, elle se touche longuement le visage, elle s'étire elle garde les yeux encore fermés pour l'instant…
— *Humm* (longue et voluptueuse onomatopée)…
— *C'était de quelle couleur ?*

Vous avez compris que, dans ce domaine, il faut plus que jamais être inventif et que ce sont vos inventions personnelles qui vous feront le plus de bien, voire le plus d'effet, si vous les partagez avec une relation intime.

C'est à vous de jouer avec vos idées et vos fantasmes
— *Et si je faisais un ancrage sur ton….*
— *Et si tu revivais cette nuit une série de rêves érotiques….*

45. Hypnose sportive (*flow*)

Pour un sportif de haut niveau, tout l'art consiste à être parfaitement présent, avec les bonnes ressources, au bon moment et durant la durée du match ou de la compétition. C'est, on le voit, en grande partie une affaire de mental. C'est dire si la notion d'ancrage de l'hypnose est primordiale pour éviter que le corps fasse l'esprit de l'escalier, c'est-à-dire soit capable de l'exploit avant, après, mais jamais pendant la performance.

Elle est attestée depuis le début du phénomène coaching dans les années 1990. Et bien avant, Milton Erickson est en réalité un coach avant l'invention du mot car il a beaucoup travaillé sous hypnose avec des athlètes pour leur permettre de dépasser leurs blocages.

Elle utilise et privilégie un état de *flow* qui s'apparente à une transe spécialisée du sportif en train de pratiquer son sport au plus haut niveau. Les transes sont par ailleurs utilisées en séance de coaching utilisant l'hypnose pour faciliter la pose des ancrages, les futurisations de réussite, etc. La transe devient alors le terrain d'expérimentation de l'approche prudente du *flow*.

Une fois n'est pas coutume, une bonne séance de relaxation peut toujours être bénéfique pour le sportif et il faut surtout y placer des preuves de l'état d'hypnose afin de le convaincre de la prophétie autoréalisante et de la puissance de l'inconscient. Le travail consiste à faire apparaître l'inconscient comme une partie automatique qui peut prendre en charge une partie incrémentale de progrès dans l'imaginaire du sportif.

Il s'agit pour l'essentiel d'utiliser des actions utilisationnelles typiquement ericksonienne, c'est-à-dire de discuter sur les succès afin de leur permettre de se reproduire, sur la technique sportive afin de voir les gestes évoluer en bien et sur les échecs afin de leur apporter du sens par rapport à la quête de performance et de succès sportifs. Les techniques hypnotiques utilisées sont nombreuses :

- l'ancrage pour créer et permettre de retrouver instantanément un état de ressource ;
- la futurisation pour créer aider l'inconscient à visualiser le succès attendu et en vue ;
- la suggestion de progression : arithmétique, géométrique, perceptuelle…

— Si vous faisiez un millimètre de plus dans le prochain lancer, personne ne s'en apercevrait !

De nombreuses autres possibilités sont envisageables, par exemple pour supporter la douleur, améliorer la respiration, remplacer un geste technique par un nouveau geste plus efficace en le réalisant des centaines de fois sous hypnose, etc.

Le coach doit faire partager sa croyance avec le sportif. Ensuite, il ne reste qu'à suivre la prophétie autoréalisante dans le fait que l'état hypnotique est en lui-même porteur de nombreuses possibilités de réorganisations internes. Il est bon de ménager du temps pour prendre du recul sur sa pratique et c'est ce que permet l'hypnose avec les sports :

— *L'imagination est la salle d'entraînement de l'esprit et du corps.*

Le coach intéresse tout d'abord le sportif avec un discours qui sort la personne de son paradigme journalier. Il en profite pour glisser des suggestions aidantes sur l'ambition du sportif, puis annonce le type de séance qui peut être très variable.

Ensuite il accompagne la personne dans l'état d'hypnose et la laisse constater par elle-même des preuves d'hypnoses adaptées aux croyances qu'il est question de modifier. Durant la séance se fait le travail technique proprement dit (par exemple un travail sur un ancrage avec un élastique comme dans cet exemple). Ensuite, le coach délivre des suggestions post-hypnotiques dans le sens de sa stratégie pédagogique et prodigue un réveil apportant bien-être facilitant l'efficacité musculaire.

Juste avant le flow

Carla se désole d'être retombée dans une étape de sa pratique où les progrès de performance sont rares.

— *Tu te souviens de la période faste l'an dernier ?*

Le coach lui tend un élastique qu'il avait glissé autour de son poignet.

— *C'est pour quoi faire ?*

— *Passe-le au poignet.*

— *D'accord.*

Le coach la met en transe.

— *Et maintenant, tu vas rejoindre le moment juste avant le flow comme tu l'as déjà vécu… et au moment exact où tu seras juste avant le flow, tu prends l'élastique et tu le fais claquer*

— *Euh...*

— *Si bien que chaque fois que tu sens l'élastique claquer sur le poignet, tu reviens exactement juste avant le flow.* Carla fait claquer l'élastique.

— *À partir de maintenant, chaque fois que tu sentiras l'élastique claquer, tu reviendras juste avant le flow… ensuite c'est à toi de faire pour aller juste un petit pas plus loin.*

Carla en retour la séance suivante :

— *Et le match…et pour l'élastique ?*

— *J'ai gagné. Je ne m'en suis servi que trois fois mais cela a parfaitement fonctionné.*

Vous n'êtes pas sportif et votre client non plus. Et si vous utilisiez le « *flow* » en allant le chercher dans les souvenirs du client ? Recherchez un épisode de *flow*, c'est le client qui vous le dira :

— *Vous faisiez du sport enfant ?*

— *Oui, du volley.*

— *Et vous vous souvenez du meilleur moment du meilleur match ?*

— *Euh... Ah oui ! c'était contre Lausanne, j'avais enchainé six services gagnants, j'étais comme possédé* [le client sourit béatement].

— *Super, fermez les yeux et allez en transe revivre ce flow. Je vous laisse quelques minutes pour décider comment vous pourriez retourner juste avant que le flow arrive à chaque fois que vous faites un geste...*

46. Hypnose du corps : eïnothérapie

— *Le corps a ses raisons que la raison ignore !*

L'eïnothérapie est une utilisation[1] de l'hypnose dans la continuité de l'hypnose pratiquée par François Roustang (voir **40**). Il s'agit de tenir compte de la prégnance de l'environnement dans lequel baigne le corps qui peut alors devenir acteur indépendamment du mental pour enlever les blocages qui créent le mal-être, qu'ils soient liés à un traumatisme, une tension dans le corps, une croyance ou même une image de soi, etc. Les fascias[2] qui emmagasinent les tensions sont au centre de cette pratique car ils sont considérés comme une mémoire des peurs et donc autant de réservoirs potentiels de mal-être.

C'est une transe du corps qui cherche à être au maximum sans emprise du mental. Une transe généralement légère, conservant la conscience de ce qui se passe est obtenue par une induction d'introspection capable de créer les conditions pour que le corps

1. Selon Bernard Sensfelder, l'eïnothérapie® est un ensemble théorique donnant lieu à diverses pratiques, notamment une utilisation particulière de l'hypnose. Elle s'inscrit dans la lignée des travaux de François Roustang.

2. Membranes qui enveloppent l'ensemble de la structure anatomique humaine, présentes dans l'ensemble du corps. Ils emmagasinent l'énergie et organisent la transmission des forces musculaires. Par ailleurs, les fascias renferment beaucoup plus de capteurs de mouvement et de récepteurs de la douleur que les muscles et les articulations, ce qui fait du tissu conjonctif le plus grand organe sensoriel du corps humain. Selon l'eïnothérapie, ils fonctionnent comme une mémoire des tensions et des ambiances.

puisse se débarrasser des tensions. Ceci sans avoir besoin d'ailleurs de comprendre l'origine des tensions en question.

L'hypnose permet par exemple de restaurer la pensée originelle et le comportement du bébé qui possède des capacités d'apprentissage du corps bien plus importantes et plus naturelles que celles de l'adulte. La transe permet alors le lâcher-prise du corps par la suggestion de changement de référentiel. Elle doit permettre d'expérimenter et de visiter une situation de vulnérabilité par rapport aux modifications dans le corps et, une fois que c'est fait, en tirer un apprentissage pouvant être utilisé dans d'autres contextes.

En pré-induction, il est bon d'annoncer que seul le corps sera hypnotisé pour faciliter la dissociation corps/mental et il est intéressant de proposer des anecdotes sur cette notion culturelle humaine qui consiste à disposer ou en tout cas briguer le pouvoir sur l'environnement.

— *Savez-vous que l'humanité est dans la notion d'agir et de transformer la réalité alors qu'au début un bébé se laisse agir par la réalité ?*

Une séance d'eïnothérapie peut commencer par le repérage, la description de zone où est le blocage, le mal-être, la sensation désagréable. La méthodologie de base sera ensuite d'enlever ce qui coince, ce qui pose problème. Ce sera souvent une peur ou une culpabilité qui, observé dans l'histoire de la personne, marque un arrêt dans la circulation de la vie et dans le flux du temps des gens qui vont bien. Cela commence par la prise de conscience qu'un acte aussi banal que s'assoir ou passer une vitesse en voiture n'est pas un acte de volonté. Par exemple, à partir de l'intention de s'assoir, le corps s'adapte en fonction du fauteuil, de la chaise et en fait de l'environnement. Le corps va agir différemment selon le type de siège constituant l'environnement et va s'adapter sans aide de la conscience.

Il est important d'expliquer à ce stade que le symptôme est déclenché automatiquement par rapport à la peur, la culpabilité, ou des tensions dans un fascia. Ce symptôme peut être vu juste comme le signe qu'il y a une tension produisant un mal-être.

Usage

Les usages sont nombreux : phobies, angoisses, culpabilités, traumatismes, douleurs, mal-être, insomnies, préparation à une épreuve un concours ou un examen, L'eïnothérapie peut être vue comme un espace de parole du corps (fascias, articulations, organes), qui permet de se laisser faire par son corps en acceptant simplement de relâcher l'emprise que le patient garde en permanence sur son corps. L'hypnose sera l'outil utilisé pour « enlever » le problème en laissant l'initiative au corps. Elle se propose de travailler principalement au niveau des peurs, de la culpabilité et des tensions incrustées dans le corps et particulièrement la mémoire des tensions ambiantes systémiques qui produisent des tensions qui restent à l'état de trace dans les fascias. L'eïnothérapie assume de ne pas s'attaquer au symptôme directement, mais seulement d'offrir au corps la possibilité de s'adapter à l'environnement. Il y a donc une distance paradoxale entre le client qui ne demande que la disparition du symptôme et le thérapeute qui vise à créer le contexte pour rééquilibrer le corps afin que les fascias se détendent, que la posture s'adapte et finalement que le symptôme puisse abandonner et s'estomper de lui-même.

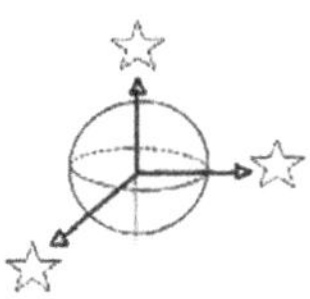

Cette hypnose repose sur « ne faites rien », « se laisser installer confortablement dans… » ou encore « laissez le corps « qui sait faire ». Ici, il ne s'agit pas d'aider la personne à devenir qui elle souhaite, mais de créer les conditions pour qu'elle devienne qui elle est déjà. En continuité du style de François Roustang, et s'appuyant sur des résultats des neurosciences et même en partie sur la « non-action » pratiquée dans le Zen. À l'opposé du référentiel où le patient construit son symptôme, la vision est au contraire celle de l'environnement qui agit sur le corps. Ensuite c'est à partir de cette vision qu'il est possible de modifier l'environnement en déléguant au corps une réappropriation de l'environnement. D'une certaine manière cela se rapproche aussi de l'hypnose de Gaston Brosseau (voir **41**) et de sa réinitialisation des cinq sens.

Ce référentiel s'appuie aussi sur l'importance des tensions des fascias sur la représentation que l'on a du monde : en effet dans cette approche une peur ou une culpabilité laisse une trace dans le cerveau et dans les fascias. Lorsque les fascias se détendent – retrouvent leur souplesse – ils n'envoient plus de messages problématiques au cerveau. Et par la suite lorsque la trace s'en va complètement des fascias, elle s'en va aussi du cerveau.

En préliminaire, il est important de préciser la posture du thérapeute qui est une méta-suggestion comme une condition de réussite. L'eïnothérapeute sera de préférence sans attente et sans tensions rajoutées. Comme dans de nombreuses thérapies, ce centrage du thérapeute est une condition de réussite.

Commencez la séance par des questions simples pour définir la zone où est le blocage, le mal-être, ou bien encore la sensation désagréable.

La méthodologie de base sera ensuite d'enlever ce qui coince, ce qui pose un problème en donnant délégation au corps. Utilisez par exemple la suggestion d'être, le temps d'une transe, comme un bébé qui laisse son corps se laisser transformer par les changements. Ceci afin de poser le paradigme de l'adaptation du corps pour en tirer des apprentissages bien utiles pour la suite des événements. Dans certains cas, une approche d'intention paradoxale est possible. Elle vise alors à demander sous hypnose de se vautrer mentalement dans l'image négative ou dans la peur envahissante après avoir lâché prise et délégué au corps pour que, sans rien faire, le blocage se lève par l'adaptation du corps à l'environnement.

Cela utilise la notion importante d'adaptation et toute suggestion invitant le patient à laisser faire le corps, ou à se laisser faire par son corps sera adaptée à cet usage surtout si elle génère des apprentissages.

L'exemple ci-dessous utilise un isomorphisme entre la résolution adaptive de la problématique et la délégation donnée au corps pour s'asseoir dans un nouveau fauteuil. Avec l'objectif de permettre au corps de prendre toute sa place, à l'exclusion du mental du client.

S'asseoir confortablement dans la vie comme dans une Ferrari

Carine qui a mal au dos essaye l'eïnothérapie et la première question déroutante de la séance :

— *Tu as le permis ?*

— Oui.

— *Si tu avais un budget illimité, quelle marque de voitures de sport aimerais-tu conduire ?*

— *Euh… J'aimerais conduire une Ferrari !*

— *Je suppose que tu as déjà réfléchi à la manière dont tu passes les vitesses dans une voiture ? [prétalk]*

— *Euh les vitesses ?*

— *Oui tu t'assieds dans le fauteuil et puis tu passes la première, la seconde et ainsi de suite. C'est cela ?*

— *Euh… oui !*

— *Et pour passer la quatrième, tu le fais souvent automatiquement, sans y penser cependant tu ne fais pas n'importe quel geste.*

— Ben, c'est un réflexe.

— En fait, selon la voiture, il y a une grille des vitesses et ton bras se laisse guider et c'est ton corps qui s'adapte à la voiture. Et la voiture, c'est un environnement. Tu as déjà conduit une Ferrari ?
— Non malheureusement
— D'accord, Je te mets sous hypnose et tu vas pouvoir faire un tour.
[Induction puis mise en transe de la cliente avec suggestion de laisser faire le corps.]
— Imagine que tu viens de gagner une Ferrari, Elle est là, juste devant ta porte... Ouvre la porte, regarde cet habitacle, maintenant laisse ton corps de poser dans le fauteuil !
[Elle sourit d'aise.]
— Pose-toi et laisse ton corps se laisser faire par les bosses en cuir de ce siège si confortable. Tu peux te couler dans cet environnement et tu laisses ton corps se placer tout seul, comme il sait le faire. Quel plaisir !
[Elle sourit béatement.]
— Laisse ton corps faire, il sait si bien le faire et comme un bébé il va trouver la posture idéale, l'adaptation au fauteuil, au luxe des bourrelets de cuir pour construire ton parfait confort.
[Le corps se détend à sa juste place sur le fauteuil.]
— Je te laisse faire un tour avec ta nouvelle Ferrari et pendant que tu prends plaisir à conduire, tu peux faire l'apprentissage de la compétence de ton corps parfaitement capable de s'adapter à n'importe quel fauteuil, comme ton dos à n'importe quel environnement comme il sait le faire depuis le bébé que tu as été.

Cette thérapie utilise l'hypnose mais, à l'inverse, vous pouvez utiliser de temps en temps son référentiel pour déplacer le concept de symptôme dans certaines de vos hypnoses ericksoniennes.

Pourquoi ne pas architecturer quelques-unes de vos séances dans un référentiel du corps que la prophétie autoréalisante place en capacité de se laisser adapter par son environnement.

Utilisez de préférence une induction de focalisation interne qui autorise l'introspection profonde du client dans une descente intérieure et un isomorphisme avec un automatisme que vous pouvez décrire comme ce mouvement d'installation sur le canapé ou le fauteuil. Cette induction visera en priorité une dissociation corps/volonté en utilisant plusieurs suggestions dans le référentiel de l'eïnothérapie. Par exemple : votre corps a été capable de s'adapter de tout temps à l'environnement, il crée en permanence une réalité qui est modifiable à chaque adaptation. (Si vous changez de canapé, vous changerez d'attitude mentale sans même vous en apercevoir.)

En matière de thérapie des parties, cela consiste simplement à créer une partie « corps » et à lui demander son aide dans la résolution du problème.

Et si vous utilisiez cette compétence dans votre travail de tous les jours ?

— *À chaque fois que je refais ce geste…*

10

HYPNOSES DE RELATION D'AIDE ET DÉVELOPPEMENT PERSONNEL

47. Développement personnel

— *Tous les moyens sont bons aux médecins de l'âme !* (Georges Brassens)

La relation d'aide et le coaching peuvent utiliser l'hypnose. Milton Erickson était psychiatre, mais il ne dédaignait pas le coaching[1]. En fait, c'était un pré-coach avant la lettre qui accompagnait certains clients en dehors de réelles pathologies pour les aider dans leur insertion professionnelle, leur développement personnel ou sportif, leur relation de couple, etc.

Selon la doctrine, les croyances, l'école suivie par le praticien, la transe utilisée peut être bien différente. Pour certains, la transe n'est pas nécessaire car la suggestibilité à l'état d'éveil est suffisante pour avoir une action sur l'inconscient. Pour d'autres, il faut induire au contraire une transe profonde pour dialoguer avec l'inconscient et pouvoir le persuader d'abandonner le symptôme ou de générer un autre apprentissage. Que l'on utilise la PNL, la scriptothérapie, l'hypnose elmanienne, ericksonienne, etc., la transe permet de rendre le changement attendu possible dans la relation d'aide ou dans le coaching couvrant le champ du développement personnel.

---

1. Hexum, Angela L. *Thérapies hors du commun: l'œuvre complète du docteur Milton H. Erickson.* Bruxelles: Éditions Satas, 1998.

La meilleure préparation, c'est la croyance du client que cela va marcher. C'est en effet le carburant principal de la prophétie autoréalisante. Donc, tout ce qui peut renforcer la conviction du client que cela marche et que cela va marcher pour lui est une bonne préparation pour mettre en mouvement son médecin intérieur : affichage des diplômes dans la salle d'attente, bouche-à-oreille, présupposés élégants et subtils sont le ciment de la réussite de la prestation qui va ensuite avoir lieu.

— *Avez-vous déjà été hypnotisé officiellement ?*

La relation d'aide déborde le cadre des pathologies médicales et des symptômes (voir chapitre 7). On aborde par exemple dans le champ du développement personnel :

- angoisse d'aborder un examen[1],
- deuil,
- séparation amoureuse,
- solitude,
- phobies et addictions,
- maigrissement (néologisme utilisé par Marco Paret plutôt que perte de poids car personne ne veut perdre),
- arrêt de l'usage du tabac,
- dépression légère, état dépressif, déprime, etc.

La frontière avec ce qui dépend de la médecine est parfois confuse.

Une éthique de la relation d'aide et du coaching qui interroge en premier lieu sur l'existence d'un diagnostic médical permet ensuite de présenter l'aide de l'hypnose comme un accompagnement complémentaire d'un suivi médical. Ainsi, même les maladies incurables peuvent être accompagnées en utilisant l'hypnose pour la détente et le confort.

---

1. Un marabout écrirait sur sa réclame — réussite à l'examen, retour immédiat de l'être aimé, etc.— alors qu'un hypnotiseur se contente de proposer de gérer son stress pour aborder au mieux de ses compétences l'examen.

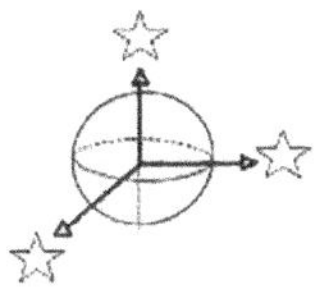

Le développement personnel se nourrit de la croyance humaniste que l'individu peut progresser et qu'il dispose de ses ressources propres. Selon Carl Rogers[1], six conditions sont nécessaires à la réussite de la thérapie entre le client et l'acteur de la relation d'aide :

1. Les deux personnes *sont en contact.*
2. Le client est en état d'incongruence, qu'il soit vulnérable ou anxieux ou autre.
3. Le thérapeute est congruent dans la relation (et le client le perçoit).
4. Le thérapeute porte *un regard positif inconditionnel* vis-à-vis du client.
5. Le thérapeute expérimente une compréhension empathique du cadre de référence interne du client.
6. Le client *perçoit,* au moins de manière minimale, les conditions 4 et 5.

Dans ce cadre, toutes sortes d'hypnoses peuvent être vues comme une facilité de communication. Communication au premier degré mais surtout au plan inconscient pour transmettre efficacement les sensations et les messages de congruence, d'empathie, etc.

Il existe une grande panoplie de techniques et de possibilités de réponse par l'hypnose à chaque type de demande. Jay Halley qui a effectué une recherche sur l'efficacité croisée de plusieurs types de thérapie en conclut que c'est le rapport et la relation qui sont le plus importants au détriment de la technique ou du type de thérapie utilisé parmi un grand nombre de possibilités.

Typiquement, vous allez vivre une opération mais vous êtes inquiet et en marge de la médecine, vous demandez l'aide de l'hypnose pour y aller sereinement. Il s'agit de confort, mais pas de médecine même si le propos est corolaire :

- Un hypnothérapeute vous aidera à appréhender une opération, par exemple avec la pose d'un ancrage de sérénité que vous utiliserez juste avant la chirurgie.

1. Carl Ransom Roger et Jean-Pierre Zigliara, *La Relation d'aide et la psychothérapie*, ESF éd., Paris, 1996.

- Un coach peut proposer un exercice de visualisation positive en s'appuyant sur la PNL et en vous accompagnant dans une transe légère d'introspection.

Se préparer à une opération chirurgicale

Annie souhaite le secours de l'hypnose pour se préparer à une intervention chirurgicale. Il n'y a rien de médical dans ce type de préparation qui vise avant tout le confort et qui peut être réalisé en accord avec le chirurgien.
Dans ce cas un recadrage peut avoir beaucoup d'influence sur le déroulement de l'intervention. Si l'on suggère simplement :
— *Je collabore avec le chirurgien* (plutôt que je subis une opération).
— *Je cicatrise très vite* (ça ne mange pas de pain).
— *Je me réveille en pleine forme* (car je connais des infirmières en réanimation qui confirment qu'on se réveille dans l'état d'esprit qu'on avait au moment de l'injection du produit anesthésique).
On peut y ajouter à l'auto-hypnose un entraînement permettant de poser un ancrage sur un événement qui aura lieu de toute façon en début d'opération. Ce sera par exemple la vision de la couleur bleue du pyjama ou du champ opératoire (*Je ne vois que du bleu !*).
— *Allongez-vous sur le canapé.* [Dans ce cas, on sait que l'opération aura lieu en position allongée, donc on y associe la posture dans la programmation.]
Et quand vous êtes allongée, à chaque fois que vous verrez ce bleu [il est judicieux d'avoir un élément de tissu comme une charlotte de ce bleu pour programmer la suggestion post-hypnotique], *vous entrerez en auto-hypnose profonde et vous irez faire le ménage dans votre résidence secondaire.*
[Après avoir discuté d'une tâche intéressante pour le client à faire pour se dissocier de l'opération.]

La cliente en séance suivante :
— *Vraiment c'est passé comme une lettre à la poste. Je me suis réveillée en pleine forme, j'avais déjà envie de sortir et d'aller à la campagne.*

48. Nouvelle Hypnose

Le sexologue américain Daniel Araoz, son fondateur en 1979, déclare dans son livre[1] que l'hypnothérapie doit beaucoup à Milton Erickson,

---

1. Daniel L. Araoz et Thierry Sandaldjian, *Hypnose et sexologie : Une Thérapie des troubles sexuels*, Albin Michel, Paris, 1994.

mais qu'en Nouvelle Hypnose, même si on utilise certaines techniques ou idées d'Erickson, « on n'est pas ericksoniens ». Toutefois être ericksonien est difficile à cerner (voir chapitre 3).

La Nouvelle Hypnose est une approche à part entière de l'hypnose, s'appuyant sur ses bases enrichies, améliorées et modernisées dans les années 1970. Aujourd'hui, peu de thérapeutes se déclarent de la Nouvelle Hypnose. Elle a sans doute été un renouveau à l'époque, une tentative de dépoussiérage de l'hypnose, mais elle n'est pas facilement distinguable de la masse de thérapeutes se déclarant ericksoniens. D'ailleurs, s'il fallait trouver un symbole de la vanité d'enfermer l'hypnose dans une marque, selon l'INPI la marque « Nouvelle Hypnose » a été déposé en 1991 par Jean Godin et n'a pas été renouvelée depuis 2001.

Une transe moyenne à profonde est utilisée pour cette hypnose créée par un sexologue convaincu que :

— *Toute communication humaine de qualité est à base d'hypnose !*

La préparation et la pré-induction sont classiques car très proches de la pré-induction ericksonienne.

Son fondateur était sexologue et l'a beaucoup enployé dans ce domaine. Cette méthode thérapeutique permet de changer sa manière de fonctionner mentalement et d'échapper à des blocages complexes, sans pour autant suivre une psychothérapie de longue durée. Dans *Hypnose et sexologie*, après avoir passé en revue les travaux de sexologues tels Masters et Johnson, Kaplan ou Mosher et évoqué les thérapies actuelles à base d'imagerie et de symbolisme et de restructuration des attitudes, etc, Daniel Araoz décrit les méthodes, les techniques d'exploration et les différentes possibilités d'application de la Nouvelle Hypnose aux principales difficultés sexuelles, masculines ou féminines.

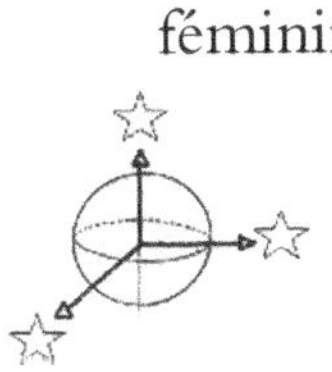

C'est un référentiel humaniste mais qui s'interdit la rigueur des suggestions post-hypnotiques, considérée comme peu éthiques pour le client. Au-delà de l'approche ericksonienne, il prend en compte les émotions et les besoins énoncés en matière de développement personnel ou d'évolution humaine.

Soyez quasiment ericksonien, mais éliminez de votre pratique : les suggestions post-hypnotiques jugées trop directives, les amnésies et les ordalies et les prescriptions de tâches qui conduisent à ordonner l'exécution de certaines tâches difficiles à la personne entre les séances. Pratiquez une forme d'hypnose dissociante. Utilisez une rhétorique hypnotique moderne, avec un riche corpus de langage, métaphores, subtilités, suggestions élaborées, mises au goût de notre époque. Ce qui est dit doit être actualisé par la langue et tenir compte des travaux sur les neurosciences pour être de son temps.

Apprenez donc à la cliente ce qu'est un ancrage !

Carine se désole d'avoir peur de passer son examen :
— *Savez-vous ce que c'est un ancrage ? Eh bien, c'est ce que Marcel Proust décrit finement avec sa madeleine et c'est aussi ce qui se passe lorsque vous entendez une chanson sur laquelle vous avez dansé votre premier slow.*
Mettez-la sous hypnose et répétez le discours puis demandez-lui de choisir son geste pour enregistrer son ancrage… Rapidement elle ferme les yeux et fait un geste avec ses doigts.
Ne faites pas d'amnésie. Débrieferez ensuite la séance en essayant le geste d'ancrage plusieurs fois.

La Nouvelle Hypnose est participative. Pourquoi ne pas expliquer au client ce qu'est un ancrage, une lévitation, une catalepsie etc., et en faire une stratégie.

— *Savez-vous ce qu'est le mécanisme de l'ancrage ? Je vais vous expliquer et c'est vous qui choisirez le geste qui vous va bien. Voyez-vous, cela commence avec les découvertes de Pavlov et cela devient un outil remarquable pour tous les gens comme vous qui ont besoin de retrouver leurs moyens en peu de temps pour passer un examen…*

Faites le petit professeur et apprenez-lui, au cours de la séance, des notions d'hypnose et des éléments de votre stratégie qui en devient une méta-stratégie. Puis faites votre induction et, au retour de transe, n'oubliez pas de lui faire vérifier son ancrage, de le féliciter pour sa participation et de l'encourager :

— *Vous êtes vraiment remarquablement doué pour l'hypnose !*

49. Hypnose générative

Une proposition de Stephen Gilligan qu'il présente dans la continuation des pratiques de Milton Erickson.

— *Maintenant, ressentez-vous mieux le champ des possibles ?*

Le docteur en psychologie Stephen Gilligan est un exégète de Milton Erickson. Il est par ailleurs formé à la PNL (voir **54**). Très tôt, il enseigne et pratique l'hypnose ericksonienne. Il s'intéresse aux processus de reconnexion corps/esprit entre l'esprit conscient et l'esprit inconscient qui favorisent de profonds changements. L'hypnose générative est une proposition de continuation de l'hypnose ericksonienne. Elle est relativement récente car c'est en 2015 que paraît l'hypnose générative ou l'expérience du *flow* créatif.

Pour Stephen Gilligan, la transe générative est cet espace d'expérience intime et de conscience à partir duquel nos différents paradigmes, biais de perception, filtres peuvent se réorganiser pour donner naissance à de nouvelles dimensions de la réalité individuelle. Les transes sont positives ou négatives, mais la bonne nouvelle, c'est que si elles sont accueillies par une profonde présence humaine, les négatives peuvent se transformer en transes positives sous l'effet d'un recadrage. La transe générative est un déplacement comme un voyage de la conscience pour aller au-delà de ce que nous connaissons déjà et proférer une nouvelle réalité permettant l'amélioration ou parfois la guérison naturelle de certaines blessures.

Une courte discussion permet de spécifier et de décrire l'intention de changement du client. Ensuite une pré-induction rappelant le référentiel est idéale avant de rentrer dans l'hypnose proprement dite.

Le premier but de la transe générative de Stephen Gilligan n'est pas de réparer une souffrance psychologique et émotionnelle, mais d'éveiller ou plutôt de régénérer le potentiel créatif du client. Il peut alors aisément, presque automatiquement, le mettre au service de transformations et de la réalisation d'un mode de vie plus satisfaisant. L'ordre classique est inversé car, quand elle survient, la résolution du symptôme n'est qu'une conséquence d'un processus d'éveil créatif et de croissance. Ce qui renforce pour la suite les capacités autoréparatrices du client par la prophétie autoréalisante.

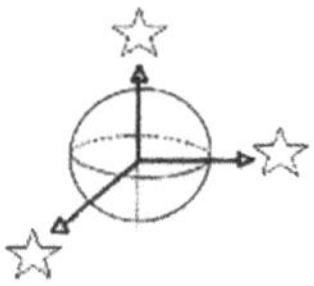

Le référentiel de la transe générative est un espace expérientiel parfaitement irréel au sens où il peut être très différent du réel. À partir de cette expérience, de nouvelles dimensions de la réalité peuvent être créées. Selon la métaphore du voyage du héros, c'est un outil très efficace pour mener le voyage de conscience qui contribue à une vie pleine de sens. L'objet de ce voyage est d'aller au-delà de ce que vous connaissez déjà. Il permet à la conscience de créer des champs quantiques dans l'inconscient créatif qui, à leur tour, créent le monde classique de l'esprit conscient qui, à son tour, modifie votre réalité.

La mise en œuvre suit schématiquement ces sept étapes :

1. Être capable de spécifier l'intention de changement du sujet.
2. Accéder à un état de transe générative, en prônant des sensations d'accueil, d'ouverture au flow, de conscience alerte, de connexion aux ressources, etc.
3. Recadrer de manière à utiliser l'énergie du problème en guise de compétence pour faciliter un changement créatif.
4. Visiter les multiples ressources du champ relationnel et d'informations qui nous entoure.
5. Transformer ces découvertes en un protocole d'action génératif, une proposition d'itérations pour passer du rêve à la réalisation.
6. Vérifier la mise en place de rituels post-hypnotiques permettant la réalisation des changements vus en transe profonde dans la réalité du quotidien.
7. Appliquer alors le travail de transe générative aux individus, aux relations et aux groupes en parcourant les différents contextes.

Mal au dos dilué dans le flow

Carine se désole d'avoir mal au dos et son discours revient toujours à la douleur. Identifiez l'objectif :

— *Si j'ai bien compris ce serait d'avoir bien au dos ?*

Expliquez la transe générative par une citation :

— *William James disait que « l'inconscient est le cheval et que l'esprit conscient est le cavalier : c'est la relation entre les deux qui est le plus important. »*

Et décrivez-la comme un flux d'imagination créative entre l'inconscient et le conscient capable de créer de nouvelles réalités.

Proposez une transe générative.
En transe, Carine se rend compte que les pensées sur le problème peuvent être vécues d'innombrables manières. La transe générative est le terrain pour ressentir du nouveau, créer, reconsidérer son rapport au corps. En visitant le lâcher-prise, elle découvre de nouvelles possibilités qui l'amènent à un état d'ouverture et de bien-être. Elle en profite pour se connecter à son corps d'une autre manière qui, au lieu de créer de la douleur, peut créer du plaisir dans ce que l'on appelle le « flow ».
Revenez dans la réalité avec un guide des nouvelles manières de vivre :
— *Comment allez-vous faire plaisir au dos ?*

Pourquoi ne pas choisir de proposer d'adopter à un certain moment une vision de la situation sous forme de flux ?

— *Dans ce qui vous arrive, savez-vous faire la liste des tant mieux et des tant pis ?*

— *Oui.*

— *Dans le flux des tant pis, que pouvez-vous voir comme une ressource nouvelle pour changer ? Comment ce flux peut devenir flow ?*

50. Hypnose humaniste

Olivier Lockert propose de débuter par une plaisanterie d'hypnothérapeute. En effet ceux qui pratiquent l'hypnose se font souvent la réflexion que le client arrive déjà en état d'hypnose plus ou moins profond selon le cas. Ce qui permet de dire parfois qu'il faut parfois déshypnotiser un client avant de l'hypnotiser ou dans tous les cas de figure *a minima* tenir compte de son état de conscience particulier au moment de la rencontre. Donc à partir de cette blague, Olivier Lockert se demande :

— *Et si le client était déjà sous hypnose ?*

Puis rapidement vient une autre question :

— *Que se passerait-il si au lieu de lui faire une induction pour le plonger en transe on le ramenait en le sortant de son hypnose ?*

L'hypnose humaniste naît dans les années 2000 d'une réflexion de son inventeur, Olivier Lockert. Depuis, de nombreux livres en décrivent les contours.

C'est une des rares hypnoses qui n'utilise pas de focalisation pour accéder à la transe, mais plutôt une absorption vers un état de conscience augmenté. Le mouvement serait métaphoriquement vers le haut au lieu de plonger en hypnose.

Expliquer au client que les procédures hypnotiques habituelles d'induction qui permettent de mettre une personne en état d'hypnose en dissociation sont inversées dans votre séance :

— *Concrètement vous atteindrez un état de conscience augmenté grâce à la technique qui permet d'habitude de sortir quelqu'un d'un état d'hypnose : c'est-à-dire le « réveil ».*

C'est ce réveil que l'on fait habituellement à la fin d'une séance d'hypnose, appliqué à quelqu'un qui n'est pas en transe hypnotique, qui provoque très curieusement cette autre sorte de transe humaniste.

L'hypnose humaniste trouve sa place en accompagnement dans de nombreux aspects de la vie personnelle. Notamment pour des problèmes comme le stress, la dépression, le manque de confiance en soi. Mais elle peut aussi être un accompagnement dans la douleur physique et le renforcement des défenses immunitaires.

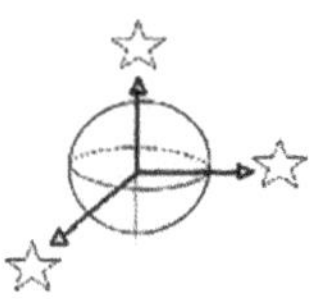

Parmi les référentiels de thérapies et de relation d'aide, cette hypnose est basée sur un renversement technique et théorique de la forme classique. Elle vise à travailler plus avec la supra conscience qu'avec l'inconscient. C'est une hypnose qui permet de travailler en ouverture de conscience en étant simplement guidé par le thérapeute. Elle revendique un aspect holistique favorisant la ré-unification de la personne à l'opposé de la dissociation utilisée dans les hypnoses classiques.

Techniquement, comme il n'y a pas de mise sous hypnose, on est toujours dans l'accompagnement vers une conscience augmentée sans suggestions particulières, outre l'expansion vers l'univers.

Au-delà de l'emploi d'une anecdote parcourant l'univers en extension, la rhétorique hypnotique, les questions inductives sont utilisées pour déclencher une augmentation de la perception de la conscience comme dans cet exemple.

Accéder à l'univers

Carine se désole de ne pas avoir d'amis, de se sentir seule et de ne rien faire d'intéressant :

— *Puisque vous êtes là, et si vous vous asseyiez le plus confortablement possible ? Voilà, vous êtes bien, comment être encore mieux quand vous êtes bien ?*

Si vous fermez les yeux, est-ce que le corps se repose encore plus confortablement ? Vous sentez le poids du corps et votre respiration ? Je vous propose de prêter une attention aux petites choses qui passent d'habitude inaperçues.

Ne dit-on pas que les petits ruisseaux font de grandes rivières ? Parfois quand on s'endort, on entend sa respiration et quand on essaye une séance de caisson d'isolation sensorielle, on entend les bruits du corps, les battements du cœur, les gargouillis, la vie circule en vous, la vie circule partout, et certains ont pu dire que le corps est un reflet du monde… Un monde vaste et prodigieux où tout est relié et peut être que le monde est aussi le reflet de votre corps…

Je voudrais vous permettre deux voyages, d'abord laisser votre esprit voyager dans le vaste monde du dehors. Voyez-le au travers de vos paupières, surtout si elles sont fermées. Vous savez que tout ce monde est là et il y a vous ici et tellement d'autres gens qui y sont installés ; dans cette maison, il y a des bruits et dans la maison d'à côté des gens et dans les rues c'est pareil, vous pouvez les voir tous, vivre et s'occuper en étant inconscients les uns des autres. Tellement de gens occupés avec leurs préoccupations leurs pensées, et leurs trains d'idées… Vous sentez cette circulation de maison à maison, de rue en rue et de ville en ville. Tous ces gens… des voitures, des trains, des bateaux, les distances, sont plus courtes, et vous voyagez déjà sur un autre pays, un autre continent… Et tous ces gens en même temps sur la petite boule du monde flottant dans l'espace immense, infini notre petite planète qui flotte au milieu des étoiles et des autres planètes. Vous sentez cet espace, votre esprit remplit cet univers et c'est pour cela que vous connaissez les étoiles, les autres vies, votre pensée irradie comme un soleil.

Vous pouvez déjà y être partout à la fois, votre esprit fait le tour de la planète mais il n'a pas besoin de voyager, il peut être partout à la fois. Et cela circule… Vous savez que vos cellules contiennent de l'eau, la même eau que les océans, tout est relié, vous êtes tout et tout est vous, vous pouvez toucher du doigt les frontières de l'univers.

Carine en retour de transe :

— *Tous ces gens ! C'est formidable j'ai vu des milliers de personnes.*

Pourquoi ne pas ajouter à vos séances une induction qui utilise l'absorption plutôt que la focalisation ? Commencez par une petite anecdote en pré-induction puis :

— *L'absorption, c'est comme au cinéma lorsque le film vous fait changer de réalité, vous ne vous identifiez pas au héros, vous êtes le héros et complément absorbé par le film et son univers.*

— *Et si c'était le début de ma montée de conscience… qui englobe tout l'univers où je ne suis qu'un grain de sable mais très important.*

51. Hypnose profonde

La profondeur de transe est à la fois subjective car c'est en soi une simple métaphore[1] mais elle fait aussi l'objet de plusieurs échelles de mesure[2] standardisées qui ne tiennent malheureusement pas compte de la spécificité du sujet en particulier. En fin de compte, le seul qui peut rendre compte de sa transe, c'est *a posteriori* le sujet. Cependant, vous pouvez calibrer un certain nombre de signes de transe et disposer d'une idée, qui vous appartient, concernant la profondeur de transe que vit le sujet. Sur l'utilisation ou la nécessité de travailler avec une certaine profondeur de transe, les écoles sont partagées.

Cela va des écoles se déclarant de l'hypnose ericksonienne mais à tendance fortement PNListe qui professent que la profondeur de transe n'est pas importante (voir **60**) jusqu'aux défenseurs de la transe profonde[3], à leur sens la seule profondeur permettant de dialoguer véritablement avec l'inconscient du sujet. Ceci afin d'initier des travaux inconscients voguant vers le changement sous la protection d'une amnésie de la séance.

L'histoire de l'hypnose porte des indices de transe profonde. Les patients de Frank Anton Mesmer tombaient littéralement en transe et étaient pris de convulsions (voir **16**) ; souvent, ils n'avaient pas de souvenirs de l'épisode. Esdaile qui s'en servait pour opérer sans autre anesthésie mettait parfois des heures à obtenir une

1. Il y aurait donc une descente vers une profondeur ? et pourquoi pas une ascension comme l'on peut aussi suggérer (voir **50**). Culturellement, nous ne parlons pas d'épaisseur de transe, de densité, de luminosité ou autre qualificatif dans des valeurs qu'il serait pourtant possible de suggérer au sujet.

2. Exemple l'échelle de susceptibilité à l'hypnose de Stanford (*Stanford Hypnotic Susceptibility Scale*).

3. Antoine Bioy et Daniel Goldschmidt, *Comprendre et Maîtriste l'hypnose profonde*, Dunod, Malakoff, 2022.

transe profonde au moyen de passes magnétiques, celle-ci générant une complète anesthésie compatible avec un geste chirurgical. On peut aussi rêver devant les crânes préhistoriques conservés au muséum de Toulouse portant des trépanations et présentant un bourrelet de cicatrisation attestant de la survie à cette opération. Nous ne saurons jamais quelle sorte d'anesthésie a été utilisée pour permettre de supporter l'ouverture du crâne avec un silex taillé, mais pourquoi pas l'hypnose profonde ?

Sans surprise, c'est une transe particulièrement profonde qui est utilisée. Elle permet ou se caractérise par une amnésie spontanée de la séance, une catalepsie quasi automatique, une possibilité de dialoguer directement avec l'inconscient par la parole (les signalings préconisés par certaines écoles étant souvent fastidieux et moins efficaces à l'usage qu'un dialogue verbal)… À noter qu'il existe des niveaux plus profonds comme l'état Esdaile. Cependant, celui-ci n'est pas utilisé par les défenseurs de l'hypnose profonde car il ne permet plus de communiquer facilement avec le sujet qui n'écoute guère les suggestions dans cet état.

Les récits des séances pratiquées par Milton Erickson rapportent parfois l'obtention rapide d'une transe profonde, mais pas toujours. D'autre fois en effet cela n'est pas le cas et il utilise une conversation badine souvent ennuyeuse sur des sujets anodins n'ayant pas grand-chose à voir avec la plainte du sujet. D'autre fois, au contraire, il mentionne des apprentissages pouvant durer plusieurs heures pour la maîtrise de certains phénomènes hypnotiques qui seront ensuite utilisés pour soulager le patient et lui proposer un autre type de comportement.

Comme souvent en matière d'hypnose, la prophétie autoréalisante rythme ce qui survient par la suite. Dans ce cadre, la conversation avec l'inconscient du sujet est ritualisée par tout ce qui peut conforter la croyance de la possibilité de cette conversation. Par exemple, il est préconisé de faire une rupture de langage entre le discours pour le sujet et pour son inconscient. On peut par exemple utiliser une voix différente ou bien pour présupposer davantage : vouvoyer le sujet et tutoyer son inconscient. En tous les cas de figure, il convient d'être poli et de s'assurer la collaboration de l'inconscient en le remerciant par avance de son aide :

— *Je sais que tu es bienveillant et protecteur pour « sujet » et je t'en remercie.*

Dans le registre de la suggestion, tout ce qui peut ancrer la réalité de la discussion avec l'inconscient est souhaitable, y compris partager des secrets avec lui, suggérer une amnésie, le considérer comme un thérapeute interne avec qui parler d'égal à égal… La finalité est de le mettre en action pour aller vers le changement. Finalement, il s'agit d'initier de nouveaux processus inconscients allant dans le sens de la résolution des problèmes quels qu'ils soient. On pense par exemple aux dépressions comme d'autres usages d'accompagnement médical.

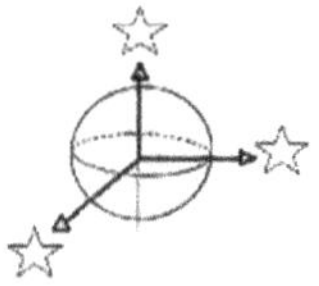

Cette hypnose est cohérente avec la théorie de la néo-dissociation d'Ernest Hilgard (1904-2001) qui présuppose un observateur caché, une entité avec qui l'on peut discuter des problématiques du sujet pour obtenir du changement. Elle fonctionne dans tous les cas sur la croyance de l'hypnotiseur dans la possibilité de discuter avec l'inconscient du sujet. Cette croyance est favorisée par l'apprentissage et les heures de vol. En effet si, les premières fois, on peut être surpris de parler avec l'inconscient du sujet qui le fait avec une voix étrange et caverneuse, on y accède ensuite facilement pour les autres sujets. Et ceci d'autant plus que l'on est convaincu par l'expérience et les heures de vol de la possibilité de la tenue sous hypnose profonde de ce dialogue étrange et salvateur.

Techniquement, une induction est suivie de plusieurs approfondissements jusqu'à l'obtention d'une transe profonde adéquate et stabilisée. On maintient ensuite le niveau de transe durant la séance par l'entremise de suggestions complémentaires à cet effet qui viennent en complément du reste de la rhétorique hypnotique elle-même utilisée pour la conduite propre de la séance.

Parmi les moyens d'approfondissement, la fragmentation est un moyen simple et très efficace qui est souvent utilisé. On renouvelle par exemple à plusieurs reprises la même induction en provoquant un réveil puis en refaisant la même induction avec le sujet qui connait déjà le chemin de l'hypnose et l'explore à chaque fois un peu plus profondément.

1. Nous supposons ici que l'induction d'Elman est connue du lecteur. Si ce n'est pas le cas, voir 4).

Accéder à une transe profonde pour le vertige

Obtenez une transe profonde par une induction d'Elman[1] que vous allez refaire trois fois à la suite en ramenant le sujet dans l'ici et maintenant à chaque fois.
Carine se désole d'avoir le vertige :
— *Pouvez-vous faire comme si vos paupières étaient si détendues que vous ne pouvez pas les ouvrir ?*
Déroulez l'induction d'Elman avec détente musculaire, puis détente mentale. Lorsque vous calibrez la transe, réveillez la personne immédiatement en lui expliquant que vous allez recommencer immédiatement à refaire l'induction :
— *Au compte de 3 vous allez revenir dans l'ici et maintenant et puis nous allons refaire une nouvelle fois cette induction.*
[Refaites une induction d'Elman complète, calibrez l'approfondissement puis à nouveau suggérez un réveil immédiat] :
— *Au compte de 3 vous revenez dans l'ici et maintenant et puis nous allons refaire une nouvelle fois cette induction, puisque vous connaissez très bien le chemin ce sera rapide et plus profond.*
[Refaites une induction d'Elman complète. Calibrez l'approfondissement et mettez en place le dialogue verbal avec l'inconscient.]
— *Je m'adresse à l'inconscient de Carine :Tu peux libérer la gorge et tous les muscles de la langue afin de pouvoir répondre confortablement « Oui » ?*
— *Oui...* [Dit d'une voix un peu ralentie mais haut et assez fort.]
— *Je te remercie de me répondre, sais-tu que Carine a un problème avec le vertige ?*
— *Oui.*
[Début de la conversation entre thérapeutes...]

Cliente en retour de transe :
— *Pouvez-vous essayer de grimper sur ce tabouret ?*
— *Oui ! C'est formidable cela ne me fait plus rien.*

Pourquoi ne pas ajouter à vos séances une petite expérimentation avec votre induction préférée faite trois fois de suite ? Osez faire le travail trois fois de suite et puis calibrez la profondeur de transe. Ensuite expérimentez la différence dans les réponses du sujet avec cette nouvelle profondeur de transe. Attention, cela pourrait être le début de votre fréquentation de la transe profonde.

1. Pour un exemple, voir https://youtu.be/n2Yjse7_auM.

52. Hypnose phénoménologique

Elle utilise des phénomènes hypnotiques adéquats pour le sujet en tant que briques de solution de ses problèmes. Dans la veine des thérapies brèves, le symptôme qui est une partie du problème gagne à être considéré comme une partie de la solution et dans ce contexte les phénomènes hypnotiques sont autant de preuves de la possibilité d'action vers le changement.

Les racines de cette hypnose phénoménologique sont intégrées aux pratiques de Milton Erickson qui jongle avec les phénomènes hypnotiques et n'hésite pas à consacrer du temps pour leur apprentissage afin de concourir à la solution demandée par ses patients. Par exemple une patiente qui demande à se préparer pour un accouchement sans douleur se verra encouragée pendant plusieurs séances à avancer dans l'apprentissage de l'écriture automatique. Quel rapport avec le travail d'accouchement prévu ? C'est la capacité à vivre une parfaite dissociation. Car lorsqu'elle y parvient après plusieurs séances, son inconscient a trouvé le chemin de la dissociation si bien qu'elle accouche avec son bassin et ses jambes parfaitement dissociés du corps, comme insensible alors qu'elle se voit simplement suggérer de penser à l'aspect que présentera le bébé à leur première rencontre.

Certains phénomènes hypnotiques, qui ne demandent pas plus qu'une légère transe, apparaissent même à l'état de veille. D'autres demandent un état de transe plus avancé pour que le sujet en fasse l'expérience. Dans tous les cas, il est bon de rappeler la compétence :

- par des anecdotes naturalistes en pré-induction :

— *Quand tu vas chez tes grands-parents, les cinq cents premiers kilomètres paraissent interminables et les cinquante derniers passent à toute vitesse ! De quelle couleur vois-tu les cinquante derniers ?*

— *Bleu.*

- par un discours pédagogique vers l'inconscient du sujet :

— *À chaque fois que tu colories le moment dans cette couleur bleue, ton inconscient te fera percevoir le temps comme très rapide.*

Les récits des séances pratiquées par Milton Erickson font souvent état d'histoires n'ayant rien à voir avec le sujet du sujet. Erickson prenait parfois un ton docte empreint d'autorité médicale pour raconter une anecdote naturaliste en préinduction afin de faciliter la survenue d'un phénomène.

— *Lire sur le canapé, c'est bien mais il faut faire attention à ne pas avoir de fourmis dans les jambes* (catalepsie) *!*

Il s'agit de régler de nombreuses problématiques en rappelant à la personne qu'elle a des compétences. Mais ces compétences, il est recommandé de les prouver, d'en faire la démonstration durant le temps de la séance. Et c'est l'utilisation de phénomènes hypnotiques qui le permet le plus facilement. Par exemple une lévitation de la main :

— *Et la main monte vers la tête !*

Va vous permettre de démontrer la puissance de l'inconscient

— *Je vais vous demander d'essayer de plaquer la main sur votre cuisse !*

— *Euh !*

— *Vous n'y arrivez pas !*

Dans le combat de votre volonté qui cherche à plaquer la main contre la cuisse et votre inconscient qui fait lever la main vers la tête ; vous ne gagnez pas ! C'est parce que votre inconscient, que nous allons solliciter pour résoudre votre problème, est plus fort que votre volonté :

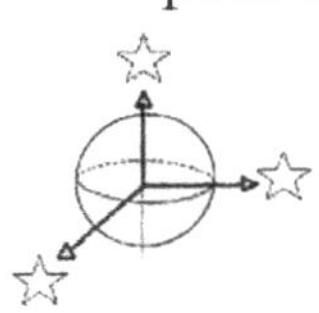

Cette hypnose est parfaitement humaniste en cela qu'elle croit fermement que le client possède déjà la compétence. Il s'agit de lui faire cette démonstration sans équivoque puis de lui faire confiance pour appliquer ladite compétence sur sa problématique.

— *Vous savez déjà le faire ! Vous venez de m'en faire la démonstration.*

Vous pouvez mettre en œuvre, au choix, un phénomène hypnotique intéressant pour votre stratégie et par exemple :

- une catalepsie pour aborder l'immobilisme,
- une lévitation pour la légèreté,
- une célérité hypnotique pour avoir le temps de changer,
- une vision en tunnel pour la concentration,
- une vasoconstriction pour arrêter le saignement…

Il en existe plus de 60 différents.

Techniquement, il faut vérifier la stabilisation de l'induction et l'état de transe hypnotique avant de raconter une ou plusieurs histoires anecdote et suggestions afin d'invoquer le phénomène choisi.

Par exemple, obtenez une vision en tunnel et actionnez ensuite la métaphore de la concentration qui permet de se focaliser sur le problème et ses moindres détails.

Voir le problème dans un tunnel

Carine se désole de ne pas avoir d'énergie pour avancer dans son projet principal et urgent qui est devenu un problème à force de procrastination.
Suggérez une vision en tunnel et expérimenter-la.
—*Vous allez ouvrir les yeux et vous ne verrez plus rien que moi dans un tunnel. Je vais compter jusqu'à 3 et vous allez ouvrir les yeux et me voir au fond d'un tunnel avec du flou autour.*
Et à nouveau sur le problème la vision en tunnel :
— *Fermez les yeux.*
Vous allez ouvrir les yeux et vous ne verrez plus rien que le problème dans le tunnel avec tous ses détails. Vous serez curieuse de voir tous les détails du problème comme une vue grossissante.

Cliente en retour de transe :
— *C'est impressionnant. Cela me rappelle lorsque j'ai fait un malaise vagal, je ne voyais que dans le tunnel !*
— *Oui ! C'est une compétence que vous avez et que vous pouvez appliquer sur votre projet*

Nous sommes tous des phénomènes hypnotiques. Pourquoi ne pas choisir un ou deux phénomènes hypnotiques[1] qui vous intéressent et les expérimenter en auto-hypnose. C'est le moyen de comprendre ce que cela peut vous apporter et de la même manière ensuite à vos clients.

1. Pour une liste de phénomènes voir : Luc Vacquié et Leila Calice Vacquié-Stutz, *Guide des phénomènes hypnotiques : Indispensable pour pratiquer l'hypnose*, Hypnose de référence, Saint-Jean Lherm, Vacquié, 2022.

Devenez un pro de la contraction du temps, faites-vous des anesthésies, faites des micro-siestes pour appeler le sommeil, etc. c'est une quête intéressante pour vous et qui augmente automatiquement vos capacités d'aider vos clients.

53. Sophrologie

La sophrologie est présentée en 1960 par son inventeur qui considère que l'hypnose a des résultats thérapeutiques efficaces mais des concepts théoriques confus et se charge donc pour commencer de renouveler la sémantique. Son département médical à Madrid passe ainsi de : Service d'hypnose clinique et de relaxation à Département de Sophrologie et de Médecine Psychosomatique.

Alfonso Caycedo, un neuropsychiatre définit la sophrologie comme une « nouvelle école scientifique qui étudie les modifications de la conscience humaine ». Caycedo s'est inspiré de l'hypnose, de la phénoménologie, de la relaxation progressive d'Edmund Jacobson, du training autogène de Schultz, mais aussi les pratiques du yoga, de la méditation tibétaine, zen, et le toumo qui est un yoga de la chaleur intérieure permettant de repousser les limites de résistance au froid. Il aurait initialement pensé remplacer le terme « hypnose » par le terme « sophropsyché ». Ensuite, il a hésité entre « sophrosyne et sophrologie » pour nommer sa nouvelle école. C'est sophrologie qui sera conservée et qui servira de racine sémantique pour le vocabulaire (sophronisation, sophronisant, sophroniser, etc.).

La sophrologie part de la relaxation dynamique qui fournit trois degrés distincts : Veille, Sommeil, Coma, et utilise un état exactement entre le sommeil et la veille. Elle privilégie des transes légères (endormissement) et des auto-transes obtenues dans ce cas par l'auto-sophrologie que l'on nomme état sophroliminal[1].

Cet état est le plus souvent obtenu par des exercices corporels et de respiration qui sont suivis de suggestions pour la conduite de l'exercice. Initialement, Caycedo propose trois niveaux de conscience et trois états de conscience qualitatifs (pathologique, ordinaire, harmonieux), mais par la suite il ajoute un niveau de conscience phronique et des énergies différentes, ce qui complique le tableau.

1. Niveau aussi appelé « au bord du sommeil ».

Le sophrologue se présente dès le début de la séance comme un accompagnateur qui vous aide à faire plusieurs apprentissages en recourant à des exercices utilisant la respiration, le mouvement corporel, etc. Des explications sont souvent proposées formant le cadre de la séance et constituant un apprentissage de la méthode.

La sophrologie caycédienne ne se considère pas comme une simple technique de relaxation ni comme une thérapie, mais comme une discipline scientifique de développement de la conscience. Ses prétentions, balayent un spectre allant du « traitement de la pathologie psychosomatique » au « rétablissement de l'équilibre psychique ». Pourtant la nature scientifique de cette méthode n'est pas avérée et le corpus la documentant quasi inexistant. Ensuite selon les courants, de multiples définitions des sophrologies co-existent : méthode de relaxation, psychothérapie, psychocorporelle, technique de développement personnel.

Usage

Pour prendre un exemple dans le vaste cadre du développement personnel citons la problématique de la gestion du stress en prévision d'un examen (voir exemple *infra*).

Il y aurait plus de 10 000 sophrologues en France en 2018 mais avec des niveaux de formation très hétérogènes et selon des écoles multiples. Le fondateur n'ayant pas déposé la marque « sophrologie », il existe en effet de nombreuses sophrologies[1] à côté de la sophrologie caycédienne dont le nom composé fut tardivement protégé. Pour baliser la profession, des États généraux de la formation en sophrologie, regroupant une trentaine d'écoles, ont fixé un minimum de formation de 300 heures, en au moins deux ans. Voici quelques mots du vocabulaire de la sophrologie *versus* hypnose :

- Dialogue pré-sophronique : pré-talk ou pré-induction.
- Sophronisation : mise en transe ou état sophroliminal.
- Désophronisation : retour dans « l'ici et maintenant ».

1. Outre la sophrologie caycédienne, qui applique strictement la méthode de Caycedo on rencontre : la sophrologie d'inspiration phénoménologique ; la sophrologie analytique (à tendance psychanalytique) ; la sophrothérapie phénoménologique ; la sophrologie existentielle ; la sophrologie dynamique qui comprend des exercices gestuels et mentaux pour être pratiquée en autonomie ; la sophrologie ludique qui est une approche par le jeu.

- Dialogue post-sophronique : utilisation de suggestions après la période de désophronisation, une fois le sophronisé revenu à un état de conscience normal. Exercices permettant de retrouver un état de vigilance normal.

Le praticien se présente puis il propose :

— *Avez-vous déjà pratiqué la sophrologie ?*

1. Le sophrologue commence par un dialogue avec le participant qui sera bientôt le sophronisant. Ceci permet de préciser l'objectif de la séance. Le praticien pose souvent des questions plus précises pour adapter le contenu de la séance de sophrologie qu'il va ensuite proposer.

2. Lorsque les préoccupations sont identifiées, le sophrologue présente le déroulement concret de la séance, avec souvent des variantes possibles et des consignes favorisant l'autonomie.

3. Il propose alors « la relaxation dynamique » sous forme d'exercices guidés. Cette pratique est accompagnée par le sophrologue pour aider le patient à se libérer de ses tensions, à dédramatiser la situation et enfin à lui faire prendre conscience qu'il peut y parvenir.

4. Puis vient la désophronisation et au travers du dialogue post-sophronique, un temps d'expression libre est prévu après la pratique. Cela permet de favoriser l'intégration de la technique tout en donnant des éléments au sophrologue pour concevoir les séances qui vont suivre. Le sophronisant peut ici exprimer ou non ce que la séance lui a apporté, son ressenti et les éventuels bienfaits que cela peut lui procurer à terme.

Apprenez-lui à décompresser

Carla se désole d'être encore très stressée à l'idée de passer son examen qui arrive.
Pour cet exercice, le sophrologue se souvient de l'acronyme IRTER qui est utilisé pour mémoriser cette séquence de base proposée par de nombreux sophrologues. Il conduit l'exercice selon le schéma suivant :

- Inspiration : par le nez bien entendu.
- Rétention : poumons pleins, comme dans les exercices de respiration.
- Tension : contraction de l'ensemble des muscles, de la tête aux pieds.
- Expiration : par la bouche, soufflez lentement et régulièrement jusqu'à ce que vous ayez vidé vos poumons.
- Relâchement de tous les muscles en prenant conscience du bien-être procuré et du calme que cela provoque.

Cette séquence peut parfois se suffire à elle-même pour vous aider à décompresser (examens, réunion importante, présentation, etc.) ou aider votre sophrologue à introduire d'autres exercices plus spécifiques.

Sujet en fin de séance :

— *Cela va mieux pour le calme, mais je pourrais le faire chez moi ?*

— *Bien sûr j'allais vous proposer de le faire quelques minutes chaque jour.*

Votre client respire c'est un invariant, même si parfois il a oublié de le faire amplement, alors pourquoi ne pas suggérer quelques exercices utilisant le souffle en début de séance d'hypnose ? Vous pouvez y associer une symbolique, par exemple inspirer de l'air neuf chargé de solution sur son côté gauche et souffler de l'air chargé de problèmes de l'autre côté.

Et si vous restiez un moment « au bord du sommeil » avant d'entrer en transe profonde ? Avant d'entrer en transe, passez donc quelques instants au bord du sommeil, dans cet état hypnagogique qui correspond pendant la phase de l'endormissement à la cognition essayant de donner du sens aux images déjà oniriques :

— *Vous savez quand vous êtes très fatigué, couché sur le canapé, vous vous dites, je vais me laver les dents et aller me coucher, mais pas tout de suite... dans cet état très agréable.*

54. PNL

La PNL est une aventure qui débute en 1970 suite au travail de Richard Bandler et John Grinder avec l'idée de modéliser la compétence humaine. Elle est en partie dérivée de l'hypnose et notamment de la modélisation du travail de Milton Erickson, dont la PNL a observé et théorisé certaines des stratégies les plus efficaces.

La PNL (Programmation NeuroLinguistique) se base sur des modalités de travail hypnotiques, mais conduites d'une façon conversationnelle comme dans des situations de la conversation quotidienne.

Une des raisons du développement de la PNL est de solliciter l'inconscient sans parler d'hypnose puisque, dans certains États américains, il y avait des difficultés et même des lois l'interdisait.

Les postulats de la PNL décrivent la façon dont les gens apprennent et se motivent. Un praticien en PNL est capable d'amener son patient à la maîtrise de techniques spécifiques et pragmatiques afin d'établir des « modèles » d'excellence et de « reprogrammer » son subconscient, pour créer et développer de nouveaux talents et comportements d'excellence dans chaque situation.

Il est important de noter que la transe induite par la PNL est généralement consciente et que la personne peut en sortir à tout moment si elle le souhaite. Il est même possible que la personne n'ait pas la sensation de rentrer en transe induite par la PNL qui utilise des techniques de suggestion indirecte ou des métaphores. Cela permet de guider la personne vers une transe de façon plus subtile. On pourrait dire que « la transe est comme un rêve éveillé », cela signifie que la personne peut se sentir dans un état de conscience modifié sans s'en rendre compte.

Un autre type de transe se produit aussi quand une personne est concentrée sur une tâche ou une conversation et qu'elle est guidée par des suggestions ou des instructions verbales appropriées. La PNL codifie ces usages et il existe des méthodes pour entrer par la conversation en transe consciente. Concrètement, cela signifie que la personne reste consciente de ce qui se passe et qu'elle est capable de se rappeler de ce qui s'est passé pendant la transe.

La préparation et la pré-induction sont des étapes importantes dans l'utilisation de la PNL pour induire une transe hypnotique. Pendant ces étapes, le praticien parle avec le sujet et entre en rapport avec lui, c'est-à-dire qu'il se synchronise avec sa respiration et ses signaux pour créer un climat de confiance et de détente. Cela permet de créer un état de réceptivité chez le sujet, ce qui facilite l'induction de la transe.

On pourrait dire qu'il est nécessaire de préparer l'esprit comme on prépare un jardin pour y semer les graines de la transformation. Ainsi, nous prenons le temps de nous synchroniser avec notre sujet, de rentrer en rapport avec sa respiration et ses signaux, afin de créer un climat de confiance et de détente. Nous utilisons des techniques verbales et non verbales pour amener notre sujet dans un état d'attention focalisée, comme des métaphores, des histoires, des techniques de respiration ou de visualisation, pour créer les conditions idéales pour l'induction de la transe.

Usage

La PNL a été développée à l'origine comme une technique d'influence pour améliorer les compétences de communication et de persuasion. Cependant, au fil du temps, elle est devenue une technique qui permet de comprendre les mécanismes de notre esprit, pour mieux nous comprendre et mieux comprendre les autres. Elle s'est étendue vers des domaines tels que la psychothérapie, le développement personnel, la vente, la gestion, la formation, le sport et même les arts. Elle est devenue une alliée pour atteindre nos objectifs et améliorer notre qualité de vie, tel un guide pour notre évolution personnelle.

En psychothérapie, la PNL est utilisée pour aider les patients à comprendre et à changer les schémas de pensée et de comportement qui maintiennent leurs problèmes de santé mentale. Dans le développement personnel, la PNL est utilisée pour aider les individus à atteindre leurs objectifs et à améliorer leur qualité de vie. Dans les entreprises, la PNL est utilisée pour améliorer les compétences en communication, en leadership et en gestion. Dans le sport, la PNL est utilisée pour améliorer les performances en utilisant des techniques pour gérer les émotions, la motivation et la confiance. Dans le domaine artistique, la PNL est utilisée pour développer les compétences de créativité et de performance. En somme, la PNL peut être utilisée dans une grande variété de domaines pour aider les gens à atteindre leurs objectifs et à améliorer leur qualité de vie.

À l'origine, c'est un système qui est basé sur l'analyse des modèles de Milton Erickson, en s'inspirant de ses techniques. Il est vrai que Milton Erickson a loué au début les contributions de Richard Bandler et John Grinder dans l'élaboration de la PNL en mettant en avant les similitudes entre son approche de l'hypnose et celle de la PNL. Cependant, l'approche de Milton Erickson était plus large et plus complexe que celle de la PNL, qui se base sur son analyse des modèles. Il a également été critique envers les approches trop dogmatiques ou standardisées de l'hypnose. Il a souvent déclaré qu'il ne suivait pas de protocoles établis et qu'il s'adaptait plutôt à chaque patient individuellement. Il utilisait une variété de techniques qui allaient au-delà de celles incluses dans la PNL, il a donc dit aussi qu'il faisait « beaucoup plus » que ce que la PNL incluait, c'est un témoignage de l'évolution constante de l'hypnose ericksonienne.

Plusieurs concepts clés de la PNL proviennent de l'hypnose, notamment :

- Le langage hypnotique. Milton Erickson utilisait un langage indirect et ambigu pour suggérer des idées à ses patients, une technique qui est devenue un élément clé de la PNL.
- Le concept d'ancrage. Ce concept de PNL est dérivé du concept de suggestion post-hypnotique généralisée à des situations non-hypnotiques. Il s'agit de lier un état émotionnel souhaité à un stimulus (par exemple un mot, une image, une sensation physique) pour qu'il puisse être utilisé ultérieurement pour activer cet état émotionnel.
- Le concept de Ligne du Temps. Il est inspiré des techniques de régression hypnotique qui permettent à une personne de se rappeler des souvenirs enfouis, pour explorer les croyances et les programmes qui ont été installés dans le passé et qui influencent le comportement actuel.
- Le concept de dissociation. Issu des approches hypnotiques qui permettent à une personne de dissocier différents aspects de son expérience pour les traiter séparément, ceci est utilisé dans la PNL pour traiter les traumatismes et les phobies.

Une des premières techniques qu'on utilise est l'ancrage qui associe un état émotionnel désiré à un stimulus. Par exemple, si une personne souffre de stress, le thérapeute pourrait aider la personne à créer un ancrage en la faisant respirer profondément et en se concentrant sur un objet ou un mot qui symbolise la relaxation, puis en associant cet objet ou ce mot à la sensation de relaxation.

Une autre technique puissante est le recadrage. Cela permet de changer la perception d'une situation en la réinterprétant d'une manière plus positive. Par exemple, si une personne est stressée par un entretien d'embauche, le thérapeute pourrait l'aider à recadrer la situation en lui rappelant que l'entretien est une occasion de montrer ses compétences et ses expériences et non pas une évaluation de sa valeur en tant qu'individu.

Exemple de PNL au travail

Christelle décrit son environnement avec un petit chef qui lui fait très souvent des remarques désagréables.
Un praticien qui utilise la PNL en combinaison avec l'hypnose lui fait d'abord cette suggestion.
— *Pouvez-vous vous souvenir d'une remarque qui vous a blessée et me dire, sur une échelle de zéro à dix, à quel niveau elle vous a fait mal ?*
[Expliquer l'échelle avec zéro : ça ne fait absolument rien et dix : c'est la pire blessure supportée.]
— *Ça y est, j'ai trouvé.*
— *Vous n'avez pas besoin de me dire la phrase, mais dites-moi à quel niveau sur l'échelle ?*
— *6.*
— *D'accord, maintenant revivez la scène et je regarde sur votre visage le malaise. Ok encore une fois ! Bon, je vois que cela vous met très mal à l'aise.*
— *Oui.*
— *Maintenant, imaginez la même phrase prononcée par le petit chef qui a du pop-corn plein la bouche.*
[Il calibre le changement.]
— *Je vois que vous souriez, et maintenant comment le placez-vous sur l'échelle ?*
— *Euh… 3.*
— *Bien. Vous voyez que vous avez le pouvoir de changer votre perception. Faisons la même expérience sous hypnose.*
[Il met Christelle en transe.]
— *Maintenant, imaginez les trois phrases les plus méchantes du petit chef et entendez-les l'une après l'autre.*
[Il calibre le mal-être.]
— *Maintenant imaginez qu'il parle la bouche pleine avec du pop-corn au wasabi ?*
[Elle commence à sourire.]
— *Et maintenant imaginez qu'il est sur le trône de WC…*
[Elle se détend.]
— *Imaginez qu'il a la diarrhée.*
[Elle commence à rire.]
— *Et qu'il n'y a plus de papier.*
[Elle éclate de rire.]
Il s'ensuit une longue série de fous rires de plus en plus fort. Le praticien choisit ensuite de la laisser en transe environ cinq longues minutes pour vivre ces émotions et ces éclats de fou rire libérateurs.

Après la séance, Christelle raconte qu'elle n'avait pas autant ri depuis des années. Il semble que le changement induit sous hypnose soit profond. Elle indique qu'elle est certaine d'encaisser maintenant n'importe quelle critique l'esprit léger.

Les ericksoniens qui ne connaissaient pas la PNL sont souvent surpris de découvrir que l'hypnose à laquelle ils se sont formés est à base de PNL :

- carte de la réalité,
- ancrages,
- recadrages
- submodalités,
- etc.

Un grand nombre de concepts portés par des mots du corpus de vocabulaire amené par la PNL se retrouve en hypnose ericksonienne. Ils peuvent être utilisés sous forme d'hypnose conversationnelle ou d'ailleurs en transe, pour étoffer la pré-induction, recadrer, préparer les phénomènes hypnotiques qui seront utilisés durant la séance d'hypnose.

Lorsque vous utilisez, la ligne du temps, les submodalités, les divers recadrages, etc., vous faites de la PNL comme Monsieur Jourdain.

55. Hypnose conversationnelle

Toute hypnose est conversationnelle et, paradoxalement, même l'hypnose non verbale (voir **58**) fait aussi l'objet d'une conversation gestuelle entre les inconscients en lice. Par exemple hocher la tête, faire la moue, baisser les yeux sont des mots du langage non verbal. Lorsqu'ils sont combinés et mis bout à bout, cela constitue une conversation gestuelle complète ou qui peut venir d'associer à une conversation verbale.

Pour challenger Milton Erickson dans les nombreux congrès ou l'auditoire lui demandait souvent de faire des démonstrations, on lui a souvent proposé un sujet dont il ne parlait pas la langue. Il le mettait en transe rapidement en usant de pantomimes, c'est-à-dire avec une conversation gestuelle et non verbale. Son exploitation des signaux faibles était si subtile qu'il lui suffisait parfois d'un regard pour suggérer une lévitation. De même l'hypnose non verbale fait usage de posture ou de regard pour suggérer l'hypnose.

En dehors de l'hypnose conversationnelle sans transe (voir **56**), l'hypnose peut s'observer sous l'angle de la conversation qui mène à la transe. C'est même pour nous *une conversation à quatre avec deux fauteuils* puisque les inconscients participent dès le premier mot (ou geste) et même avant le premier mot (ou geste) de la conversation.

Dès l'origine, il y a la conversation qui vient du latin « *conversio* » qui nous donne converser, c'est-à-dire « vivre avec ». Même quand l'abbé Faria vous dit « Dors je le veux », il donne un ordre, mais c'est de l'ordre de la conversation ! L'hypnose c'est vivre avec les inconscients en toute conscience.

Une conversation peut mener à la transe puis être l'agent de l'approfondissement de la transe. Ce qui permet toutes sortes de profondeurs de transe accessibles par une hypnose conversationnelle. Elle utilise la suggestion et la rhétorique hypnotique d'abord à l'état de veille pour la pré-induction, puis pour l'induction et enfin sous hypnose.

La pré-induction d'une hypnose conversationnelle consiste dans tout ce qui est en amont de la conversation (gestuelle de la main tendue, regard, intention, etc.) puis débute la conversation et c'est déjà, dès le premier mot, la pré-induction conversationnelle.

— *Ah, au fait, avez-vous déjà été hypnotisé officiellement ?* [Suggère que vous allez l'être sous peu pour de bon.]

La conversation de salon a le mérite de ne pas inquiéter une personne n'ayant jamais été hypnotisée surtout lorsqu'elle a parfois quelques inquiétudes. Dans ce cas, le début de la conversation se doit de rassurer (pré-talk) et de passer en revue les clichés sur l'hypnose : danger de rester bloqué, de dire des secrets sans le vouloir, d'être sous la domination de l'hypnotiseur, de faire des choses que l'on ne souhaite pas faire, etc. Ensuite, la conversation glisse vers la transe en utilisant des mécanismes de rhétorique hypnotique comme les questions inductives, les doubles liens conscient/inconscient, etc.

— *Est-ce que vous savez comment, la transe vient par un côté ?*

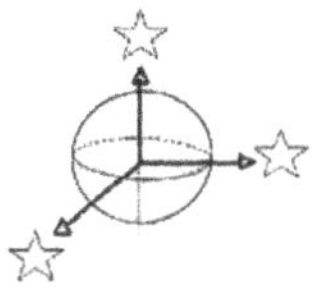

L'hypnose conversationnelle d'inspiration ericksonienne est particulièrement *utilisationnelle* parce qu'elle part de ce qu'apporte le patient, de ce qu'il sait déjà faire en l'utilisant pour construire une solution. Elle utilise ce que le sujet apporte en termes de symptômes, de ressources y compris le langage, les émotions et son paradigme de la vision du monde, etc., pour apporter un changement.

— *Quel est votre hobby, que faites-vous quand vous êtes bien ?*

— *Je lis des romans policiers.*

— *Ah ! Et quel personnage préférez-vous ?*

L'induction peut ensuite continuer sur le personnage qui a été apporté par le client :

— *C'est un personnage qui est souvent très calme n'est-ce pas ?*

La conversation se poursuit ensuite sur le thème du roman policier et le thérapeute en profite pour pousser son induction conversationnelle :

— *Et est-ce que vous arrivez à voir les personnages en fermant les yeux ?*

— *Comment faites-vous pour deviner dans votre tête qui pourrait être l'assassin ?*

Le sujet d'intérêt du sujet

Carine se déclare passionnée de littérature, cela débute l'induction conversationnelle suivante…

— *Vous aimez quel genre de littérature ?!*

— *Les romans, particulièrement les romans policiers…*

Puis questionnez pour parler d'autre chose.

Elle s'est focalisée sur ses souvenirs du roman et les étapes de la micro-dynamique de transe ont été les suivantes :

- Focalisation sur le souvenir de la lecture.
- Dépotentialisation du conscient et désactivation des cadres conscients : perte de repères autour d'elle
- Recherche inconsciente : recherche transdérivationnelle interne
- Processus inconscient
- Réponse hypnotique

Cliente en retour de transe :
— *C'est formidable, je suis rentré dans le roman que je lis et j'ai rencontré les personnages...*

Le client vient de vous avouer une passion, un hobby, un passe-temps qu'il adore évoquer. Pourquoi ne pas alimenter cette conversation où il se sent à l'aise avec des questions inductives :

— *Est-ce que vous savez à quel moment l'idée vous vient de parler de ce sujet ?*

— *Est-ce que vous savez comment vous devenez passionné par cette conversation ?*

— *Est-ce que vous savez comment la transe vient petit à petit ?*

Ou introspectives :

— *Et comment vous sentez-vous à l'intérieur quand vous avez trouvé le coupable du roman ?*

Ou confusionnantes :

— *Et comment savez-vous que c'est prodonfément la solution* (confusion pour approfondir) ?

56. Hypnose conversationnelle sans transe

Selon Jacques Antoine Malarewicz, Milton Erickson n'utilisait l'hypnose formelle que pour deux patients sur cinq. Le reste du temps il leur racontait des histoires et ils changeaient. Cette hypnose particulière que l'on a aussi appelée la « *covert hypnosis* » ou « l'hypnose sans hypnose » est l'hypnose conversationnelle sans transe dont il est l'inventeur. Elle est invisible dans une conversation paraissant ordinaire mais qui s'adresse à la fois au conscient et à l'inconscient. Selon la stratégie choisie, elle suscite des phénomènes hypnotiques à l'état d'éveil et notamment des processus inconscients qui œuvrent aux changements attendus dans le cadre d'une stratégie[1].

Si elle naît des très riches apports à l'hypnose de Milton Erickson, on peut cependant lui trouver des précurseurs dans la rhétorique comme la maïeutique de Socrate ou des continuateurs comme le dialogue stratégique de Giorgio Nardone.

C'est une des rares hypnoses qui n'utilise pas de transe mais une conversation sophistiquée à plusieurs niveaux avec le conscient et l'inconscient de la personne cible. Elle utilise la suggestion à l'état de veille et un ensemble de structures langagières de la rhétorique hypnotique pour intervenir sur les trains de pensées du sujet et plus généralement sur ses processus inconscients. Elle permet la survenue de certains phénomènes hypnotique et leur utilisation dans une conduite stratégique de la conversation. Par exemple, coller les doigts et présenter la métaphore des doigts collés par la suggestion. C'est un problème que l'on a créé, auquel on ne peut rien et qui peut cependant disparaître le temps d'un soupir en soufflant dessus.

Vous ne savez pas quoi dire en introduction, mettez-vous en transe légère et laissez broder votre intuition et son sens de l'improvisation. Vous serez surpris de la tournure que prendra la conversation dans le sens de votre intention bienveillante.

La conversation est inévitable car on ne peut pas ne pas communiquer. Ce qui permet des usages très variés de cette hypnose. Avec des conversations anodines, comme cette discussion avec un jardinier sur comment planter une graine de tomate pour qu'elle soit confortable, Milton soulage la douleur d'un cancéreux en phase terminale. On ne peut pas ne pas suggestionner par la conversation. Cependant pour susciter les changements voulus, le praticien a besoin d'une stratégie et de la maîtrise des outils de la rhétorique hypnotique.

---

1. Luc Vacquié, *Influencer positivement : Guide pratique d'hypnose conversationnelle pour tous*, interéditions, Malakoff, 2020.

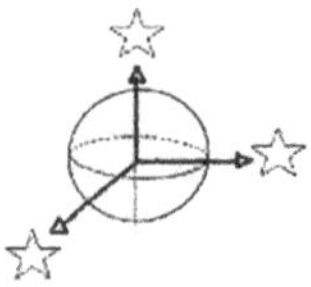

Créée et perfectionnée par Milton Erickson, c'est sans surprise une hypnose que l'on peut rattacher aux valeurs humanistes car elle est relationnelle, interactive, utilisationnelle, systémique, et stratégique (voir **1**).

L'hypnose conversationnelle sans transe est parfaitement intégrée dans le référentiel de l'hypnose ericksonienne. Elle en constitue même une partie significative souvent utilisée en pré-induction d'une hypnose formelle.

Techniquement, comme il n'y a pas d'induction, pas de mise sous hypnose et pas de transe, on est toujours tout au long de l'entretien en pré-induction. Au-delà de l'emploi de la suggestion, des présupposés, des recadrages et de la rhétorique hypnotique au sens large, des structures langagières particulières peuvent être utilisées pour déclencher une recherche trans dérivationnelle comme dans cet exemple.

Accepter la cicatrice

Carine se désole d'avoir subi une opération qui lui laisse une grosse cicatrice sur la cheville.

— *On ne voit que cela si je suis en maillot. Je suis défigurée !*

— *C'est vrai c'est très très visible* [accepter la plainte]. *Pour parler d'autre chose, je suis allé au muséum de Toulouse et j'ai vu quelque chose d'extraordinaire. Il y a des crânes qui datent de la préhistoire… et qui sont trépanés. Des crânes préhistoriques remarquables* [créer de l'attention]. *Ils ont un trou sur le côté, là* [montrer la tempe : évocation]. *Un gros trou et on voit encore les traces de silex qui ont servi à creuser. Il faudra que je t'emmène les voir. Imagine dans une vitrine* [activer l'imagination]. *Il y a des crânes qui ont été trépanés. D'abord les conservateurs on crut que c'étaient des manipulations d'ossements, mais en y regardant de plus près, on voit parfaitement sur certains un bourrelet de belle cicatrisation autour du trou. Les médecins sont formels, cela veut dire que la personne a survécu à sa trépanation et vécu longtemps. Qu'est-ce que t'en penses ?*

— *Euh… je ne sais pas… bof, pourquoi ?*

— *La grande question que l'on peut se poser, c'est comment on pouvait leur faire ce trou, avec quelle drogue pouvaient-ils supporter ce traitement si douloureux ? Peut-être avec de l'hypnose chamanique ? Et surtout comment le trou se rebouchait ?* [Longue histoire parfaitement ennuyeuse.] *Le directeur du Muséum me disait qu'on ne saurait jamais parce que c'était la préhistoire mais qu'on était absolument sûr d'une seule chose* [argument d'autorité]…

— *De quoi ?*

— *Les cicatrices, c'est les preuves de la vie !*

[Coup de théâtre : jeu de mots, message à double sens.]

Pourquoi ne pas ajouter à vos séances cette hypnose subtile qui débute dès le premier mot et qui peut se suffire à elle-même ou bien renforcer ce que vous ferez après la mise en transe. Vous savez déjà utiliser les suggestions pour induire la transe, c'est l'occasion d'élargir leur usage de même que la rhétorique hypnotique pour changer les trains de pensées du client, lui proposer des recadrages, lui faire créer de nouveaux processus inconscients, etc.

57. Hypnose transgénérationelle

On appelle hypnose transgénérationnelle ou parfois hypnose transpersonnelle, une hypnose dont l'aspect le plus important est une identification avec les personnes de son arbre généalogique pour la résolution de problèmes sous-jacents.

En effet chaque famille est faite de liens et de connexions durables entre les personnes. Les problèmes non résolus au sein de l'histoire familiale sont comme des liens invisibles. La dynamique des relations, les expériences, les maladies, les attitudes de vie et les modèles de comportement affectent chaque membre de la famille de manière influente. Une famille représente un ensemble de « modèles de comportement » qui se copient les uns avec les autres. On peut même penser que notre façon de penser se reflète sur notre matériel génétique ou, en tout cas, sur l'épigénétique.

Cette sorte de « dévotion invisible à la famille » génère des loyautés qui poussent à répéter inconsciemment des situations agréables, mais surtout des événements tristes. L'hypnose transgénérationnelle affirme qu'on peut reconquérir sa propre liberté et ainsi éviter des répétitions fatales dans notre histoire familiale en comprenant les subtilités complexes de sa propre famille. Avec l'hypnose, on passe successivement au-dessus de la programmation mentale influencée par les générations passées et on peut la refaçonner soi-même pour son bénéfice en se donnant des autorisations simples mais qui étaient jusque-là invisibles.

C'est souvent une transe d'« identification » comme lorsque l'on s'identifie à un personnage de film. Pratiquement, on devient à chaque fois la personne du passé et, en faisant ainsi, on peut élargir les points de vue et parfois la soigner en soignant aussi la structure de son arbre généalogique. La caractéristique de ce type de transe procède des recadrages automatiques qui permettent de changer de point de vue immédiatement et ainsi explorer le système constitué par les acteurs de la famille.

La préparation identifie les personnes importantes du passé, mais on peut aussi travailler avec l'imagination. Par exemple, on peut imaginer ou halluciner d'avoir réuni dans une pièce toutes les personnes importantes de son passé.

L'induction peut d'ailleurs se faire de façon classique pour produire une hallucination. Dans certains cas, il se peut qu'il n'y ait pas d'autre induction que la proposition incongrue d'un jeu de chaises vides organisée pour accueillir les morts et les vivants dans une réunion. En changeant de chaise, on change de personnage en lui donnant la parole et la capacité de répondre aux questions.

Les non-dits et les secrets, souvent transmis inconsciemment au sein des familles, influencent la vie de leurs membres. L'hypnose permet de les évacuer et ainsi rompre avec la transmission inconsciente de la fatalité vers ses propres enfants. L'hypnose transgénérationnelle nous aide à nous libérer du fardeau des schémas familiaux inconscients qui se transmettent de génération en génération et permet de vivre dans le présent au lieu d'être submergé par les événements passés. Pour se libérer, il faut d'abord rendre clair ces éléments.

Ce type d'hypnose soigne son arbre généalogique en éliminant toutes sortes de problèmes liés à la mémoire non personnelle et individuelle, mais plutôt générationnelle. Il est particulièrement utile pour restaurer la confiance en soi, la capacité à aller de l'avant, à changer de vie, de métier, à s'épanouir en se donnant des permissions diverses et bénéfiques, etc.

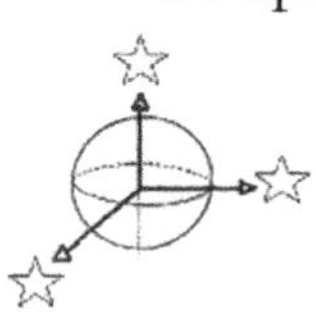

On est dans une hypnose d'identification qui rappelle en partie l'hypnose chamanique. Cependant, avec l'hypnose transgénérationnelle, on ne travaille pas sur des esprits externes (qui d'un point de vue matérialiste pourraient être considérés comme des « parties » de la personne), mais plutôt dans un référentiel de groupes d'humains qui ont façonné notre façon d'être. En quelque sorte, on travaille sur le moule qui nous a formés en lui demandant plus de souplesse et une reconsidération d'une situation qui paraissait jusque-là immuable.

La technique est très simple. Après une étape préliminaire de récupération des éléments du passé, vous vous permettez juste d'entrer dans le passé pour questionner et éventuellement confronter les personnes significatives de votre arbre généalogique. Ensuite il y a deux approches possibles :

- privilégier la communication entre personnes appartenant au même arbre généalogique ; le débat que vous initiez sous hypnose est susceptible de générer des changements majeurs.
- se centrer sur les problématiques avec l'approche de résolution de chaque problème intérieur aux personnes appartenant à l'arbre.

Bien entendu, il faut d'abord identifier les personnes significatives dans son arbre généalogique en lien avec une problématique personnelle ou familiale et puis devenir progressivement chacune d'elles pour adopter tous les points de vue et avancer dans le dialogue vers la résolution de problèmes.

Les vies de Charlène

Charlène, une femme de 35 ans, consulte un thérapeute pour des problèmes de dépression et d'anxiété. Au cours de ses séances, le thérapeute découvre que Charlène a une relation conflictuelle avec sa mère et qu'elle a du mal à faire confiance aux hommes. Le thérapeute utilise l'hypnose transgénérationnelle pour explorer les racines de ces problèmes dans l'arbre généalogique de Charlène.

Sous hypnose, Charlène se connecte à sa grand-mère paternelle, qui a vécu une relation abusive avec son mari. Charlène prend conscience que sa grand-mère a développé une grande méfiance envers les hommes et qu'elle a transmis cette méfiance à sa fille, la mère de Charlène. Elle se rend également compte que sa mère a reproduit ce modèle de relation conflictuelle avec elle-même.

En prenant conscience de ces liens transgénérationnels, Charlène peut commencer à travailler pour libérer les schémas de pensée et de comportement qui ont été transmis de génération en génération et qui ont contribué à ses problèmes émotionnels. Grâce à cette prise de conscience de ce qu'elle savait déjà mais qui a été mis en lumière par la séance d'hypnose transgénérationnelle, elle peut aborder la résolution de ces problèmes, elle peut commencer à se sentir mieux et à aller vers une vie plus épanouie.

e

Le transgénérationnel peut bousculer le référentiel d'un thérapeute ericksonien en élargissant son champ de vision au passé entier de la personne.

Que vous y croyez ou non, vous pouvez ainsi aider vos clients à identifier les schémas de pensée et de comportement transmis de génération en génération, qui peuvent contribuer à leurs problèmes actuels. Cela peut être particulièrement utile lorsque les problèmes du client ont des racines profondes et complexes qui ont sauté des générations. En explorant ces liens transgénérationnels, vous pouvez aider votre client à prendre conscience de ces schémas et à se donner les autorisations pour se libérer, pour se sentir mieux et de vivre une vie plus épanouie. En hypnose ericksonienne, cela commence parfois avec une simple suggestion de l'organisation d'une cérémonie pour se donner les autorisations.

— *Je te propose de te laisser du temps pour organiser la cérémonie pour obtenir l'autorisation d'avoir* [compléter selon le besoin du client]. *Est-ce que tu vas faire une liste des personnes de la famille qui sont invitées, un plan de table, écrire le déroulement de la soirée, faire participer des extras, etc. ? Quels seront les surprises, les discours, les éléments du spectacle, etc. ?*

Et donnez enfin le départ du déroulement de la cérémonie.

— *Dans un moment, mais pas tout de suite je dirai « go » et la cérémonie commence. Je te laisse ensuite tout le temps du monde pendant 3 minutes d'horloge pour vivre et observer le déroulement de la cérémonie avec toute ta famille et quand elle sera terminée alors la tête va pencher en avant.*

58. Hypnose non verbale

On parle d'hypnose non verbale quand on n'use pas de parole, cela peut être quand l'hypnotiseur ne dit mot quand l'hypnotisé répond à la parole de l'hypnotiseur avec des mots de son langage gestuel idéomoteur ; dans ce cas, le corps répond aux questions posées par la voix.

— *La main est légère, elle flotte et dans quelques instants, elle va toucher l'endroit du corps où se tient cette émotion* (réponse gestuelle attendue).

Dans l'histoire de l'hypnose, la fascination (voir **15**) qui utilise le regard se passe souvent de la moindre parole. Autre exemple plus près de nous, Milton Erickson hypnotise sans un mot un sourd-muet de naissance. Une autre fois ce sera une personne qui ne parle pas sa langue et que les organisateurs facétieux du congrès lui proposent d'hypnotiser pour le challenger et lui permettre d'exprimer son talent au-delà des limites de la voix. À chaque fois, il parvient à mettre son sujet en transe par la pantomime, ce langage utilisant simplement les gestes et le regard sans un mot.

Elle est stuporeuse avec des gestes limités et lents, ou somnambuliques (voir **22**) avec des gestes plus amples, plus conformes à une activité corporelle comme la danse ou le sport. La mise en place d'un code gestuel composé de gestes idéomoteurs que l'on appelle communément « *signaling* » est une possibilité de dialogue non verbal pour les réponses de l'hypnotisé. À noter qu'il peut aussi dialoguer en auto-hypnose avec son cerveau à l'état de veille en utilisant un pendule (voir **42**), ou encore une tablette ouija.

La préparation de la mise en place d'un « *signaling* » peut se faire à partir de l'anecdote naturaliste des hochements de tête :

— *Vous hochez la tête ! Savez-vous que, quand vous hochez la tête comme vous venez de le faire à l'instant, c'est un mot de votre langage pour dire « oui ». C'est un mot que vous avez appris de vos parents par imitation car si vous étiez Grec, vous feriez exactement le contraire : « hocher pour dire "non" et secouer pour dire "oui" ».*

La démonstration gestuelle accompagne cette affirmation. À noter qu'en fonction du degré de confusion accompagnant cette anecdote, il n'est pas rare que le sujet inverse par la suite les deux gestes dans une conversation en transe et il convient de vérifier alors en sortie de transe que l'usage de ces mots gestuels est bien redevenu correct.

Laisser parler le corps est une manière plus directe que le passage par le langage qui, par essence, apporte une couche supplémentaire entre le symptôme et sa description. Ainsi, il y a un avantage à pratiquer cette hypnose du corps plutôt que celle de la narration de la plainte qui amplifie souvent les problèmes. Le langage en tant que construction sociale est en effet bien souvent un créateur, voire un amplificateur de problèmes.

En faisant abstraction du langage, on rentre dans le paradigme de la « *somatic experiencing* » qui travaille principalement avec le ressenti corporel, en ayant accès aux sensations physiques, aux images et aux mouvements, avec un accent beaucoup moindre mis sur les processus cognitifs portés par le langage. C'est une expérience à tenter de temps en temps car le corps a une mémoire et des choses à dire.

Il y a au moins deux possibilités :

- celle de questionner verbalement et de suggérer des réponses par le corps (voir l'exemple du *swan* ci-après souvent présenté en auto-hypnose mais qui pourrait aussi fonctionner en hétérohypnose).
- celle d'utiliser le corps pour induire l'hypnose en pratiquant une induction entièrement non verbale qui sera proposée dans l'exemple *infra*.

Puisqu'on n'est jamais si bien servi que par soi-même, il suffit de convenir d'un code avec notre inconscient pour dialoguer directement avec lui. En matière de code, puisque nous savons qu'il fait volontiers des gestes, le plus simple est de lui suggérer de faire un geste inconscient d'un doigt de la main pour dire « Oui » et d'un autre doigt pour dire « Non ».Voici comment procéder.

Préparez une main et placez-la dans une position décontractée et en dehors de son usage fonctionnel habituel comme sur le dessin.

Secouez la main plusieurs fois comme si vous faisiez descendre le mercure d'un thermomètre médical puis posez votre coude sur le coin d'une table, et décontractez les doigts de toute la main comme sur la figure. Tournez le poignet d'un côté et de l'autre en gardant les doigts pendants et puis ne bougez plus la main.

Ensuite ne faites plus rien et contentez-vous de regarder les doigts avec curiosité.

Maintenant, demandez à votre inconscient de vous dire oui.

— *Je demande à mon inconscient avec quel doigt il va dire « Oui ».*

Attendez et observez attentivement tous les doigts.

— *Je ne sais pas quel doigt va dire « oui »*

Notez quel doigt a bougé.

Dans ce cas c'est l'index, mais cela aurait pu être un autre. Dans le cas où le mouvement n'est pas probant il ne faut pas hésiter à redemander une confirmation à l'inconscient.

— *J'ai vu bouger l'index si c'est le doigt pour dire « oui » alors, il va bouger à nouveau plus fortement pour que je puisse en être sûr.*

Observez et attendez.

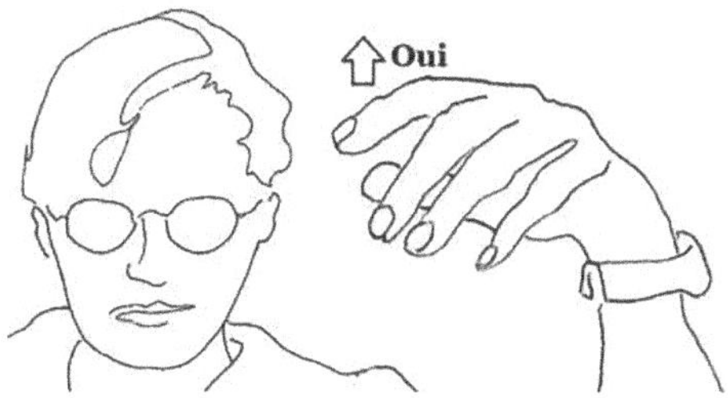

Notez que c'est bien l'index qui a bougé cette fois plus amplement.

Et pour savoir comment il veut dire « non » :

— *Je demande à mon inconscient avec quel doigt tu vas dire « Non ».*

Observez et attendez. C'est le petit doigt pour dire « non ».

— *Merci beaucoup, j'ai vu le petit doigt ».*

Commencez la discussion. Avec ce code, vous avez maintenant un interlocuteur qui peut répondre par « oui » ou par « non » à un grand nombre de questions. Commencez par une question facile dont vous connaissez la réponse.

— *Est-ce que je suis un garçon* (ou une fille) *?*

Observez la réponse.

— *Est-ce que je suis assise* (ou assis) *?*

— *Est-ce que tu es d'accord pour échanger avec moi chaque fois que je le demanderai* (pour préparer les prochaines expériences) *?*

Etc.

Pour améliorer le code convenu avec votre inconscient, vous pouvez ajouter un doigt qui indiquera : « je ne sais pas, ou j'ai besoin de temps ». Car l'inconscient a parfois besoin de temps avant de répondre et utilisera de temps en temps cette option pour se défausser. Dans le cas où il répond « je ne sais pas », il convient de changer la forme des questions pour lui permettre de répondre plus facilement ou de laisser passer un peu de temps avant de reposer la question.

Une induction non verbale

Carine est sourde-muette et elle veut essayer un état d'hypnose. Vous allez lui proposer une induction sans paroles.
Pour une induction sans paroles, il faut dire par gestes que l'on va utiliser les gestes pour avoir une discussion. C'est assez facile en partant des gestes existants du répertoire car beaucoup sont connus de tous dans notre égrégore. Par exemple un index brandi posé en travers des lèvres signifie « chut », « taisons-nous » ou « taisez-vous ». Il est toujours bon de passer en revue quelques gestes en souriant : levez-vous, asseyez-vous, taisez-vous, stop, je m'étire en baillant, je ferme les yeux, je prends une grande inspiration, etc. C'est alors de la méta-communication qui prépare le sujet à la communication par gestes. Une fois cette préparation effectuée, vous pouvez frapper les trois coups !
Première étape : dire que nous allons communiquer par geste
Faisons-le par geste en tendant la main pour dire bonjour.
Le salut effectué avec un grand sourire crée des conditions de rapport hypnotique.

Deuxième étape : prévoir et proposer le mode de sortie de transe
Prenez l'épaule du sujet et secouez-la doucement en écarquillant vos yeux pour mimer un réveil. Puis secouez un peu plus fort en écarquillant grandement les yeux avec un sourire de satisfaction rapidement suivi de vos bras qui se lèvent et s'étirent vers le haut comme lors du réveil. Refaites une troisième fois car, comme le comique de répétition, le langage gestuel apprécie parfois l'apprentissage permis par la répétition qui est par ailleurs une figure de rhétorique hypnotique.

Troisième étape : démarrer l'induction par gestes
Faites un geste des deux mains comme pour matérialiser des lunettes sur vos yeux puis écartez les mains en pinçant pouce et index pour mimer la fermeture de vos yeux en souriant.
Montrez le sujet du doigt au niveau de son visage et de ses yeux.
Prenez une grande inspiration (vérifiez que le sujet vous suit), prenez encore une grande inspiration et refaites le mime de la fermeture des yeux.

Quatrième étape : approfondir l'hypnose
Lorsque le sujet ferme les yeux, testez le retour en le secouant un peu, puis souriez dès qu'il ouvre les yeux et refaites le mime de la fermeture des yeux.
Procédez plusieurs fois à cet approfondissement par fractionnements très efficaces.

Cinquième étape : [le sujet profite de l'hypnose.]
Lorsque le sujet a les yeux fermés, vous pouvez calibrer des signes de transe par exemple une activité oculaire de type REM où l'on voit bouger les globes oculaires sous les paupières .

Sixième étape : retour dans l'ici et maintenant
Secouez doucement le sujet par l'épaule et souriez-lui quand il ouvre les yeux. Donnez-lui un peu de temps pour revenir et tendez la main exactement geste pour geste[1] comme vous aviez fait au début de l'induction. Cela pourra éventuellement provoquer une amnésie de la séance.

Sujet en retour de transe s'exprimant par langue des signes :
— *Alors quand me ferez-vous vivre cet état d'hypnose ?*
Il a vécu une amnésie de la séance.

Vous avez la possibilité d'ajouter du langage à cette induction non verbale ce qui la rendra plus souple et plus précise à conduire. Et à l'inverse, vous pouvez ajouter du « non-verbal » à vos inductions ericksoniennes. Essayez en commençant par un changement minime. Pourquoi ne pas proposer comment sera la sortie de transe avant de débuter votre induction préférée. Dans ce cas, demandez l'autorisation au sujet de lui toucher l'épaule puis celle de le secouer gentiment ?

— *Oui.*

— *Vous savez lorsque vous vous êtes endormi au cinéma, l'ouvreuse vous secouera gentiment par l'épaule comme ceci pour vous réveiller. Tout à l'heure, lorsque vous serez dans le sommeil magnétique, je souhaite que vous reveniez dans l'ici et maintenant à chaque fois que vous sentirez que je vous secoue lentement l'épaule. Vous êtes d'accord ?*

— *Euh... oui.* — *Me permettez-vous de vous toucher l'épaule ?*

Ensuite, faites votre induction classique puis utilisez la sortie sans parole pour approfondir en faisant plusieurs sorties de transe chacune immédiatement suivies d'une induction. Pour terminer la séance contentez-vous de secouer gentiment l'épaule.

— *Le film est terminé, il faut vous réveiller !*

1. Mot pour mot avec les mains.

59. Hypnose quantique

Le physicien Max Planck, prix Nobel en 1918 pour ses travaux sur la théorie des quanta, a posé les bases de la mécanique quantique[1] qui se sépare alors de la physique classique en posant un référentiel bien particulier. Phénomène de mode ou tentative de changer radicalement de raisonnement pour avancer vers la lumière, l'hypnose n'échappe pas à cette nouvelle interprétation du sens de la vie. La plupart des formes de psychothérapie ne considèrent pas vraiment la personne comme un soi créatif ; il est au mieux considéré comme le produit de tous les autres facteurs : sentiments, pensées, associations, problèmes, sensations corporelles, tonus musculaire, souvenirs et rêves. Mais ces éléments ne sont que des créations du soi derrière la transe, pas de la personne, et bien que cela puisse sembler être une philosophie inutile, le changement d'attitude vers la vision du client comme un être créatif est majeur pour lui permettre de trouver et d'appliquer ses solutions. Cette hypnose distingue et dissocie le soi créatif de la personne.

La position de l'hypnose quantique est que la personne est déjà dans une transe et on l'aide alors simplement à en sortir.

Pour mieux comprendre ce type d'hypnose, Wolinsky la compare avec celle d'Erickson :

> *« Ici, cela peut être vu comme un paradoxe : la personne a créé un problème, ce qui nécessite un rétrécissement du centre d'attention et Erickson demande au client de réduire encore plus son attention pour créer un état de transe thérapeutique. Je suggère que l'inverse est également vrai : c'est ce rétrécissement de l'attention, tel qu'il fonctionne dans l'état de transe symptomatique, qui enferme la personne dans un schéma de réponse automatique résultant en une non-utilisation de ses ressources inconscientes. »*

C'est donc une sortie de transe qui est visée dans ce type d'hypnose, avec éventuellement la construction d'une transe positive à expérimenter jusqu'en dehors de la séance.

---

1. Construite sur l'approche de Louis de Broglie, la mécanique quantique moderne date de 1925.

On commence par une discussion car, en hypnose quantique, on travaille en parlant avec le client et en le guidant progressivement à « laisser aller » les fausses identifications et restrictions qu'il a emmagasinées dans son esprit. Il convient de proposer un arrêt du tourbillon client qui cesse alors de penser, pour libérer son soi créatif.

Pour ce faire, on développe à travers le regard et la parole un présent hors des fausses identifications. Ça va être le vrai soi créatif qui a son tour va pouvoir guérir son passé.

Les usages sont multiples en reconstruisant une perception quantique parmi les multiples univers qui peuvent coexister. En travaillant sur la conscience, on arrive à « ouvrir » à une vision différente du monde. L'utilisation de l'hypnose quantique permet de considérer le client comme un être créatif et capable de changer sa réalité. La particularité du saut quantique est qu'il peut être parfois instantané et très surprenant.

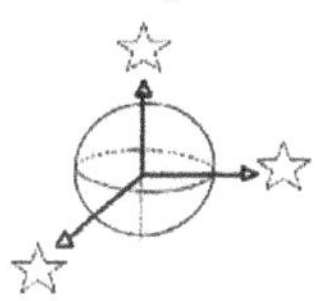

Cette hypnose se base sur une déconstruction de la réalité. Dans cette hypnose on travaille sur les « transes quotidiennes » déjà présentes dans la réalité de tous les jours car ces transes sont souvent un moyen nécessaire pour survivre et faire face à l'univers physique. Ils sont comme des tunnels traversés pour manœuvrer et se concentrer sur le monde. Certaines transes sont fonctionnelles et agréables ; d'autres sont dysfonctionnelles et pathologiques. Certaines transes seront en alignement avec les objectifs du client, tandis que d'autres seront des obstacles ayant constitué des croyances limitantes. Une grande partie du travail en hypnose quantique est orientée vers enlever les croyances limitantes.

Cette approche est à l'opposé des protocoles de régression où l'on revisite le passé pour tenter de le corriger. Garder le client concentré sur le présent le rend capable d'emporter le présent avec lui dans le passé. Cela diffère des thérapies qui font revivre à l'adulte des traumatismes passés sans le tampon des ressources du présent. Les thérapeutes doivent comprendre que le client a survécu au traumatisme et a ensuite créé des ressources pour y faire face. Dire que ces ressources ne sont pas présentes actuellement et que le client a besoin de revivre le traumatisme sans elles revient à dramatiser inutilement la situation qui ne reflète plus le présent.

Donner ou plutôt rendre le pouvoir au soi créatif

Charlie ne sait pas comment arrêter le tourbillon des pensées autour de ses migraines et ce qu'il ne sait pas, c'est que cela permettrait l'intervention de son soi créatif.

En pré-induction, toute anecdote d'explication de la possibilité du saut quantique est la bienvenue.

Par exemple vous pouvez raconter l'histoire de ce cadre qui est en retard et stresse de plus en plus ce qui lui cause un accident de voiture qui l'empêche d'arriver à sa réunion alors qu'une autre fois, dans une autre réalité, il se dit « je ne suis pas en retard car il faut compter sur le quart d'heure parisien » et il arrive quelques minutes avant son chef. Ensuite durant toute l'induction, vous pourrez prendre des exemples pour donner une tonalité quantique à votre discours.

La séance commence en posant la question :

— *Comment allez-vous sans le symptôme ?*

— *Euh, qu'est-ce que vous voulez dire ?*

— *Eh bien, comme si ce qui doit être guéri est guéri, alors à ce moment-là, comment vous sentez-vous ?*

— *Euh, je ne sais pas, …mieux.*

—*Vous ne savez pas, mais faisons comme si vous saviez, je voudrais vous proposer un exercice simple. Quel est votre métier ?*

— *Euh, informaticien.*

— *Eh bien je vous propose d'avoir durant cette séance un second métier, celui d'aller bien. Vous allez faire le choix d'aller bien et, comme dans votre métier, vous serez compétent. — Vous êtes Ok pour ce choix d'aller bien comme un nouveau métier complémentaire du vôtre ?*

— *Ben, oui.*

— *Et tant que nous sommes, je vais vous apporter des éléments pour le déroulement de la séance. Il y a trois points importants que je vous demande de respecter durant la séance :*

Le premier point, vous savez ce gars en retard qui, en fait, n'était pas en retard mais qui a quasiment déclenché son accident et raté son travail, cela peut se comprendre comme :

1) Il n'y a pas de réalité (ou en tout cas elle n'est pas la même pour une personne qui va bien et une autre qui est déprimée et chaque fois que vous dites que cela va mal, vous appuyez un peu vers le mal-être, surtout si vous n'avez pas le pouvoir de changer les choses et c'est le deuxième point important :

2) Il n'y a pas de problème, car il n'y a que des évènements qui arrivent et auxquels parfois on ne peut rien. C'est notre perception des événements qui en fait des problèmes, Alors, il n'y a pas de problèmes, c'est un point que j'aimerais que vous compreniez dans la séance. Et bien sûr si on parle d'un événement auquel vous ne pouvez rien il faut :

3) Accepter ce qu'on n'en peut pas changer.

Pour illustrer ces trois principes, imaginez un énorme rocher qui vous barre la route. Vous essayez de le pousser une fois, puis deux et vous êtes fatigué et comme vous n'y arrivez pas, vous dites que vous avez un problème, alors que ce n'est qu'un événement (le rocher est posé sur la route et vous n'y pouvez rien).
Il n'y a pas de réalité parce que pendant que vous vous êtes épuisé à le pousser sans y parvenir, une enfant est passée par-dessus et marche déjà sur la route et elle a complétement oublié l'existence même du rocher.
Il n'y a pas de problème parce que vous avez plusieurs manières de passer l'obstacle (par-dessus, par chaque côté, etc.)
Acceptez ce que vous ne pouvez changer, il y a un rocher, ce n'est pas irréversible mais vous ne pouvez pas le changer, et si vous repassez demain, il ne sera sans doute plus là.
Maintenant que vous êtes bien imprégné de ces principes, faisons un peu d'hypnose. Et à ce stade je voudrais vous demander de visiter un temps zéro pendant la séance qui ne soit pas influencé par le passé ou le futur. Parlez-moi de ce qui vous embête dans votre tête, mais parlez à l'imparfait. J'avais une sensation dans le crâne comme une migraine…
[Mise sous hypnose et l'on se tutoie.]
— *Maintenant, je te propose de futuriser sous hypnose. Ce jeu est simple, tu vas faire comme si tu es guéri. C'est la fin de la séance et tu fais l'expérience d'être guéri de ce qu'il y avait à guérir et tu me diras dans quelques instants ce que tu ressens de différent.*
[Laisser du temps et calibrer le visage et demander au client de décrire son ressenti, sa perception.]
— *J'avais chaud à la tête, à toute la tête…*
— *J'ai calibré sur ton visage et je te propose te donner mon ressenti en plus du tien. Il me semble qu'il y a eu un début de changement puis une légère apparition de peur, n'est-ce pas ?*
— *Euh oui en effet…*
— *On recommence. Je te propose de recommencer mais d'aller beaucoup plus loin cette fois. Cette fois, tu prends une grande respiration et tu souffles très fort : tu rejettes ce qui est à rejeter puis un relâchement si possible sans penser à rien et ensuite, tu relateras les changements que tu as dans ton corps.*

Le client relate les changements et on recommence plusieurs fois cette séquence avec un encouragement à en faire toujours plus tout en restant dans ce que relate le client.

À la fin de la séance, le patient n'est pas ramené à l'état de veille parce qu'il est toujours éveillé, mais curieusement, le problème n'existe plus si le saut quantique a eu lieu.

En s'appuyant sur la vision de l'hypnose quantique, un thérapeute ericksonien peut aider le client à identifier les transes quotidiennes qui ont été créées à partir du contexte familial d'origine et qui continuent à fonctionner de manière inaperçue, comme des « colles » invisible du symptôme quotidien actuel du client.

Un exemple d'utilisation de l'hypnose quantique en conjonction avec l'hypnose ericksonienne pourrait être pour un client souffrant d'anxiété sociale. Le thérapeute pourrait commencer par une discussion avec le client pour identifier les transes quotidiennes qui maintiennent l'anxiété sociale en place, telles que les croyances limitantes, les schémas de pensée négatifs, et les comportements répétitifs. En utilisant une pré-induction suggérant un fonctionnement quantique et les techniques d'hypnose ericksonienne, le thérapeute pourrait ensuite aider le client à s'en libérer, tout en l'aidant à se concentrer sur le présent et à se reconnecter avec son vrai soi créatif.

60. Hypnose scriptothérapique

La scriptothérapie consiste à lire ou réciter des scripts au sujet préalablement mis en transe. C'est l'utilisation de l'art de raconter des histoires à l'inconscient. Cela se rapproche du conte qui est un moyen de parler aux gens après avoir abaissé leurs barrières en les captivant. Pour intéresser et mettre en mouvement l'inconscient, les métaphores sont particulièrement prisées car elles portent un double langage lorsqu'elles ne disent pas tout et son contraire, laissant un riche terreau de possibilités d'émergence d'idées nouvelles. Ainsi, le message qu'elles font passer correspond toujours plus ou moins à ce qu'il fallait dire. Il y a aussi des histoires imbriquées qui contournent le facteur critique comme a pu le faire Shéhérazade pour sauver sa vie par l'hypnose, des allusions, des symboles, de la poésie et tout l'arsenal de la rhétorique hypnotique.

Les racines de la scriptothérapie se trouvent dans les contes et l'art du conteur. Il fut un temps où la transmission orale était majoritaire. La rhétorique hypnotique servait alors la mémorisation du conte comme sa transmission.

Les contes de fées, les histoires pour les enfants contiennent des doubles messages intégrés dans l'histoire, du contenu pédagogique et archétypal. À noter que les transmissions parentales utilisent volontiers la narration d'une histoire de famille racontée maintes et maintes fois à l'enfant (voir **25**).

C'est un discours vers l'inconscient qui ne demande pas plus qu'une légère transe, voire pas plus de transe que celle obtenue par celui qui sait raconter une histoire devant un auditoire en n'oubliant pas de l'écouter... Mais bien entendu cela fait encore plus d'effet avec une bonne profondeur de transe permettant une absorption complète dans l'histoire.

— *Vous racontez des histoires subtiles et ils changent.*

Les récits des séances pratiquées par Milton Erickson font souvent état d'histoire n'ayant rien à voir avec le sujet du sujet. Milton Erickson prenait parfois un ton docte empreint d'autorité médicale pour expliquer un fonctionnement anatomique tout en faisant passer des messages à l'inconscient du sujet.

Délivrer une métaphore sollicite l'inconscient pour qu'il reconsidère le paradigme de la situation :

— *Le jour de l'examen, la surprise c'est quand il n'y a pas de surprise !*

Toute histoire paradoxale qui contient le germe d'un recadrage ou d'une orientation plurielle de la réalité peut convenir.

Cette hypnose en phase avec les contes merveilleux transmet des valeurs, des avertissements, des principes en racontant des histoires aux enfants comme celle de la petite mandarine ...

Connaissez-vous l'histoire
D'une petite mandarine
Qui s'en allait un soir
Au bal de sa copine

En chemin elle rencontre
Un jeune garçon citron
Il lui dit vient j'te montre
Comment danser le rigodon

Et pendant qu'ils dansaient
Et pendant qu'ils s'embrassaient
Le jeune garçon citron
A eu un zeste déplacé…

Techniquement, stabilisez une induction simple et vérifiez l'état de transe hypnotique avant de raconter une ou plusieurs histoires pouvant être imbriquées pour favoriser l'amnésie structurée.

L'inconscient mis au placard

Carine se désole de procrastiner et de ne pas avoir d'énergie pour avancer dans la vie.
Obtenez une transe profonde en utilisant votre induction préférée ou celle du sujet, puis lancer l'histoire.

[L'histoire 1] Un jour Petit Ours Brun fait la cuisine avec son papa. Ils ont décidé de faire des spaghettis. Mais au moment de les sortir de l'eau et de les égoutter, son papa ne trouve pas la passoire. Ils cherchent partout et impossible de trouver la passoire… Alors petit ours brun monte sur son vélo et dit : « je vais aller au village en acheter une ». Petit ours se met à pédaler rapidement.

L'histoire 2 gagne à être avec un personnage inconnu et qui de plus est un empêcheur d'avancer, ce qui produira du soulagement quand on passera dans l'histoire 3.

[Histoire 2] Il arrive chez le quincaillier et il pose le vélo et rentre dans le magasin, mais il y a déjà une femme qui est en train de demander au vendeur comment changer une ampoule et quelle sorte d'ampoule elle doit acheter et bla bla bla…
C'est long, petit ours brun en a marre d'attendre et il a du mal à rester calme comme quand il dort car il voudrait déjà être sur son vélo.

L'histoire 3 complique encore et sème définitivement la confusion.
[Histoire 3] Le marchand rend la monnaie à la femme qui vient enfin de se décider sur quelle ampoule elle achète. Et il se met à raconter sa vie : « Vous savez, à la maison, en changeant une ampoule, je passais devant un placard que je ne pouvais pas fermer et chaque fois que je passais devant je butais dans une boîte qui en sortait. Ce week-end en passant devant, je me suis arrêté et j'ai ouvert la porte du placard. Puis je ne sais pas pourquoi, je me suis mis à le vider et j'ai fait trois tas.

- un tas de truc à jeter,
- un tas de trucs à rendre parce que ce n'était pas à moi
- et toutes les choses que je voulais garder que j'ai bien rangé dans le placard tout propre. [Métaphore de faire le tri dans sa vie et de ne garder que le nécessaire.]

Et je ne sais pas pourquoi, sans doute parce que j'étais tranquille et détendu, mais ensuite j'étais tellement calme que j'ai eu envie de faire la sieste. Parce que c'était l'heure de se reposer, je suis allé au lit et j'ai dormi comme un bébé et je me suis réveillé en pleine forme [cœur de la suggestion].
— Ça se voit dit la femme [retour histoire 2], vous avez bonne mine et vous avez l'air d'avoir dormi tranquillement.
Elle s'en va.
Petit ours brun demande alors :
— « Je voudrais une passoire » [retour histoire 1].
— Sais-tu quelle sorte de passoire tu veux ? répond le marchand.
— Non pourquoi, il y en a plusieurs ?
— Oui, il y a :

- des passoires qui ne laissent passer ni l'eau ni les pâtes, on les appelle des casseroles ;
- des passoires qui laissent passer l'eau mais pas les pâtes,
- des passoires qui laissent passer l'eau et les pâtes, je les appelle des cerceaux ;
- des passoires qui laissent passer les pâtes, mais pas l'eau. »

[Confusion et préparation de l'amnésie par la suggestion.]
Il arrive à la maison et montre fièrement la passoire à son papa.

Carine en retour de transe :
— *Je suis bien, Cela a duré combien de temps ?*

À la séance suivante :
— *Ça commence à marcher et même beaucoup mieux.*

Collectionnez quelques histoires surprenantes et racontez-les parfois en pré-induction ou bien en transe. N'ayez pas le trac, car quel que soit votre talent de conteur, cela ne peut pas faire de mal.

À une actrice qui lui affirmait qu'elle n'avait jamais le trac avant de rentrer sur scène, Sacha Guitry répondait :
— *Vous savez, cela viendra avec le talent !*

61. Hypnose stratégique

Lorsqu'on demandait à Milton Erickson comment il faisait pour accompagner tous ses clients, il lui arrivait de confesser : — *Je leur raconte des histoires et ils changent !*

Mais raconter des histoires n'est pas suffisant, il faut aussi – et c'est le plus important – utiliser une stratégie. Sur ce point, Milton Erickson a eu de nombreux exégètes qui ont mis en évidence et décrit son approche stratégique au sein de la relation d'aide. Dès le premier contact, au premier mot de salutation il utilisait une stratégie. C'est parfois aussi déroutant que la préconisation d'une promenade avant de commencer le travail et de reporter la séance à un prochain rendez-vous. C'est généralement simplement ensuite que l'hypnose est utilisée pour renforcer la stratégie déployée. Tout au long des descriptions de séances du maître, on rencontre de nombreuses stratégies[1], certaines sont issues des stratagèmes orientaux, d'autres utilisent des phénomènes hypnotiques, ou encore se réfèrent à des thérapies particulières, ou bien des croyances du sujet, des explications pseudo-scientifiques, des recadrages, etc.

On peut d'ailleurs se poser la question :

— *L'hypnose est-elle au service de la stratégie ou bien est-ce le contraire ?*

Selon la réponse que vous posez à cette question, vous choisissez un référentiel qui fait de l'hypnose un outil, un mode de communication ou bien une fin en soi.

La stratégie est une notion issue de la vie militaire. Elle vise à défaire l'adversaire afin d'anéantir ses forces vives. Dans les années 1950, elle est introduite dans le monde des entreprises en conservant un vocabulaire agressif de compétition et d'élimination de la concurrence. Mais dans le domaine de la relation d'aide, on ne peut utiliser cette notion sans en changer la définition. La relation d'aide stratégique doit tenir compte de ce qu'apporte le sujet et conduit à évoluer vers une co-stratégie dont la définition n'est plus la défaite de l'adversaire, mais la victoire du sujet. Ceci au travers du changement conduisant à l'atteinte de ses objectifs.

Lors de l'observation des pratiques de Milton Erikson et de thérapeutes hors du commun certains invariants sont mis en évidence (voir **1**). La PNL en tirera des protocoles que l'on peut considérer comme des formes frustes de stratégie. Il y aura de nombreux livres sur sa pratique et ses méthodes alors que le maître avouait faire différemment avec chaque

1. Luc Vacquié, *150 Stratégies d'hypnose conversationnelle : Pour le soin, la relation d'aide et le coaching*, interéditions, Malakoff, 2022.

patient. Il conseillait d'ailleurs paradoxalement une stratégie consistant à ne pas l'imiter :

— *Faites comme vous, ne faites pas comme moi, développez votre propre technique.*

Cette utilisation de l'hypnose intimement couplée avec la stratégie fonctionne indifféremment avec des transes légères, profondes ou même parfois sans transe. En effet, l'utilisation conjointe d'une stratégie et de l'hypnose conversationnelle sans transe (voir **56**) est parfaitement possible. On peut d'ailleurs dire à l'usage que la stratégie est plus forte que l'hypnose car appliquer une stratégie sans hypnose fonctionne toujours alors que le contraire, c'est-à-dire faire de l'hypnose sans stratégie ne produit en général pas grand-chose.

Par exemple, un de vos amis se plaint de ne pas se lever le matin.

Appliquez la stratégie « *éteindre le feu en ajoutant du bois* » et dites-lui pour commencer que vous savez exactement comment il peut faire pour perdre cette mauvaise habitude dès le lendemain, mais que vous pensez qu'il ne va pas suivre votre méthode car il n'est pas prêt : il s'agit avant tout de lui faire accepter la prescription que vous allez faire.

— *Je pense que cela ne vaut pas le coup que je te dise le truc parce que je sais que tu ne vas pas le faire. Tu comprends, c'est un peu donner de la confiture au cochon et j'ai besoin d'avoir l'assurance que tu vas faire ce que je te dis.*

— *Mais si, je t'assure que je vais le faire, j'ai vraiment besoin de me lever à 7 heures pour aller au boulot.*

— *Tu es certain, tu me promets de le faire ?*

— *Oui c'est d'accord !* [Il a accepté.]

— *Bon devant tout le monde tu t'engages à faire ce que je te demande…*

— *D'accord.*

— *Bon alors pour commencer tu vas aménager autour du lit des choses que tu aimes bien : des romans policiers, des BD, tes biscuits préférés etc. tout ce que tu veux pour ton confort et qui doit être accessible sans sortir du lit.*

Ensuite tu règles un réveil à 7 h 00 et un autre à 7 h 05.

Et si le deuxième réveil sonne quand tu es encore au lit, alors tu restes au lit jusqu'à 11 heures. Tu n'as pas le droit de sortir avant 11 heures.

Cette discussion en hypnose conversationnelle sans transe fonctionne grâce à une prescription d'ordalie. Cette ordalie fonctionnera dès lors qu'elle est acceptée par le client (c'est tout l'art de poser cette prescription) même sans avoir utilisé d'hypnose formelle. Dans une autre option une transe profonde peut être utilisée pour passer la suggestion post-hypnotique stratégique similaire.

Stratégie rime avec anticipation et lorsque la pré-induction est en phase avec ce qui surviendra par la suite lors de l'induction, il y a un véritable renforcement stratégique. Selon ses exégètes, Erickson semblait savoir exactement où il allait mener son patient même si les observateurs ne parvenaient pas à lire le sens de son action dès le début de la séance. Une stratégie peut même être annoncée durant la pré-induction, cela n'atténue pas son efficacité. C'est d'ailleurs une méta-stratégie que d'annoncer la stratégie. Quoi qu'il en soit la pré-induction est le meilleur moment pour faire glisser la plainte du client sur la peau de banane de la stratégie.

La stratégie est un accélérateur de changement. Elle est indépendante de l'usage de l'hypnose mais conduit à amplifier les effets de la mise en transe. Être stratégique permet de conduire le changement tout en respectant le sujet. L'utilisation de l'hypnose stratégique est recommandée pour accélérer le changement et diminuer le nombre de séances nécessaires. La raison en est probablement que la stratégie inclut l'utilisation de l'espace-temps, interséance comme espace de travail et de changement. Par ailleurs les stratégies, qui sont parfois obscures et souvent difficiles à deviner au premier degré, sont de puissants leviers pour utiliser les résistances au lieu de les combattre. Dans cet emploi, elles sont aussi un élément facilitateur et accélérateur.

Chacune a ses finesses et citons par exemple :

- une prescription de symptôme
- une intention paradoxale
- une ordalie
- une réification du symptôme
- éteindre le feu en ajoutant du bois
- pour redresser une chose il faut d'abord la tordre davantage
- un ancrage sur un geste physiologique
- etc.

La liste n'est pas exhaustive car ces stratégies sont très nombreuses. Chacune convient pour quelques usages, par exemple « prescrire le symptôme » permet de rendre la survenue du symptôme volontaire donc contrôlable. Ceci est obtenu en prenant conscience de la compétence de création du symptôme possédé par le client.

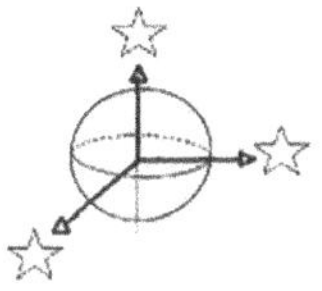

La stratégie est une notion militaire qui vise à mettre l'adversaire à genoux. Cette notion a ensuite été utilisée dans le commerce et l'industrie avec un vocabulaire d'élimination de la concurrence. Aucune de ces définitions ne convient en relation d'aide car il est nécessaire en hypnose de prendre le temps de poser un référentiel stratégique respectueux du client. En vision stratégique, il existe des niveaux stratégiques (micro, méta, réglo-stratégies, etc.) conduisant à la co-stratégie comme forme la plus respectueuse de la stratégie qui est co-établie avec le client en relation d'aide.

Bien que la stratégie puisse s'apprendre dans la vie édifiante des chefs militaires, elle provient aussi de la sagesse orientale, de l'étude de l'art d'Erickson et de l'expérience de Palo Alto. C'est une synthèse de ces sources multiples qui demande à être adaptée à la situation de relation d'aide, tel un système qui s'adapte à la situation, au client, et à ses éventuelles résistances.

Techniquement, comme il n'y a pas forcément de mise sous hypnose, l'accompagnement débute dès le premier contact, le premier mot et pour cela, il faut connaître une palette de stratégies et il est alors possible d'en déléguer la mise en œuvre automatique à votre inconscient.

Au fur et à mesure de l'usage de la stratégie dans vos accompagnements, vous développez des réflexes de micro-stratégie (des petits grains de conversation incluant la recherche d'exception, la prescription de symptôme, etc.), vous cimentez vos discours stratégiques, vous jonglez avec les méta-stratégies (annoncer la stratégie ou la taire, etc.) et *in fine* vous construisez une co-stratégie avec le sujet. Par exemple pour utiliser une stratégie de prescription de symptôme :

— *C'est en prescrivant le symptôme que l'on devient prescriveur de symptôme*[1] !

La cliente a la migraine, ou plutôt se dit sujette aux migraines, félicitez-la, car c'est une compétence remarquable que vous n'avez absolument pas.

1. Prescrire le symptôme est une stratégie issue des thérapies brèves inventée à Palo Alto.

Vous-même, vous êtes incapable de créer la moindre migraine et vous ne savez même pas ce que cela fait comme effet. Continuez à improviser dans ce cadre et voyons ou cela vous mène…

Au passage, vous avez déjà recadré la plainte en singularité et le symptôme en compétence, votre cliente est rassurée car vous écoutez sa plainte et vous la croyez au point de lui dire qu'elle est plus compétente (en activation de migraine) que vous qui en profitez pour rester en position basse. La stratégie d'aveu d'impuissance est une belle manière de prendre la position basse. Elle permet en outre de créer un accord rapidement. Elle place le sujet dans le paradigme paradoxal de résolution du symptôme sans disparition du symptôme qui esquive les résistances.

Maintenant pour finir d'anesthésier la résistance au changement, annoncez que vous n'y pouvez rien, mais placez stratégiquement une suggestion piégeuse dans votre annonce :

— *Vous savez que vous allez garder cette migraine de toute façon car on ne peut pas la faire disparaître complètement, mais vous allez pouvoir la réduire fortement en intensité.* Faites-moi une migraine mi-raisin

Transformez le symptôme en compétence

Carine est migraineuse ou sujette aux migraines et les médicaments n'agissent plus.
— *C'est une vraie compétence que vous avez là. Moi je suis parfaitement incapable de générer une migraine, comment faites-vous ?*
— *Je ne sais pas, euh…*
[Aveu d'impuissance vis-à-vis du symptôme.]
— *Cette migraine, vous ne pourrez pas vous l'enlever complètement. Généralement, il est facile d'en enlever 80 % mais pour le reste cela dépend de vous. Parfois, on peut atteindre 81 % aussi et ensuite cela dépend de comment vous arrivez à apprendre l'auto-hypnose pour vous en sortir toute seule.*

Votre stratégie est en place, continuez la séance à votre guise, par exemple en lui apprenant l'auto-hypnose ou en lui faisant déclencher en séance des migraines de petite taille, de faible durée, de faible intensité, etc.

À la séance suivante :
— *J'ai encore des migraines, mais elles n'ont jamais été si petites…*

Pourquoi ne pas ajouter à vos séances en plus de ce que vous faites régulièrement afin de tester sans danger de petits grains de stratégie ?

Par exemple :

- Pour un petit désagrément, prescrivez le symptôme, vous ne risquez rien à essayer.
- Pour une phobie, prescrivez une intention paradoxale.
- Pour un changement de comportement utilisez éteindre le feu en ajoutant du bois .
- Etc.

62. Hypnose sèche

— *Seul le rien pénètre ce qui n'a pas de faille* (Lao tseu).

L'hypnose sèche consiste à utiliser l'hypnose sans suggestion, simplement pour le bien-être que peut vivre le sujet en état hypnotique. C'est l'utilisation du temps passé en transe qui agit pour le mieux-être du sujet comme un médicament sans suggestion supplémentaire. Cela s'apparente à une cure de sommeil, mais ce n'est pas du sommeil.

L'hypnose sèche n'est pas récente. Cela fait une bonne cinquantaine d'années que les pays de l'ex-bloc soviétique ont recours avec succès à cette application spécifique dans de nombreux tableaux cliniques, notamment pour traiter les dépendances à l'alcool. En Europe, et particulièrement en France, peu de thérapeutes se sont spécialisés dans cette approche qui reste hélas très confidentielle. Elle est indéniablement proche de certaines pratiques de méditation, de yoga en endurance, ou bien le zazen, les pratiques tibétaines, le soufi etc.

Elle utilise et privilégie des transes profondes, généralement somnambuliques (voir **22**) ou plus profondes comme des états Esdaile (voir **51**) qui seront stabilisées et approfondies avant de laisser le patient seul dans le silence pour sa cure proprement dite.

Richard Bandler la pratiquait et avoue avoir laissé des patients en transe un certain temps pendant qu'il allait tondre la pelouse de son pavillon. Pratiquée surtout au début du siècle, on l'emploie encore de nos jours en Suède et en Russie sous forme d'hypnose prolongée qui peut parfois se prolonger au-delà de plusieurs jours de manière similaire à une cure de sommeil assortie de suggestions thérapeutiques données en début de séance.

Usage

Il s'agit pour l'essentiel de laisser libre cours aux mécanismes inconscients, aux automatismes internes, de reconsidérer ce qui est et d'y apporter ce qui pourrait manquer pour aller mieux.

La conversation est réduite laissant une approche intéressante du temps comme un médicament pour tous les problèmes demandant du cheminement, de la compréhension, et finalement de la matière « temps » pour changer.

Si cette approche est utilisée pour l'addiction à l'alcool dans la pratique russe, elle ne sera pas très utile pour des problèmes tels que l'arrêt du tabac, les phobies, etc. sauf à permettre une relaxation et un lâcher-prise amenant dans un meilleur état d'esprit pour changer. Cependant, si la personne ressent du mal-être, ne trouve pas de motivation au quotidien, ou décrit des problèmes existentiels, elle profitera probablement de l'hypnose sèche pour élargir sa carte de la réalité. Signalons aussi que l'hypnose sèche se pratique facilement en auto-hypnose (voir **9**).

C'est une croyance dans le fait que l'état hypnotique est en lui-même porteur de nombreuses possibilités de réorganisations internes. En dehors du bavardage langagier et mental, le cerveau se trouve en capacité de vivre des recherches trans-dérivationnelles pour explorer d'autres voies d'évolutions, y compris les plus inhabituelles ou celles qui sortent du paradigme du problème afin de trouver ce qui convient le mieux à la résolution ou l'évolution.

— *Lorsque vous lâchez la télécommande, le zapping ne vous occupe plus du tout l'esprit qui peut alors vagabonder et divaguer en tous sens vers les solutions.*

Le praticien annonce le type de séance puis accompagne la personne dans l'état d'hypnose et la laisse dans cet état pendant toute la longue durée de la séance. La séance peut durer plusieurs heures voire une demi-journée à une journée. C'est une utilisation du silence annoncé qui s'avère avoir une grande puissance régénérative. Il est d'ailleurs possible de faire de véritables « cures d'hypnose » à l'instar de cures de sommeil. Le praticien qui annonce à l'avance la philosophie de la séance veillera juste à entretenir cet état d'hypnose et à l'approfondir si nécessaire, nulle autre intervention de sa part n'étant utile par la suite.

Offrez un verre d'eau avant l'hypnose sèche

Carla se désole d'être encore dans une fin de dépression sans en sortir.
— *Quand vous dormez, cela va bien ?*
— *Oui.*
— *Et quand vous êtes en transe ?*
— *Oui, en effet, c'est agréable car alors, je n'y pense plus !*
— *Bon, prenez un verre d'eau pour vous détendre, ensuite je vous propose de faire une petite cure d'hypnose, vous n'avez rien de prévu pour la matinée ? Alors, on y va ?*
— *Oui si vous voulez !*
— *Je vais juste convoquer Hypnos, vous savez que c'est le dieu qui protège et guide les femmes pendant leur sommeil hypnotique...*
Carla en retour de transe :
Elle est sans voix, elle se touche longuement le visage, elle s'étire elle garde les yeux encore fermés pour l'instant...
— *Humm* [longue et sommeilleuse onomatopée] ...

Vous savez que vous avez tendance à être bavard, alors pourquoi ne pas commencer par faire silence et offrir le silence au sujet. Juste 2 minutes, puis 3, puis 5...

Pour supporter le silence, donnez un petit travail à l'inconscient et prévenez-le que vous allez lui laisser le temps. Prenez doucement conscience des différents temps proposés par Milton Erickson :

- Temps alloué : « *Je vous donne deux minutes pour faire ce travail.* »
- Temps sidéral : « *L'horloge affiche trente secondes.* »
- Temps perçu : « *J'avais tout le temps du monde, j'ai eu l'impression que cela durait une heure* » [raconte le sujet de retour de transe].

Conclusion

Nous dormons environ 25 ans dans une vie de 80 ans, c'est dire comme nous prenons finalement le temps d'explorer différents types de sommeil. Qu'ils soient paradoxaux, légers, profonds, pleins de rêves ou hypnotiques, produits ou non par une induction, ces sommeils sont à la fois un des sujets les plus universels de l'humanité et l'un des plus grands plaisirs de la vie.

De la divinité Hypnos qui nous accompagne et nous protège dans ces sommeils et ces hypnoses, on pourrait dire :

— *Il n'y a qu'un seul dieu Hypnos... mais sous 62 formes,*

Et cet ouvrage de rajouter :

— *mais qui ne font qu'une !*

Le parcours des hypnoses, est une plongée dans l'humanité. Car l'hypnose est multiple, subjective, surprenante, déroutante : si vous l'aimez et l'étudiez, vous le saviez déjà. Autour d'elle, il y a des écoles, des chapelles, des tentatives de s'approprier la vaste hypnose pour la contenir dans une caractéristique, un protocole, parfois même dans une marque déposée et chacune professe que son hypnose est la seule alors que les autres ne font pas comme il faut.

Puisse ce parcours dans 62 nuances vous apporter à la fois un désarroi encore plus profond et hypnotique sur la nature de l'hypnose parsemé de quelques graines fécondes de nouvelles techniques. Il vous reste à les planter dans votre pratique qui pourra alors vous surprendre en utilisant peut-être autant le regard que le geste, l'imagination que la parole et tout le reste plutôt que ce que vous faisiez déjà. Un petit pas de géant pour l'humanité sur la planète de l'hypnose globale.

Quizz

COMBIEN ÊTES-VOUS ERICKSONIEN ?

Milton Erickson pratiquait il y a près de 70 ans. Pour estimer la distance entre votre pratique et la véritable hypnose d'Erickson, faites ce petit quizz sans prétention en répondant :

0 : jamais — 2 : souvent

1 : parfois — 3 : toujours

1. Vous êtes psychiatre.	0	1	2	3
2. Vous détectez les signaux faibles.	0	1	2	3
3. Vous utilisez en émission des signaux faibles.	0	1	2	3
4. Vous changez d'induction à chaque client.	0	1	2	3
5. Vous appelez vos clients « patient ».	0	1	2	3
6. Vous refusez parfois des clients.	0	1	2	3
7. Il vous arrive de donner une tâche conditionnelle à effectuer avant la première séance comme faire une randonnée.	0	1	2	3
8. Vous prescrivez des tâches.	0	1	2	3
9. Vous prescrivez des ordalies.	0	1	2	3
10. Vous êtes capable d'expliquer l'anatomie à vos patients.	0	1	2	3
11. Vous pensez que l'hypnose doit être réservée aux médecins.	0	1	2	3

12. Vous utilisez l'induction d'Elman. 0 | 1 | 2 | 3

13. Vous utilisez la pré-induction en anticipation de ce qui se passera sous hypnose pour donner la tonalité de la séance. 0 | 1 | 2 | 3

14. Vous produisez régulièrement des amnésies de séance. 0 | 1 | 2 | 3

15. Vous utilisez régulièrement des suggestions post-hypnotiques assorties d'une amnésie. 0 | 1 | 2 | 3

16. Vous êtes capable d'induire l'hypnose sans parler. 0 | 1 | 2 | 3

17. Vous avez déjà hypnotisé une personne sourde. 0 | 1 | 2 | 3

18. Vous utilisez ce que vous apporte le patient et même si cela paraît être un frein à l'hypnose. 0 | 1 | 2 | 3

19. Vous êtes parfois très ennuyeux en guise d'induction. 0 | 1 | 2 | 3

20. Vous pratiquez la surprise. 0 | 1 | 2 | 3

21. Vous utilisez parfois le choc. 0 | 1 | 2 | 3

22. Vous êtes contusionnant sans en être confus. 0 | 1 | 2 | 3

23. Vous aimez les jeux de mots. 0 | 1 | 2 | 3

24. Vous êtes curieux de toute survenue d'un phénomène hypnotique à l'état d'éveil et vous en faites une anecdote que vous conservez pour la raconter à vos clients. 0 | 1 | 2 | 3

25. Vous vivez avec l'auto-hypnose. 0 | 1 | 2 | 3

26. Vous avez expérimenté sur vous-même la plupart des phénomènes hypnotiques. 0 | 1 | 2 | 3

27. Vous approfondissez souvent d'un seul mot. 0 | 1 | 2 | 3

28. Vous vous mettez en transe souvent pour induire la transe et déléguer ce que vous allez dire. 0 | 1 | 2 | 3

29. Vous pratiquez votre célèbre induction par poignée de main. 0 | 1 | 2 | 3

30. Vous racontez des histoires métaphoriques et des anecdotes en pré-induction ou en transe formelle.

0	1	2	3

Une fois le test renseigné, comptez le nombre de réponses nulles (soit x ce nombre) et faites la somme de vos résultats avec la formule :

$$100 - 2x = \ldots\%$$

Et si vous n'aimez pas les maths, mettez-vous en transe et visualisez votre nouvelle plaque.

Si vous trouvez 35 %, vous êtes ericksonien environ à 35 %.

Et maintenant voici votre cadeau lorsque vous commencez à halluciner votre plaque en lettres d'or sur le blanc du papier :

HYPNOSE
35%
ERICKSONIENNE

Bibliographie

ARAOZ (Daniel L.), BLECK (Robert T.), *L'Épanouissement sexuel par l'autohypnose*, Satas, Bruxelles, 2009.

ARAOZ (Daniel L.), SANDALDJIAN (Thierry), *Hypnose et sexologie : Une thérapie des troubles sexuels*, Albin Michel, Paris, 1994.

BIOY (Antoine), GOLDSCHMIDT (Daniel) [sous la direction de], *Comprendre et maîtriser l'hypnose profonde*, Dunod, Malakoff, 2022.

BROSSEAU (Gaston), *L'Hypnose, une réinitialisation de nos cinq sens : Vers l'hypnose 2.0*, interéditions, Malakoff, 2023.

COMBE (Jean-Emmanuel), *La Voix de l'inconscient : Devenez hypnotiseurs en quelques minutes seulement*, AFNIL, Paris, 2013.

COUÉ (Émile), *Œuvres complètes : La Maîtrise de soi-même, Ce que je dis, ce que j'ai fait, Coué en Amérique*, Astra, Paris, 2008.

GILLIGAN (Stephen), GIROD (Eugène), *L'Hypnose générative ou l'Expérience du flow créatif*, interéditions, Malakoff, 2021.

GILLIGAN (Stephen), DILTS (Robert), *Le Voyage du héros : Un éveil à soi-même avec le coaching génératif*, interéditions, Malakoff, 2019.

HERRIGLE (Eugen), *Le Zen dans l'art chevaleresque du tir à l'arc*, Dervy, Paris, 1997.

HUNTER (Roy C.), *L'Art de l'hypnose : Maîtriser les techniques de base*, Satas, Bruxelles, 2022.

HEXUM (Angela L.), *Thérapies hors du commun : L'Œuvre complète du docteur Milton H. Erickson*, Satas, Satas, Bruxelles, 2022.

KIRCHER (François), *Les 36 stratagèmes : Traité secret de stratégie chinoise*, Éditions du Rocher, Paris, 2007.

LEMAIRE (Brice), POUYSSÉGUR (Valérie), *Hypnose dentaire : Opération et thérapeutique*, Satas, Bruxelles, 2009.

PARET (Marco), STORY (William T.), AKTINSON WILLIAM (W.), *Hypnotic fascination*, International Academic PR, 2011.

PARET (Marco), *Mesmerimus : Manuel interne de magnétisme personnel*, Éditions L'Originel - Charles Antoni, Paris, 2009.

ROGERS (Carl R.), ZIGLIARA (Jean-Pierre), *La Relation d'aide et la psychothérapie*, ESF éd., Paris, 1996.

ROMEY (Georges), *Le Rêve éveillé libre : Une Nouvelle Voie thérapeutique*, Dervy, Paris, 2010.

DAVID (Shade), *Secrets of Erotic Hypnosis*, MC, 2009.

TURNER (Jane), HÉVIN (Bernard), *Le Nouveau Dico-PNL : Comprendre les mots et les concepts de la PNL*, interéditions, Malakoff, 2006.

VACQUIÉ (Luc), *Autohypnose pour s'épanouir dans son travail : Faites équipe avec votre cerveau*, Dunod, Malakoff, 2023.

VACQUIÉ (Luc), Vacquié-Stutz (Leila Calice), *Guide des phénomènes hypnotiques : Indispensable pour pratique l'hypnose*, Hypnose de référence, Saint-Jean Lherm, 2022.

VACQUIÉ (Luc), *Influencer positivement : Guide pratique d'hypnose conversationnelle pour tous*, interéditions, Malakoff, 2020.

VACQUIÉ (Luc), *150 Stratégies d'hypnose conversationnelle : Pour le soin, la relation d'aide et le coaching*, interéditions, Malakoff, 2022.

VACQUIÉ (Luc), *Coacher avec l'hypnose conversationnelle : Manuel pratique*, interéditions, Malakoff, 2022.

VACQUIÉ (Luc), *Passe tes exams sous hypnose ! 30 Astuces d'hypnose personnelle pour réussir*, Dunod, Malakoff, 2022.

Le Regard magnétique (ouvrage collectif), Tchou-Laffont, 1978.

Table des matières

Partie II

Présentation des hypnoses

QUELQUES OUVRAGES DE LUC VACQUIÉ

COACHER AVEC L'HYPNOSE CONVERSATIONNELLE – 2e édition

Manuel pratique

Ce livre est un manuel d'Hypnose Conversationnelle. Il utilise l'humour et une pédagogie hypnotique pour votre apprentissage rapide de ces techniques oratoires. À partir d'exemples de votre métier, apprenez à conduire cette conversation à 4 avec 2 fauteuils... situations, dialogues, outils ainsi qu'études de cas. Pragmatique, l'auteur, vous livre avec ce livre des exemples concrets de formes hypnotiques :

- Mais livre à vous de ne pas acheter ce livre !

Car avec ce manuel pratique de coaching amplifié vous passez inconsciemment de la conversation à deux à la conversation à deux... niveaux.

Existe au format livre et ebook

150 STRATÉGIES D'HYPNOSE CONVERSATIONNELLE

Pour le soin, la relation d'aide et le coaching

L'hypnose conversationnelle peut être définie comme un art oratoire universel. On peut aussi la qualifier comme une conversation à deux niveaux qui s'adresse simultanément au conscient et à l'inconscient de l'interlocuteur.

Cet ouvrage se propose de classifier et de détailler plus de 150 stratégies de mise en œuvre de cette technique dans les différents contextes du soin, de la relation d'aide et du coaching.

Un ouvrage complet qui associe une typologie précise et des exemples commentées de mises en œuvre.

Un vademecum au service d'une pratique de plus en plus plébiscitée par tous les métiers de l'accompagnement et du soin.

Existe au format livre et ebook

INFLUENCER POSITIVEMENT

Guide pratique d'hypnose conversationnelle pour tous

L'ouvrage vulgarise la pratique de l'hypnose conversationnelle au grand public : il apprend à tous à utiliser avec profit cette façon de parler dirigée vers l'inconscient de son interlocuteur pour mieux le convaincre et l'aider.
Nombreux exemples tirés de la vie quotidienne.
L'hypnose conversationnelle est une hypnose sans transe où la personne utilise un langage qui va toucher l'inconscient de la personne. Elle aide la personne à puiser dans ses ressources et dépasser des blocages négatifs.

Existe au format livre et ebook

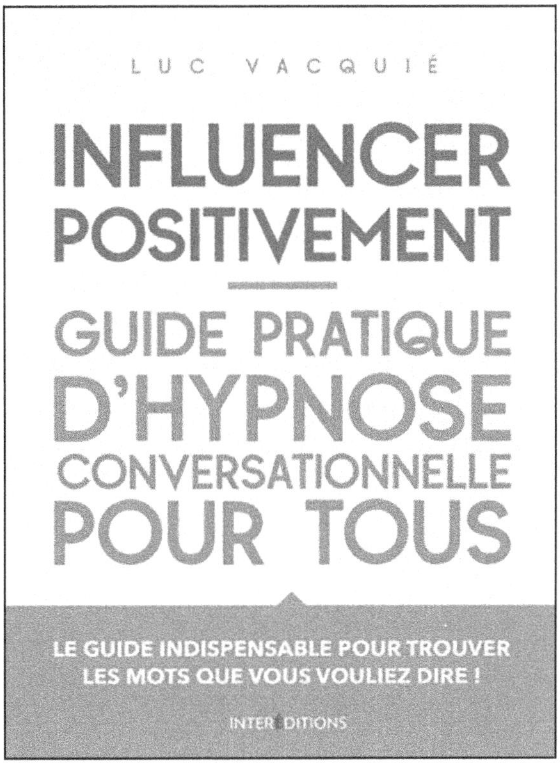

962328 - (I) - OSB 80 - KEP - CMU

Achevé d'imprimer par
La Nouvelle Imprimerie Laballery
58500 Clamecy (Nièvre)
N° d'impression : 308100
Dépôt légal : septembre 2023

Imprimé en France